물질과 기억

반복과 차이의 운동

시대의 절대사상

물질과 기억

반복과 차이의 운동

| 김재희 | 베르그손 |

살림

*e*시대의 절대사상을 펴내며

고전을 읽고, 고전을 이해한다는 것은 비로소 교양인이 되었다는 뜻일 것입니다. 또한 수십 세기를 거쳐 형성되어 온 인류의 지적유산을 제대로 이해하고, 그 바탕 위에서 새로운 자기만의 일을 개척할 때, 그 사람은 그 방면의 전문가가 될 수 있을 것입니다. 프랑스의 대입제도 바칼로레아에서 고전을 중요하게 취급하는 까닭도 그와 같은 이유 때문이겠지요.

그러나 예전에도, 현재에도 고전은 유령처럼 우리 주위를 떠돌기만 했습니다. 막상 고전이라는 텍스트를 펼치면 방대한 분량과 난해한 용어들로 인해 그 내용을 향유하지 못하고 항상 마음의 부담만 갖게 됩니다. 게다가 지금 우리는 고전을 읽기에 더 악화된 시대를 살고 있습니다. 변하지 않고 있는 교육제도와 새 미디어의 홍수가 우리를 그렇게 만들고 있는 것입니다.

고전을 읽어야 하지만, 읽기 힘든 것이 현실이라면, 고전에 친근하게 다가갈 수 있는 새로운 방법을 응당 고민해야 하지 않을까요? 살림출판사의 *e*시대의 절대사상은 이러한 문제의식을 가지고 기획되었습니다. 고전에 대한 지나친 경외심을 버리고, '아무도 읽지 않는 게 고전' 이라는 자조를 함께 버리면서 지금 이 시대에 맞는 현대적 감각의 고전을 만들고자 했습니다.

고전의 내용이 지나치게 주관적으로 해석되어 전달되는 위험을 피할 수 있도록 그 분야에 대해 가장 정통하면서도 오랜 연구업적을 쌓은 학자들이 자신의 경험을 응축시켜 새로운 고전에의 길을 열고자 했습니다. 마치 한 편의 잘 짜여진 다큐멘터리 프로그램을 보듯 고전이 탄생할 수 있었던 시대적 배경과 작가의 주변 환경, 그리고 고전에 담긴 지혜를 재미있게 습득할 수 있도록 내용을 구성했고 난해한 전문용어나 개념어들은 최대한 알기 쉽게 설명했습니다.

이전에 경험하지 못했던 새로운 감각의 고전 *e시대의 절대사상*은 지적욕구로 가득 찬 대학생·대학원생들과 교사들, 학창시절 깊이 있고 폭넓은 교양을 착실하게 쌓고자 하는 청소년들, 그리고 이 시대의 리더를 꿈꾸는 모든 사람들에게 생생하게 살아 숨쉬는 인류 최고의 지혜를 전달할 것이라고 확신합니다.

기획위원
서강대학교 철학과교수 강영안
이화여자대학교 중문과교수 정재서

들어가는 글

내가 『물질과 기억』을 처음 만난 것은 90년대 초 대학원에 막 진학했을 때였다. 그때만 하더라도 시인이 되려던 꿈을 간직하고 있었던 나는 시적 사유가 개념적 사유보다 우월하다고 여기고 있었고, 철학 공부를 통해서는 그저 시적 사유에 어떤 깊이를 더해볼 수 있지 않을까 기대하는 정도였다. 모든 만남이 그렇지만, 우연찮게도 그러나 아마도 보이지 않는 어떤 내적 필연성에 따라서, 내가 제일 먼저 구입하게 된 철학 원서가 바로 베르그손의 책들이었다. 당시에는 정규 수업 시간에 베르그손은커녕 프랑스 철학 자체를 접할 기회가 없었다. 강단에서는 프랑스 철학을 포스트모더니즘과 묶어 일시적인 유행처럼 폄하하면서 진정한 철학적 사유의 위상으로 대우하지도 않았다. 그러나 강단 밖에서는 80년대 운동 세력의 정치적 사유가 마르크스주의의 한계선에서 돌파구를 찾은 곳이 바로 탈근대의 프랑스 철학이었고, 푸코, 데리다, 들뢰즈 등으로 대표되는 후기 구조주의 철학이 다양성과 차이로 특징지어지는 현대 사유의 길잡이 노릇을 톡톡히 하고 있었다(지금은 과하다 싶을 정도로 현대 프랑스 철학이 회자되고 있지만 여전히 심층적인 연구가 부족하기는 마찬가지다).

나는 개인적으로도 시대적으로도 사유의 패러다임이 전환되는 시점에 있었다. 80년대에 현실의 안테나 역할을 하던 것이 문학이었다면, 90년대 이후 그 역할을 물려받은 것은 분명 철학이었다. 어두운 방 안에서 꽉 닫힌 문틈 사이로 스며드는 빛처럼 간신히 소통되던 시적 언어의 첨예한 진정성은 더 이상 힘을 발휘하지 못했다. 몰락과 개방, 해체와 생성으로 정신없이 움직이는 현실의 복잡함과 혼돈을 좀 더 긴 호흡으로 분석하고 사유해낼 개념적 사유가 요청되었던 것이다. 나 자신이 시적 사유에서 개념적 사유로, 근대성에서 탈근대성으로, 삶의 패러다임이 전환됨을 겪고 있을 때, 결정적인 역할을 한 책이 바로 『물질과 기억』이다.

참조할만한 번역본이나 개론서도 마땅히 없던 시절, 나는 베르그손에 관심을 가진 몇몇 연구자들(지금은 다들 대학 강단에서 후학들을 키우고 계시지만)과 『물질과 기억』 강독 세

미나를 했다. 나는 베르그손이 말하는 정신적 에너지와 긴장으로부터 시적 사유의 진정한 의미를 발견할 수 있었다. 가시적인 물질의 표면 위로 자신의 자유를 표현하는 정신의 힘, 그 시적 긴장이 갖는 창조적 역량의 존재론적 의미가 나를 매료시켰다. 나는 베르그손으로부터 고도의 개념적 사유가 줄 수 있는 시적 감동을 배웠다. 『물질과 기억』은 시적 사유를 뛰어넘는 개념적 사유의 매력을, 그리고 철학사의 전통으로부터 탈근대 철학으로의 이행을 근거짓는 탄탄한 철학적 개념의 기초를 제공해 주었다. 나는 무엇보다 철학이 추상적인 개념의 유희에 그치지 않고 개인에게든 집단에게든 삶에 미치는 감동을 줄 수 있어야 한다고 생각한다. 감동이 없이는 어떠한 이론도 실천적 진정성을 얻지 못할 것이기 때문이다.

이러한 내 개인적인 경험에 비추어볼 때, 『물질과 기억』이 오늘날 꼭 읽어볼만한 고전인 이유는 크게 두 가지이다. 하나는, 예나 지금이나 철학적 사유의 전통적인 주제로서 누구나 한번쯤 던져볼 수 있는 근본적인 물음들을 다루고 있다는 점이다. '나'는 하나인가, 여럿인가? 실재와 인식 사이의 차이는 어디서 발생하는가? 물질과 정신, 또는 신체와 영혼 사이의 관계는 무엇인가? 베르그손은 결코 현학적이거나 추상적이지 않다. 그는 항상 상식인의 일상적인 언어를 사용하여 정확하고 유려한 문장으로 얘기한다. 또한 그는 구체적인 사실들에 기초하여 차분하게 논증해 나가면서 설득력 있는 해답들을 제시한다. 우리의 정신적 삶이 지니는 다층적 구조와 하나이면서 여럿일 수 있는 다양체로서의 자아 개념, 실재와 접촉하며 인식을 확장시켜나갈 수 있는 인간적 경험의 의미, 가시적인 물질적 세계의 배후에서 작동하는 비가시적인 정신적 삶의 창조적 역량에 관한 긍정 등 『물질과 기억』의 궁극적인 해답들은 뒤엉킨 실타래와 같은 물음들을 정리해주며 답답한 가슴을 환하게 뚫어주는 깊은 통찰과 감동을 지닌다.

또 다른 하나는, 탈근대로 특징지어지는 현대 사회·문화를 이해하고 사유하는데 필수적인 철학적 개념들의 기초를 제공해줄 수 있다는 점이다. 『물질과 기억』에는 시간, 기억, 이미지, 차이, 반복, 다양성, 잠재성, 무의식 등 현대 문화의 핵심 키워드가 다 들어 있다 해도 과언이 아니다. 속도와 리듬의 차이에서 해명되는 시간의 복수성, 다양성과 차이의 발생을 가능하게 하는 반복의 역량, 가상현실의 존재론적 의미를 사유할 수 있게 하는 잠재적인 것의 실재성에 대한 발견, 정신분석학과 대결할 수 있는 무의식과 기억의 새로운 의미, 시뮬라크르적 가상의 열등한 위상으로부터 현대적 역할에 걸맞게 실재성의 함량을 회복한 이미지의 존재론적 위상 등 현대 철학에서 사유되고 있는 다양한 개념의 뿌리들이 바로 『물질과 기억』에 닿아있다. 현대 사회와 현대 철학을 이해하고자 한다면 『물질과 기억』은 필수적인 고전이다.

사실 『물질과 기억』은 그리 쉬운 책이 아니다. 정확하고 유려한 문장과 차분한 논지 전개에도 불구하고 베르그손의 저서들 가운데 가장 난해한 책으로 손꼽힌다. 내가 읽었던 책을 보면 가장 많은 밑줄과 생각의 흔적들로 지서분한 곳이 제1장이다. 나 역시도 제1장의 난해함을 넘어서기가 어려웠던 것이다. 적어도 두세 번 책 전체를 읽어본 후에야 내용 이해를 나타내는 입체적인 그림이 머리 속에 그려질 수 있었다. 『물질과 기억』의 이해 과정은 일반적인 경우처럼 일차원적 평면에서 장별로 차례대로 덧붙여지면서 선형적으로 꿰어져 가는 방식이 아니라, 다층 건물처럼 아래층과 위층 사이를 오고가며 부피와 깊이를 지닌 전체를 점차 입체적으로 구성해가는 방식으로 이루어져야 한다. 『물질과 기억』을 강의할 때도 3차원 그래픽과 동영상으로 원뿔 도식을 그려내어 설명할 수 있다면 얼마나 좋을까 생각했었다(유동적인 실재를 표현하기에는 언어적 표상보다 이미지가 훨씬 유용하다는 베르그손의 통찰에 다시 한 번 동감하며, 언젠간 그렇게 강의해보리라!).

나는 이 책을 통해 『물질과 기억』 전체를 관통하는 사유의 지도와 입체적 형상을 그려보고자 했지만, 이것으로는 턱 없이 부족하다는 것을 인정한다. 이 책은 『물질과 기억』에 대한 일종의 스냅 사진에 불과하다. 움직이는 전체로서 살아 숨 쉬는 텍스트의 생생한 감동을 맛보려면 당연히 『물질과 기억』 원서를 읽어야 할 것이다. 『물질과 기억』은 퍼내고 또 퍼내도 끊임없이 차오르는 우물처럼, 새로운 독자들과 연구자들을 감동시킬 풍부한 잠재력을 지니고 있다. 나는 다만 이 책이 독자들이 클릭하여 『물질과 기억』으로 들어갈 수 있도록 인도하는 링크 역할을 할 수 있길 바랄 뿐이다.

2008년 1월

김재희

| 차례 |

e시대의 절대사상을 펴내며   04
들어가는 글   06

1부 시대, 작가, 사상

1장 베르그손과 『물질과 기억』
철학자 베르그손   18
『물질과 기억』의 배경   49

2장 『물질과 기억』의 핵심 사상
제기된 문제와 해결 방법   68
물질과 지각   84
기억과 정신   102
물질과 정신의 관계   130

3장 왜 『물질과 기억』을 읽어야 하는가   148

반복과 차이의 운동

물질과 기억

2부 『물질과 기억』 174

3부 관련서 및 연보

베르그손의 다른 저작들 280
더 읽어볼만한 책들 289
베르그손 연보 292

주 298

1부

시대, 작가, 사상

Matière et Mémoire

베르그손은 지속의 철학자다. 지속은 끊임없는 질적 변화의 연속으로서 과거를 보존하여 현재로 연장하면서 예측 불가능한 미래를 개방하는 기억의 운동이다. 물질은 과거와 현재를 종합하는 기억의 수축력이 약하여 거의 자기 동일적인 반복에 그칠 뿐이라면, 정신은 잠재적인 심층에 축적한 과거를 다양한 수준에서 현재 속에 연장하여 자기 차이화하며 새로운 어떤 것을 창조한다. 정신적 긴장의 정도, 즉 지각의 집중력과 기억의 수축 정도가 바로 물질의 필연을 극복하는 삶의 강도와 자유의 정도를 표현한다.

1장

베르그손과
『물질과 기억』

철학자 베르그손

 혁명에 대한 열정의 상징이었지만 철지난 유물이 되어 땅에 놓인 레닌 동상처럼, 베르그손에 대한 세상의 평가 역시 그랬다. 세계 대전의 광폭한 바람이 두 차례나 휩쓸고 간 폐허 위에서 철학을 다시 발견해야 했던 전후 세대들에게 베르그손은 더 이상 희망이 되지 못했다. 살아있는 동안 화려한 유명세를 떨쳤음에도 불구하고 죽은 뒤에는 고색창연한 도서관의 먼지 쌓인 선반 위에나 머물러 있어야 할 것처럼 보였던 베르그손. 그의 이름에 따라다니는 정신주의자, 생기론자, 생철학자, 직관주의자, 신비주의자와 같은 꼬리표들은 베르그손의 철학을 영영 흘러간 옛 노래로 만드는 것 같았다.

 그런데 90년대 이후 베르그손은 다시 새로운 사유의 모델로 부활하고 있다. 프랑스를 비롯한 유럽에서 뿐만 아니라 영미권이나 우리나라에서도 베르그손에 관한 논문들과 연구서들이 속속 나오고 있으며, 심지어 베르그손 자신이 유언으로 출간을 금지했던 편지나 미간행 원고들, 그의 강의록조차도 책으로 묶여 출간되고 있다. 정신과 생명의 신비를 한 꺼풀씩 벗겨가고 있는 신경과학과 생명공학의 시대에, 움직이는 이미지들이 실재를 대체해 가고 있는 이 시대에, 도대체 베르그손은 어떤 힘으로 다시 부활하고 있는 것일까?

베르그손을 망각과 부활이라는 관점에서 단순하게 접근하는 것은 그다지 적절하지 않을지도 모른다. 알고 보면 베르그손이야말로 근대를 마감하면서 동시에 탈근대를 개방한, 이 시대의 사상적 도약을 마련한 철학자로서 현대 사유의 다양한 주제들 속에서 계속 살아있었기 때문이다.

사실 베르그손의 저서들은 철학계 뿐만 아니라 문화예술계에서도 폭넓게 읽혀져 왔다. 한편으로, 유럽 대륙 철학과 영미 분석 철학 사이의 단절이 두드러져 보이는 현대 철학의 지평에서 보자면, 베르그손은 바슐라르(G. Bachelard), 메를로-뽕띠(M. Merleau-Ponty), 레비나스(E. Levinas), 들뢰즈(G. Deleuze) 등의 프랑스 철학자들뿐만 아니라, 하이데거(M. Heidegger), 벤야민(W. Benjamin) 등의 독일 철학자들, 러셀(B. Russell), 제임스(W. James), 라이헨바하(H. Reichenbach) 등의 영미 분석철학자들에 의해서도 진지하게 수용되었던 보기 드문 철학자이다. 베르그손 특유의 예술적이면서도 과학적인 스타일의 글 속에는 시간과 존재, 신체적 지향성, 다양성과 차이, 변화와 생성 등의 대륙 철학적 주제뿐만 아니라, 과학적 자료들에 대한 분석, 과학과 철학의 관계, 환원론과 창발론을 둘러싼 심신 문제 등 분석 철학적 주제에 이르기까지 현대 철학을 특징짓는 핵심적인 문제들이 모두 다루어지고 있었기 때문이다.

다른 한편, 고도로 추상적인 철학적 사유가 구체적인 삶의 문화적 현장 속에서 접속지점을 상실하고 부유하는 데서 오는 현대 철학의 위기감에서 보자면, 소설, 회화, 영화에 이르는 주요 문화예술 분야에 베르그손만큼 상당한 이론적 영향력을 행사하며 소통하는 철학의 모범을 보여준 경우도 드물다고 할 수 있을 것이다. 사르트르(J-P. Sartre), 메를로-뽕띠, 데리다(J. Derrida), 들뢰즈, 푸꼬(M. Foucault) 등 현대 프랑스 철학자들의 문화예술에 관한 개입의 전통은 아마 베르그손으로부터 본격적으로 시작되었다 해도 과언이 아닐 것이다.

물론 철학을 비롯하여 문화예술을 아우르는 현대 사상 전반에 중요한 토대를 제공했다는 것이 오히려 베르그손의 철학을 지나치게 일반적인 수준으로 떨어뜨리는 점도 없지 않다. 그러나 분명 우리의 삶과 존재에 관한 근원적인 통찰을 제시하며 사람들의 영혼을 감동시켰던 베르그손의 철학이 너무나 익숙해지고 기본적인 것이 되어서 더 이상 특별하게 보이지 않게 된 점도 무시할 수 없는 사실이긴 하다. 그런 점에서 이미 굳어진 습관적 평가나 편견으로부터 베르그손 고유의 독특성과 중요성을 탁월하게 되살려낸 들뢰즈의 작업은 오늘날 베르그손이 다시 주목받게 하는 데 큰 역할을 했다. 들뢰즈의 베르그손에 관한 논의들, 그리고 들뢰즈 자신의 차이와 반복의 철학은 베르그손으로의 회귀와 관심을 불러일으킨 기폭제였다. 들뢰즈로 인해 베르그손의 철학은 2차원의 평면에다가 시간의 속도를 구현하고자 했던 미래파의 고민 속에서 뿐만 아니라 화려한 영상 시대의 주인인 이미지의 운동과 시간에 관한 사유 속에서도 살아있게 되었으며, 뉴턴 역학이나 아인슈타인의 상대성 이론과의 대결에서 뿐만 아니라 복잡계 이론, 뇌과학, 진화생물학과 같은 현대 과학과의 대결에서도 등장할 수 있게 되었다. 마치 현대 철학이 한층 업그레이드된 예술과 과학 사이에 베르그손을 등에 업은 들뢰즈를 다시 선수로 내보내고 있다고나 할까.

 이 새로운 베르그손주의의 핵심에 『물질과 기억』이 있다. 〈물질은 단지 반복할 뿐이지만 정신은 반복하면서 차이를 산출한다〉는 물질과 정신에 관한 새로운 개념화. 〈과거와 현재는 동시적으로 공존하며 시간은 끊임없이 분열한다〉는 비연대기적인 새로운 시간 이해. 그리고 〈움직이는 이미지들이야 말로 부동화된 표상체계를 넘어서 실재의 진상을 표현한다〉는 이미지에 대한 새로운 사유. 『물질과 기억』의 이러한 핵심 주장들이 바로 베르그손을 과학과 예술의 현대적 방향과 조우하는 새로운 철학의 대표주자로 다시 한 번 주목받게 만들고 있다.

베르그손 이전의 베르그손

앙리 베르그손(Henri Bergson)은 1859년 10월 18일 파리에서 태어났다. 아버지는 폴란드계 유대인으로 작곡가이자 피아니스트였고, 어머니는 영국계 유대인 의사 집안 출신으로 탁월한 지성과 종교적 심성을 갖춘 분이었다. 베르그손은 영국에 정착한 가족들과 떨어져 10살 때부터 파리에서 혼자 기숙사 생활을 하면서 꽁도르세 학교(lycée Condorcet)를 다녔다. 그는 여느 소년들과 마찬가지로 스포츠 활동에도 열심이었고 특히 승마를 즐겨했다. 그는 부모님들께 규칙적으로 편지를 썼고 여름 방학 때마다 가족들이 있는 영국 런던으로 가곤 했다.

베르그손은 전형적인 모범생이었다. 그는 라틴어, 불어, 고전문학, 수학, 자연과학 등 모든 과목의 상을 휩쓸 정도로 인문학과 과학 모두에 타고난 재능을 보였다. 우연찮게도 같은 해 태어난 독일 철학자 에드문트 후설(E. Husserl)과 마찬가지로 그는 특히 수학에 탁월한 재능을 보였다. 18살 때 (1877년) 치른 수학 경시 대회에서 1등을 차지했던 그의 수학 문제 풀이는 그 이듬해 수학 잡지에 실리기도 했다. 베르그손이 철학을 전공하기로 결심하자 "너는 수학자가 될 수도 있었을 텐데, 철학자에 머물고 말겠구나."하며 그의 수학 선생이 몹시 안타까워했다는 이야기도 전해진다. 그 후 베르그손은 최고의 인재들만 선별하는 빠리 고등사범학교(l'Ecole Normal Supérieure)에 우수한 성적으로 진학한다. 사르트르, 보봐르(S. de Beauvoir), 메를로-뽕띠, 알뛰세(L. Althusser), 푸꼬, 데리다, 부르디외(P. Bourdieu) 등 우리가 익히 들은 바 있는 내로라하는 학자들이 모두 이 학교 출신이다. (사실 이들은 모두 대학입학자격시험인 바깔로레아 시험공부를 위해서 베르그손을 공부하지 않을 수 없었던, 베르그손의 후배들이다.) 베르그손의 유명한 동기생으로는 장 조레스(J. Jaurés)와 에밀 뒤르껭(É. Durkheim)이 있다. 조레스는 수석 입학생으로서 나중에 프랑스 사회당을 창시하여 프랑스 현대 정치사의 거목이 되고, 뒤르껭은 프랑스 사회학의 기초를 세우고 이후 사회학계에 뒤르껭 학파를 일구게 된다.

고등사범학교 시절 그의 이름 앞에는 '미스(Miss)'라는 괴상한 별명이 붙어 있었는데, 이는 더할 나위 없이 겸손하고 예의바른 태도에다가 유창한 영어를 구사하며 밀(J. S. Mill)이나 스펜서(H. Spencer)와 같은 영국 철학자를 읽고 있던 베르그손의 분위기에서 비롯된 것이었다. 동기생 조레스와의 설전에서 좌중을 사로잡는 조레스의 화려하고 열정적인 웅변에 대해 베르그손은 차분하고 정확한 논리적 반박으로 대응했다는 유명한 일화 또한 베르그손의 지적 풍모를 한 눈에 엿볼 수 있게 한다. 장차 사회정치적 활동과 학문 연구에서 각기 두각을 드러낼 두 사람은 뚜렷한 개성 차이에도 불구하고 학업에서 앞서거니 뒤서거니 하며 이후에도 계속해서 친분을 유지했던 것으로 알려진다.

겉으로 드러나기에는 그다지 사교적이지도 않고 도서관에만 파묻혀 지내는 조용한 생활의 표면 아래에는 장차 새로운 사유의 기수로 등장할 베르그손 철학의 중요한 토양들이 차곡차곡 쌓여가고 있었다. 베르그손은 맨느 드 비랑(M. de Biran), 라베쏭(F. Ravaisson), 라셜리에(J. Lachelier)로 이어지는 프랑스 전통의 정신주의(spiritualisme)의 영향 아래서 라셜리에의 제자였던 부트루(E. Boutroux)의 칸트 강의를 수강했다. 특히 고등학교 때 읽었던 라셜리에의 『귀납의 기초에 관하여』는 베르그손의 미래를 수학자로부터 철학자로 변경시켰을 뿐만 아니라 고등사범학교에서의 칸트 공부를 의식에 대한 내적 반성으로 변형시키는데도 중요한 영감을 제공했다.

(베르그손은 이후 자신의 첫 번째 저서인 『시론』을 이 라셜리에 교수에게 헌사한다.) 다른 한편 베르그손은 다윈의 진화론이 알려지기 이전에 이미 모든 과학을 '진화론적'으로 종합하고자 했던 스펜서의 영국 철학에 매료되기도 했다. 스펜서의 영향으로 베르그손은 한때 과학 철학을 전공할 생각도 했었다. 그러나 프랑스 정신주의와 스펜서의 진화론적 철학은 이후 베르그손에 의해 비판적으로 종합되면서 새로운 철학으로 등장할 베르그손주의의 밑거름으로 쓰이게 된다.

지속의 발견, 새로운 철학의 신호탄

고등사범학교를 졸업하면서 철학교수자격시험(agrégation)에 우수한 성적으로 합격한 베르그손은 이후 앙제 고등학교(lycée Angers)에서 2년, 끌레르몽-페랑 고등학교(lycée Clermont-Ferrand)에서 5년을 재직한다. 끌레르몽-페랑에서의 5년(1883년~1888년)은 베르그손 철학 전체를 방향 짓는 결정적으로 중요한 철학적 직관과 지적 성숙이 있었던 시기이다.

이 시기에 다소 주목할만한 사건으로는, 베르그손이 24살 되던 1883년에 영국의 연상주의 심리학자 제임스 설리(James Sully)의 『감각과 정신의 착각들(*Les illusions des sens et de l'esprit*)』을 불어로 번역하고, 또 긴 해설문을 덧붙인 강의용 소책자 『루크레티우스 초록(*Extraits de Lucréce*)』을 출판했다는 것이다. 사후 해석에 불과하겠지만, 이 두 권의 출판은 다소 상징적인 측면이 있다. 한편으로는 그의 탁월한 고전어 실력을 토대로 철학의 고전에 대한 성실한 연구를 놓지 않으면서 동시에 다른 한편으로는 객관적 사실들에 대한 과학적 연구에 대해서도 주의를 게을리 하지 않는, 베르그손 특유의 실증적 철학 태도를 잘 보여준다는 점에서다. 그러나 더욱 흥미로운 점은 설리의 연상주의 심리학과 루크레티우스의 유물론적 원자론에 공통적으로 내재하는 사상이 바로 기계론적 결정론이라는 점이다. 왜냐하면 몇 년 뒤 베르그손이 출판할 『시론』에서 뿐만 아니라 그 이후 전개될 사유의 여정 속에서 주요 비판의 대상으로 다루어지는 것이 바로 기계론적 결정론이기 때문이다. 베르그손은 그야말로 배운 것에 만족하고 그것을 반복하며 해설하는데 그치는 주석가가 아니라 오히려 그것을 도약의 토대로 삼아 새로운 사유의 지평을 창조할 줄 아는 진정한 철학자였던 것이다. 설리는 베르그손이 고등사범학교를 졸업할 당시 심취해 있었던 스펜서의 제자로서 당시에 잘 나가던 영국의 심리학자였다. 베르그손이 번역한 설리의 책은 플라톤 이래로 전통적인 철학적 문제였던 감각과 정신의 착각에 관한 것으로서 당시의 심리학적 연구 성과들을 다루고 있었다. 설리가 베르그손에게 미친 영향이 있다면, 그것은 설리의 사상이 아니라 지각과 기억의 착각들, 꿈,

자아 감정의 교란 등 설리가 열거한 다양한 심리적 사실들이며, 이후 『시론』과 『물질과 기억』으로 이어질 방대한 양의 심리학적 자료에 대한 흥미로운 검토의 계기를 마련했다는 정도이다. 또한 이 시기에 베르그손이 처음으로 철학지에 발표한 학술 논문 「최면 상태에서의 무의식적 위장에 대하여」(1886년)는 장차 『물질과 기억』에서 다루어질 식별 작용과 무의식적 기억의 역할에 대한 고찰을 예견했다고 할 수 있다. 이는 프로이트(S. Freud)와 브로이어(J. Breuer)의 『히스테리 연구』(1895년)를 훨씬 앞질러 무의식에 대한 관심을 보여주었다는 점에서도 주목할 만하다.

그러나 뭐니 뭐니 해도 끌레르몽-페랑에서 가장 중요한 사건은 베르그손의 박사학위논문이자 첫 번째 저서의 초고가 마련되었다는 것이다. 1888년에 주논문 『의식에 직접 주어진 것들에 관한 시론』(『시론』으로 약칭)과 라틴어로 쓴 부논문 『아리스토텔레스의 공간론』이 박사학위논문으로 제출되고 이듬해 1889년(30세) 후반에 『시론』이 공식적으로 출판되었으므로, 실제로 『시론』을 가능하게 했던 지속의 발견과 논문 집필은 모두 이 시절에 진행된 것이었다. 1908년 5월 9일 윌리엄 제임스에게 쓴 베르그손의 편지에는 당시의 지적 발견에 대한 회고가 나온다. 끌레르몽-페랑에 막 적응하기 시작한 1883년에서 1884년 무렵에도 여전히 스펜서에 사로잡혀 있던 베르그손은 과학 철학에 대한 관심으로 과학의 근본적인 몇몇 개념들에 대한 검토를 진행하다가 드디어 놀라운 발견을 하게 된다.

> "나의 모든 생각들을 뒤집어 놓았던 것은 바로 역학이나 물리학에서 사용하는 시간 개념이었습니다. 너무나 놀랍게도, 나는 과학에서 말하는 시간은 전혀 지속하지 않는다는 것을, 다시 말해서 실재하는 모든 것을 한 순간에 한꺼번에 다 펼쳐 놓는다 해도 사물들에 대한 우리의 과학적 인식에는 달라질 것이 아무 것도 없을 거라는 것을, 그리고 실증 과학이란 본질적으로 이렇게 지속을 제거하는데서 성립한다는 것을 깨닫게 된 것이지요. 바로 이런 깨달음이 내가 지금까지 받아 들여왔던 거의 모든 것을 버리고 관점을 완전히 바꾸도록 만든 반성적 고찰의 출발점이었습니다. 나는 『의식에 직접 주어진 것들에 관한 시론』(pp. 87-90, pp. 146-149 등)에서 과학적 시간에 대한 고찰을 요약했는데, 바로 이것이야말로 나의 철학이 나아갈 바를 결정지으면서 이후에 내가 할 수 있을 모든 성찰을 그리로 수렴시켰습니다."
> (*Mélange*, 765~766)

베르그손은 그때까지 실재를 측정한다고 믿어왔던 수학이나 역학에서의 시간 개념이 실은 실재 자체에 전혀 부합하지 않는다는 사실을 충격적으로 깨달은 다음, 과학적 시간은 왜 실재하는 지속을 설명할 수 없는지에 대해 골몰했다. 그러던 중, 끌레르몽-페랑에서의 어느 수업 시간에 제논의 역설에 대해 강의하다가 우연히 그 해결 방향을 파악하게 된다.

제논의 역설에 의하면, 날아가는 화살은 결코 과녁에 도달하지 못한다. 왜냐하면 화살이 과녁에 도달하기 위해서는 과녁까지 거리의 반을 지나가야 하고, 또 그 반이 되는 지점에 도달하기 위해서는 거기까지 거리의 반을 또 지나가야 하는 이러한 과정이 무한히 계속되기 때문이다. 아킬레우스와 거북이의 경주에서도 마찬가지로 아킬레우스는 아무리 빨리 달려도 결코 느린 거북이를 따라잡지 못한다. 거북이가 한 발자국이라도 아킬레우스보다 앞선 지점에서 출발한다면, 아킬레우스가 거북이의 출발점까지 왔을 때 거북이는 아무리 조금이라도 이미 그 지점보다 앞선 지점에 가 있을 것이고, 또 그 지점까지 아킬레우스가 따라간다 해도 여전히 거북이는 그보다 앞선 지점에 도착해 있을 테니, 이러한 과정이 무한히 계속되면서 결국 아킬레우스는 거북이를 따라 잡을 수 없다는 것이다. 제논은 이러한 역설들을 통해서 운동이란 실재하지 않는다고 주장하였다.

그러나 베르그손은 이 제논의 역설이야말로 과학적 시간의 본질을 논증한다고 생각했다. 베르그손에 의하면, 제논의 역설은 운동 그 자체를 운동체가 지나간 공간으로 환원시킨 다음, 운동을 분할하여 측정한다고 하면서 정작 분할하여 측정한 것은 공간이었기 때문에 성립하는 것이다. 과학이 다루는 시간이나 운동이라는 것도 바로 이러한 원리에 의해 작동한다. 실재는 끊임없는 변화와 운동 속에 있으며, 실재의 운동성은 질적인 변화의 연속이라서 이전 것으로부터 이후 것이 결정적으로 도출되지 않는다. 운동은 항상 그 다음에 어떻게 될지 예측 불가능한 과정 그 자체로 불가분한 전체이며, 이를 부분들로 나누거나 이 나누어진 부분들을 다시 모아서 원래의 전체로 만들거나 할 수 없는 것이다. 그런데 과학은 실재의 이러한 운동성과 지속을 일단 제거한 다음에, 오로지 공간적 차원에서만 실재를 재거나 측정한다. 그래서 과학적 인식에서는 실재 전체를 한꺼번에 다 펼쳐놓고 측정한다 해도 예측불가능한 변화는 산출될 수 없으며 모든 것이 이미 다 주어져 있는 셈이 되는 것이다. 그러나 모든 것이 결코 한꺼번에 주어지지 않는다는 것, 이것이 바로 지속하고 있는 실재의 본성이다. 뱃속의 태아가 어떤 아이로 태어나게 될지는 열 달이 지나봐야 알 수 있는 것처럼, 실재의 변화와 운동은 시간이 지나봐야 드러나는 것이다. 그 과정 자체는 결코 공간으로 환원시켜 측정할 수 없다. 과학이 재는 시간은 그 과정이 다 끝난 다음에, 그 과정의 흔적으로 남은 공간을 재는 것이나 마찬가지이다. 우리가 통상 시계로 재는 시간, 누구에게나 똑같이 주어지고 동질적으로 나눠지며 수로 세어질 수 있는 텅 빈 형식으로서의 시간, 이런 시간이 바로 공간화된 시간이요, 과학의 시간이다. 실재하는 시간은 실재의 운동과 질적 변화의 불가분한 과정 그 자체를 나타내는 시간, 즉 하루를 사는 하루살이와 팔십 평생을 사는 인간과 오백년 묵은 소나무가 각자의 리듬과 속도로 사는 그런 시간이다. "설탕이 물에 녹기를 기다려야 설탕물을 얻을 수 있듯이"[1] 어떠한 운동이나 변화에도 소요될 수밖에 없는 시간이 바로 실제 존재하는 시간이다. 따라서 베르그손은 "시간은 발명이다. 그렇지 않다면 그것은 아무 것도 아니다."[2]라고 말했던 것이다. 베르그손의 '지속'이란, 한마디로 과학적 시간과 달리 불가분한 질적 변화의 연속으로서 예측 불가능한 미래로 열려 있는 창조적이고 발명적인 실재 시간을 말하는 것이다.

그런데 실재의 진상을 그대로 반영하는 것은 아니지만 시간을 측정하는 시계가 우리에게 편리하게 사용되듯이, 과학 역시 삶의 유용성을 목적으로 실재에 대한 앎을 추구한다. 따라서 과학적 지성은 실재의 시간성을 제거한 채, 마치 실재가 고정되어 있고 움직이지 않는 것처럼 공간 속에 펼쳐놓고 다룬다. 그럼으로써 비록 근사치일지라도 우리에게 유용하게 쓰일 수 있는 예측 가능한 어떤 결과물을 얻어내는 것이다.

베르그손은 과학을 무조건 부정하지 않았다. 그는 다만 과학의 본질과 한계를 정확히 인식하고 인정하면서 과학이 놓쳐버린 실재 지속에 대한 참된 인식은 과학이 아닌 형이상학을 통해서 가능할 수 있다고 본 것이다. 그래서 "형이상학은 사실상 변화와 운동에 관한 엘레아학파의 제논의 논증들로부터 태어났다."[3)]고 베르그손이 주장한 것이다.

베르그손은 과학적 시간의 본질적인 한계에 대한 통찰과 실재 지속의 발견을 『시론』 제2장과 제3장으로 요약했는데, 이 부분이 바로 끌레르몽-페랑 재직 시절에 씌어졌던 것이다. 특히 제2장은 우리 의식에 가장 직접적으로 주어지는 의식 자신의 본성에서 이질적인 요소들의 상호침투와 유기적인 조직화에 의한 질적 변화의 연속적인 흐름을 발견하여 공간화-양화될 수 없는 지속의 실재성을 확증해 보인 것이었다. 그러나 『시론』은 제대로 이해되지 못했고, 지속 개념은 논문 심사 단계에서조차 주목받지 못했다. 베르그손의 주장은 당시 지배적이었던 칸트주의와 페히너(G. T. Fechner)의 정신물리학[4)]에 대한 참신한 비판 정도로밖에 여겨지지 않았던 것이다. 그러나 『시론』의 '새로움'은 장차 부동불변의 존재 중심인 전통 형이상학을 생성과 변화 중심의 역동적 형이상학으로 뒤집으면서 철학사에 새로운 전통을 세우게 될 것발이었다.

1892년 33살 되던 해, 베르그손은 루이즈 뉘베르제(Louise

Neuburger)와 결혼한다. 그 이듬해 그의 딸 쟌느(Jeanne)가 태어났는데, 불행히도 그녀는 말도 못하고 듣지도 못했다. 나중에 그녀는 재능 있는 조각가로 성장했다고 하는데, 어쩌면 이러한 불행이 베르그손이 나중에 『물질과 기억』을 쓰기 전 실어중에 관해 다년간 몰두하게 된 개인적인 요인으로 작용했을는지도 모를 일이다. 그리고 한 가지 흥미로운 사실은, 그의 결혼식 때 들러리를 섰던 청년이 나중에 '의식의 흐름' 기법의 소설로 문학계를 뒤흔들게 될 마르셀 프루스트(M. Proust)였다는 것이다. 프루스트는 뉘베르제의 사촌 여동생 아들로, 들러리를 설 때 21살이었다. 프루스트의 문학세계가 베르그손으로부터 직접적인 영향을 받았는지는 여전히 논란의 여지가 있지만, 『잃어버린 시간을 찾아서』(1913~1928)에 나타난 무의식적인 과거의 기억과 내적 자아의 시간성이라는 주제는 이 작품이 집필되었을 당시에 이미 주류가 되어있었던 베르그손 철학의 영향권에서 완전히 벗어난 것이라고는 할 수 없다. 프루스트에게는 '소설적 심리학의 베르그손'이라든지 '베르그손의 문학화'라는 꼬리표들이 붙어 다녔다. 그러나 '비자발적인 기억'이라든지 '체험된 순간들로 구성된 불연속적인 시간'이라는 개념은 베르그손의 지속이나 기억 개념과는 구별될 수 있는 프루스트만의 독창성을 간직한다고 볼 수 있을 것이다.

꼴레쥬 드 프랑스(Collége de France) 시절, 베르그손주의의 화려한 개화

베르그손의 독창적인 철학 사상이 주목 받기 시작한 것은 1896년(37세) 『물질과 기억』이 출간되면서부터다. 『시론』이 기하학적인 공간 표상과의 대립 속에서 의식의 순수 지속을 확증해내면서 실재 시간의 불가분한 질적 연속성을 드러냈다면, 『물질과 기억』은 이 지속이 또한 과거를 현재 속으로 연장시켜주는 기억의 연속적인 삶이라는 것을 논증하며, 이러한 기억의 운동을 통해서 물질과 정신이 서로 구별되면서도 또한 서로 접촉할 수 있다는 것을 보여주었다. 베르그손은 여기서 특히 기억에 관한 풍부한 실증적 자료들에 대한 분석을 토대로, 당시 지배적이었던 뇌 환원주의적 유물론과 심신평행론을 논박하며 심신관계에 대한 새로운 견해를 제시하였는데, 이는 철학을 넘어서 심리학이나 의학과 같은 과학계에서도 존경어린 감탄을 자아내기에 충분했다. 윌리엄 제임스는 이 책이 버클리의 『인간지식의 원리』나 칸트의 『순수이성비판』에 견줄만한 코페르니쿠스적 혁명을 야기한 작품이라고 칭송했다. 그러나 사실 베르그손의 『물질과 기억』이 야기한 혁명은 버클리처럼 세계를 그 세계에 대한 우리의 지각이나 관념으로 환원시키는 것도 아니었고, 칸트처럼 세계에 대한 지식을 우리의 감성적이고 지성적인 선험적(a priori) 형식들로 제한시키는 것도 아니었다. 『물질과 기억』 제1장이 얼핏보면 버클리적 의미에서의 관념론적 경향을 보이는 듯하지만, 사실 여기서 베르그손적 혁명의 진상은 -『물질과 기억』 전체를 끝까지 다 관통해서 읽어야 제대로 드러날 수 있는 복잡한 사유의 운동을 거쳐야 하는데- 오히려 세계가 그 세계에 대한 우리의 표상을 훨씬 넘어선다는 것, 그리고 우리는 세계를 있는 그대로 접촉할 수 있을 뿐만 아니라 더 많이 더 자유롭게 접촉할 수 있다는 것을 보여주었다는 데 있다.

베르그손은 불혹의 나이가 되던 1900년부터 1914년 제1차 세계 대전이 발발하기 전까지 그 유명한 꼴레쥬 드 프랑스[5]의 교수로 재직하면서 가장 창조적이고 영예로운 생애 최고의 시절을 맞이한다. 1900년에 출간한 『웃음』은 1924년에 23판을 찍고 1959년에는 123판을 찍을 정도도 대중적인 인기를 얻었다. 1903년에 발표한 「형이상학 입문」은 각국의 언어로 번역되어 전 세계로 알려지면서 일종의 문화 운동처럼 되어버린 〈베르그손주의〉의 출발점을 이루기도 했다. 베르그손의 제자였던 시인 샤를르 페기(C. Péguy)는 이 논문을 자신의 『15개의 노트들』에서 재간행하고자 했다. 프랑스 사회주의 혁명가이자 생디칼리즘(syndicalism)[6]의 이론적 지도자였던 죠르쥬 소렐(G. Sorel)은 이미지를 옹호하며 추상적인 개념을 비판했던 이 논문의 주장으로부터 언어로는 선명하게 제공해줄 수 없는 사회주의적 직관을 총파업의 이미지가 제공해 줄 수 있다는 자신의 정치적 신화론을 이끌어내기도 하였다. '의식의 흐름' 학설로 베르그손주의를 강화한 윌리엄 제임스는 이 논문에 제시된 분석과 직관의 대립을 미국 철학의 주요 테마로 만들었다.

베르그손주의는 철학을 넘어서 문화예술 전반에 걸친 20세기의 새로운 사상적 토대로 작동하였다. 헤겔의 관념론에서 정점에 달한 근대의 추상적 이성주의에 환멸을 느낀 20세기 초의 시대정신은 베르그손의 지성 비판과 구체성의 사유, 생명의 창조적 역량을 강조하는 역동적인 생성의 존재론에서 결정적인 진행 방향을 제시받았던 것이다. 앙드레 지드를 비롯한 진보적인 프랑스작가들의 문학평론지 NRF(*la Nouvelle Revue Française*)의 창설이라든지, 실재의 운동성을 화폭에 담아내려는 큐비즘에서부터 내적 충동의 발현과 진정한 자유의 테마를 실현하려는 초현실주의 운동에 이르기까지, 베르그손주의의 영향은 지대하였다. 이는 비단 유럽 대륙에서만 그친 것이 아니며, 제임스를 통해 미국 실용주의에 끼친 영향이라든지 월러스 스티븐즈(Wallace Stevens)나 '알렉산드라 베르그손'이란 인물을 창조한 윌라 캐더(Willa Cather) 등의 미국 문학에 남긴 흔적 또한 간과할 수 없는 베르그손 열풍의 결과물이었다.

1907년 『창조적 진화』가 출간되자 베르그손은 명실공히 세계적인 철학자로서의 지위를 확고하게 얻는다. 『창조적 진화』는 진화론을 비롯한 생물학, 물리학, 심리학 등 당대의 방대한 과학적 성과들에 대한 치밀한 분석과 검토를 토대로, 생명 진화의 역사가 기계적 결정론으로는 설명할 수 없는, 생명의 약동(élan vital)에 의해 전개되는 창조적 지속의 과정이라는 것을 밝힌다. 영원불변의 존재를 근원에 두는 정적 형이상학이 아니라, 생성과 변화를 근원적 실재로 보는 베르그손의 역동적 형이상학 전체가 웅장하게 그려지고 있는 이 책은 각국의 언어로 번역되어 전 세계로 퍼져 나가면서, 기계적 과학주의가 제시하지 못하는 희망의 지평을 열어주고, 자유와 창조로 이루어지는 열린 미래의 삶에 대한 긍정을 가능하게 했다. 이 책으로 베르그손은 노벨문학상(1928년)을 수상하기도 한다. 버트란트 러셀은 「베르그손의 철학」(*The Monist*, 1912)이란 자신의 글에서 이 책을 보고 베르그손을 비합리주의자라 규정하면서 생물학적 본능에 근거한 직관을 가지고서 우리를 벌이나 개미 수준으로 돌리려 한다고 맹렬히 비난하기도 했으나, 오늘날 이러한 어처구니없는 비난과 몰이해를 귀기울여 듣는 자는 없을 것이다. 베르그손의 지성 비판이 단순한 비합리주의로 평가될 수 없음은 이미 정설이다[7]. 오랜 기간 서신 교환을 통해 학문적 교류를 다졌던 실용주의 철학자

윌리엄 제임스는 이 책을 지금까지 쓰여진 책 중에 가장 훌륭한 철학책이라고 평가하면서 자신의 생전에 베르그손의 위대한 철학과 접할 수 있게 된 것을 신에게 감사드린다며 최고의 찬사를 아끼지 않았다. 베르그손은 영국의 옥스퍼드 대학과 미국의 컬럼비아 대학에 초청되어 강연하면서 세계적인 명성을 유감없이 보여주기도 했다. 1913년 베르그손이 미국을 처음 방문하여 「정신성과 자유」라는 제목으로 컬럼비아 대학에서 강연할 당시 뉴욕 타임즈는 그에 관한 긴 기사문을 실었으며, 이런 열광을 대변하듯이 베르그손의 강연을 듣기 위해 몰린 인파는 브로드웨이 사상 처음으로 교통 체증을 일으키기도 했다. 또한 이 시기에 베르그손은 유대인으로서는 처음으로 아카데미 프랑세즈의 회원으로 선출되고, 최고의 명예훈장인 레지옹 도뇌르 훈장을 차례로 서품받으면서[8], 그야말로 살아생전에 자신의 철학으로 최고의 명예를 누린 극히 드문 철학자가 된다.

1911년 독일어로 쓰여진 베르그손에 대한 어떤 논문이 『로고스(Logos)』지에 발표되었는데, 아이러니하게도 바로 그 학술지의 같은 해 같은 호에 후설의 「엄밀학으로서의 철학」이 게재되었다. 20세기를 개방한 동시대의 철학자 후설과 베르그손은 과학적 심리학주의를 비판하고 사물 그 자체에 직접 도달하고자 한다는 점에서 공통점이 있다고 할 수 있다.

그러나 기본적으로 후설은 우리가 사물을 어떻게 인식하길래 사물이 그렇게 있는지를 묻는다면, 베르그손은 사물이 어떻게 있길래 우리가 사물을 그렇게 인식하게 되는지를 묻는다는 점에서 차이가 있다. 후설이 관념론자로서 사유 대상에 대한 직관을 강조한다면, 베르그손은 실재론자로서 실재하는 지속에 대한 직관을 강조한다. 예컨대 들뢰즈가 부각시킨 다양성(multiplicité) 개념을 놓고 보자면, 후설 현상학에서 현상의 다양성은 이를 종합하는 의식'에' 상관적인 것인 반면, 베르그손에서 다양성은 의식'의' 직접적인 사실이다. 인식 주관으로서의 '의식에 대해' 주어지는 다양성이냐, 아니면 존재하는 '의식의' 지속 자체의 다양성이냐에서 양자의 차이는 확연하게 드러난다고 할 수 있다. 그러나 어쨌든 후설은 실재 자체를 직접 직관하려 한다는 베르그손의 철학에 대해 전해 듣고는 "우리야말로 베르그손주의자다."라고 얘기한 적이 있다고 한다[9]. 의식에 직접적으로 주어지는 것으로서의 지속에만 한정한다면, 후설의 현상학적 직접성이 의미하는 사태 그 자체와도 상통하는 면이 있겠지만 베르그손의 지속은 어디까지나 의식의 사실을 넘어서 물질과 우주의 지속에까지 확장되는 실재라는 점에서 후설의 실재와는 구별되어야 할 것이다.

꼴레쥬 드 프랑스에서 한 베르그손의 강의들은 당시 프랑스 학계뿐만 아니라 문화계 전반에 영향을 미치는 유명한 사건들이었다. 그는 많은 청중들로부터 감동과 경의에 찬 박수를 받았으며, 강의실에는 자리가 모자라 문 밖에까지 서서 듣는 청중들을 비롯하여 상류층의 귀부인들과 그들의 하인들, 넘쳐나는 꽃다발들로 가득했다. 심지어 베르그손이 "나는 무용수가 아닙니다."라고 했다는 이야기도 전해진다. 물론 그 열광적인 청중들 속에는 에밀 브레이어(E. Bréhier), 에티엔느 질송(E. Gilson), 장 발(J. Wahl)과 같은 철학도들 뿐만 아니라 엘리어트(T. S. Eliot)와 같이 다른 나라에서 온 시인들도 있었다.

세계 대전의 발발, 화려한 꽃은 지고

창조적 지속과 생명의 약동에 대한 그의 철학이 지나치게 낙관적이고 환희에 찼던 탓일까? 1914년 발발한 제1차 세계 대전은 그 화려했던 베르그손주의의 역동적인 전파를 돌연히 중단시켰다. 전쟁을 치르는 동안, 베르그손은 잠시 강단을 떠나서 프랑스를 대표하는 철학자로서 다른 학술원 회원들과 함께 스페인으로 파견되어 여러 대학에서 순회강연을 하기도 하였다. 스페인 여론을 프랑스에 우호적으로 돌려놓기 위해 노력한다든지, 미국의 참전과 재정적 지원을 요청하기 위해 윌슨 대통령을 만나 설득하는데 성공한다든지, 이 시기

베르그손은 프랑스를 위한 외교적 활동에 최선을 다 하였다. 이때의 외교적 능력을 인정받아 베르그손은 1922년 아인슈타인과 퀴리 부인 등 세계적인 석학들이 참여하는 국제연맹 산하 지적협력 국제위원회(오늘날 유네스코의 전신) 의장을 맡기도 하였다. 1925년(66세)부터 류머티즘으로 고생하던 베르그손은 지적협력 국제위원회의 의장직에서 물러나 다시 철학자의 일상으로 돌아온다.

『창조적 진화』가 나온 지 25년이나 지난 1932년(73세), 베르그손은 인류의 구원과 미래에 관한 준엄한 통찰을 담은 마지막 주저 『도덕과 종교의 두 원천』을 발간한다. 『두 원천』에서 베르그손은 전쟁이야말로 지성적 인간의 뿌리 깊은 운명임을 냉정하게 인정하면서, 한 사회의 보존과 이익만을 추구하는 닫힌 사회의 닫힌 도덕에서는 타자에 대한 배타성과 다른 사회에 대한 공격성을 결코 제거할 수 없다고 주장한다. 그리고 가족애와 애국심의 자기중심주의에 갇혀 있는 사회로부터, 보편적 인류에 대한 사랑과 인류 전체의 진보에 대한 열망으로, 또 타자에 대한 환대로 열려 있는 사회로 도약하는 것은 이성적 논리에 의한 설득이나 강제에 의해서는 결코 가능하지 않다고 주장한다. 심신 관계를 실어증 환자의 임상실험에 조회하고, 지성의 발생을 생물학적 사실에 기초하여 설명하듯이, 베르그손은 인류의 도약 가능성을 예수와 같은 성인이나 신비가들의 구체적인 예에서 찾는다. 신적인 사랑을 몸소 실천한 도덕적 영웅들의 삶으로부터 우리가 전달받은 정서적 감동이야말로 우리 자신을 자발적인 실천으로 이끌며 비로소 열린 도덕에 의해 유지되는 열린 사회로의 도약을 가능하게 한다는 것이다. 『창조적 진화』에서 우주 생성의 근본원리였던 생명의 약동은 『두 원천』에서는 사랑의 약동이 되어 지성적 인간의 조건을 초월하게 함으로써 인류의 미래를 구원하는 도덕적 실천의 원리가 된다.

베르그손은 생전에 모두 네 권의 주요 저서 외에도 주옥같은 논문들과 강연원고들을 모은 두 권의 논문집을 발간했다. 하나는 『물질과 기억』의 심리철학과 기억·정신론에 직접적으로 관련되는 논문들을 모은 『정신적 에너지』(1919년)이고, 다른 하나는 그 유명한 「형이상학 입문」(1903년)을 비롯하여 베르그손의 철학관과 철학적 방법에 관한 글들이 들어있는 『사유와 운동』(1934년)이다.

1940년 제2차 세계 대전이 발발하자 독일군이 점령했던 빠리를 벗어나 집단 피난 행렬에 올랐던 베르그손은 그 해 겨울 다시 빠리로 돌아왔으나 혹독한 추위를 견디지 못하고 결국 1941년(81세) 1월 3일 폐렴으로 세상을 떠난다. 베르그손은 유언장에서 자신이 반성하면 할수록 가톨릭에 점점 더 가까워졌으며 거기서 유대주의의 완성을 보게 되었다고 밝히고는 있지만, 정작 가톨릭으로 개종하지는 않았다. 마지막 밤 그는 강의 중이라고 여겼는지 "여러분, 5시입니다. 강의는 끝났습니다."고 말하고는 숨을 거두었다. 장례식은 독일군의 점령 때문에 제대로 진행될 수 없었고, 문교부 대표였던 루이 라벨(L. Lavelle)과 프랑스 학술원 대표였던 폴 발레리(P. Valéry), 그리고 철학사가 앙리 구이에(H. Gouhier)가 참석한 가운데 빠리 근교의 가르슈(Garches) 묘지에서 조촐하게 치루어졌다. 1859년에서 1941년까지 그야말로 19세기와 20세기를 반반씩 살았던 베르그손. 칸트주의와 과학적 실증주의로 굳어져 있던 근대 철학을 역동적인 생성과 창조의 철학으로 변환시키면서 새로운 사유의 물길을 열어 주었던 베르그손은 이렇게 해서 그 찬란했던 생애를 마감했다.

베르그손 이후의 베르그손

사실 베르그손 이후의 현대 프랑스 철학자들이 모두 그의 사상적 후손들이라 해도 과언은 아니다. 그런데 공교롭게도 제2차 세계 대전 후의 암울한 시대 상황에서 등장한 실존주의는 가장 먼저 베르그손 지우기에 앞장섰다. 베르그손이 전파했던 우주와 생명, 그 창조적 생성 속에서 영위되는 인간의 삶에 대한 존재론적 긍정과 기쁨은 처참한 전쟁의 폐허 속에서 누리기에는 너무나 비현실적인 먼 세계의 이야기처럼 들렸을 것이다. 역사적 한계 상황에 처한 인간 실존의 고뇌에 대한 고찰과 사회 정치 철학의 부재와 관련하여 베르그손의 철학은 신랄한 비판을 받으며 그 화려했던 불꽃은 너무나 빨리 어둠 속으로 사라져버리게 된다. 사르트르, 메를로-뽕띠, 바슐라르 등으로 대표되는 베르그손의 첫 번째 후손들은 베르그손의 키워드였던 '창조, 긍정, 충만한 존재, 지속'을 그와 정반대의 '무의미와 부조리, 부정, 무, 불연속과 순간'으로 바꿔놓으면서 베르그손의 영향력을 가장 부정적인 방식으로 드러내었다.

그러나 추상적 본질주의를 비판하며 구체적 사실성에서 출발하는 베르그손의 시간과 자유의 형이상학이 없었다면, 사르트르의 실존과 근원적 자유의 이념이 가능할 수 있었을까? 베르그손의 지속이 아니었다면, 바슐라르의 인식론적 단절과 불연속의 철학이 등장할 수 있었을까? 또 『물질과 기억』에서의 지각과 이미지론이 없었다면, 메를로-뽕띠의 지각 현상학은 어디서 그 기원을 찾을 수 있었을까? 아니, 사물을 그 순수성 속에서 직접 직관하고자 하는 베르그손의 방법론이 토양이 되지 않았다면, 후설의 현상학이 프랑스에 이식되어 자라날 수나 있었을까? 과학적 합리성의 필연적 귀결인 기술 문명을 비판하며 창조적 생명의 근원에 대한 직관을 요청하던 베르그손의 선구적인 통찰이 아니었다면, 존재 망각의 기술 지배 시대에 존재의 음성에 귀를 기울이라는 하이데거의 존재론적 문제의식 또한 프랑스에 쉽게 상륙하기 힘들지 않았을까?

사실 후설과 하이데거로 대표되는 독일 철학이 전후 프랑스 철학에 미친 영향은 '언어적 전회'로 특징지어지는 현대 철학의 전반적인 경향과도 무관하지 않다. 언어와 상징이 실재의 유동성과 연속성을 부동화하고 인위적으로 분절하기 때문에 실재 자체의 직접적인 인식에는 방해가 된다고 비판했던 베르그손의 사유 자체가 언어에 대한 관심이 급증하는 시대 흐름에서 결정적인 쇠퇴의 요인으로 작동했을 수도 있을 것이다. 또한 『두 원천』에서 두드러진 신비주의적 측면 역시 정당한 이해가 주어지기 이전에 이미 엄밀학으로서의 철학을 구축하려는 현상학적 흐름과는 양립할 수 없는 것처럼 보였을 것이다.

그러나 철학사의 흐름이 그러하듯이, 실존주의와 현상학의 주체철학이 레비-스트로스(G. Lévi-Strauss)와 소쉬르(F. de Saussure)를 필두로 한 일련의 구조주의 운동에 의해 사그라지게 된 이후, 다시 구조주의의 정적 사유에 운동성과 시간성을 도입하며 등장한 포스트-구조주의의 역동적 사유는 베르그손으로의 회귀를 불가피하게 하였다. 베르그손의 영향력에 대한 그동안의 망각이 마치 일시적인 유예에 불과한 것이었음을 보여주기라도 하듯이, 베르그손의 뒤를 잇는 생성 철학자 들뢰즈는 현상학의 주체성과 표상주의를 비판하며 새로운 베르그손주의의 바람을 불러일으키게 된다. 들뢰즈는 60년대 프랑스를 지배했던 반(反)헤겔주의의 맥락에서 헤겔의 변증법과 부정성의 철학에 대항할 사유의 원천을 베르그손으로부터 찾았다. 들뢰즈는 일자와 다자, 보편과 특수의 변증법적 관계를 넘어서는 잠재적 다양체 개념, 무와 부정을 비판하면서도 존재와 생성을 종합할 수 있는 긍정의 사유를 베르그손으로부터 발굴하여 계승해나갔다. 무엇보다 『물질과 기억』이 없었다면, 이미지, 잠재성, 지속의 리듬과 강도, 기억의 반복과 차이화 같은 개념들이 없었다면, 아마 들뢰즈의 『차이와 반복』, 『시네마 I : 운동―이미지』, 『시네마 II: 시간―이미지』는 태어나기 어려웠을 것이다. 베르그손이 대면했던 시대 보다 훨씬 더 정교하게 발달된 실증 과학과 현대 예술의 세계 속에서 또한 그만큼 더 복잡해지고 치밀해진 철학적 사유의 힘이 가능하다는 것을 우리는 들뢰즈의 베르그손주의를 통해 볼 수 있다.

들뢰즈 뿐만 아니라, 다른 후배 철학자들이 보여 온 지속적인 관심 또한 베르그손의 현재성을 증명하기에 충분하다. 1948년부터 1973년까지 총 10권이 나온 『베르그손 연구(Les études bergsoniennes)』를 비롯하여, 1959년 베르그손 탄생 백주년 기념 국제 학회에서 출간한 『베르그손과 우리(*Bergson et nous*)』, 2002년부터 보름스(F. Worms)의 주관으로 간행되기 시작한 베르그손 전문 학술지 『베르그손 연보(*Annales Bergsoninnes*)』에 이르기까지 베르그손에 관한 연구는 계속되고 있다. 그리고 1972년 앙리 구이에의 서문과 함께 앙드레 로비네(A. Robinet)가 주관하여 출간한 베르그손 전집 (2007년부터 베르그손의 주요 저서들은 지금까지의 연구성과를 반영하여 강화된 주석을 덧붙여 새롭게 재출간되고 있다), 이 전집에 실린 작품들 외에 베르그손이 쓴 여러 글들과 기록들을 모아놓아 따로 출간한 『잡문집(*Mélanges*)』, 1990년에서 2000년까지 앙리 위드(H. Hude)의 편집으로 1권부터 4권까지 간행한 베르그손의 『강의록(*Cours*)』 등 베르그손 자신의 생생한 기록들 또한 끊임없는 관심 속에 속속들이 출판되고 있다. 2000년 4월 마가진 리떼레르(*Magazine littéraire*)의 베르그손 특집은, 그리고 2007년 『창조적 진화』 출간 100주년 기념 행사로 전세계에서 열린 베르그손 국제학술대회는 이러한 베르그손의 현재성을 한 눈에 보여주는 한 폭의 풍경화라 할 수 있을 것이다.

베르그손의 잠재성은 마르지 않는 우물과 같아서 다양한 방향으로 흘러가는 현대 사유의 물길들에 중요한 원천이 된다. 비단 철학에서뿐만 아니라, 프루스트, 드뷔시, 초현실주의가 그랬던 것처럼, 포스트-모던 문화의 영상예술에서도 베르그손의 개념들은 그 영향력을 지속하고 있다. 한마디로 베르그손은 아직 완결되지 않았다. 메를로-뽕띠가 말했던 것처럼, 베르그손은 여전히 생성 중이다. 베르그손의 진정한 제자들은, 베르그손이 말했던 것을 그대로 반복하며 해석하는 것이 아니라, 베르그손이 했던 것처럼 하려고 애쓰는 자들이다. 베르그손이 했던 것, 그것은 바로 구체적인 자료에 근거하여 실재에 대한 인식을 확장시켜나가는 새로운 사유의 창안이요, 새로운 개념의 발명이다. 베르그손 이후, 베르그손주의의 창조적인 질적 변화는 계속되고 있다.

『물질과 기억』의 배경

출간 당시의 풍경

　『물질과 기억』 첫판은 1896년 말에 출간되었는데, 단행본으로 출간되기 몇 달 전에 이미 그 일부가 3편의 논문으로 나뉘어 학술지에 기고되었다. 「기억과 재인」이라는 제목으로 1896년 3월(*Revue philosophique*, XLI, pp. 225-248, 베르그손 전집 pp.225-252에 해당하는 부분)과 4월(같은 잡지 pp.380-399, 베르그손 전집 pp.253-275에 해당하는 부분) 두 차례에 걸쳐 발표된 글은 단행본의 제2장에 흡수되었고, 「지각과 물질」이라는 제목으로 1896년 5월(*Revue de métaphysique et de morale*, IV, pp.257-279, 베르그손 전집 pp.319-344에 해당하는 부분)에 발표된 글은 단행본의 제4장에 흡수되었다. 그래서였는지 단행본

출판 당시 철학계의 반응은 신통치 않았다. 앙리 4세 고등학교에서 베르그손의 학생이었던 티보데(A. Thibaudet)의 말을 빌면, "두 잡지에 실린 글들의 독특한 병존, 즉 형이상학적인 사변과 실증적인 경험의 당황스러운 혼합만을 볼 뿐, 이 책을 제대로 이해한 자는 아무도 없었다."[10] 반면, 한 철학자의 성실한 자료 수집과 날카로운 분석력은 전문가인 의사들의 관심어린 경탄을 자아내게 하기에는 충분했다. 그러나 6여 년에 걸쳐 진행했던 기억과 실어증에 관한 풍부한 자료 검토와 연구를 토대로, 결국 〈기억은 뇌에 저장되지 않는다〉는 결론을 도출해 낸 베르그손의 주장에 대한 의학계의 반응은 냉소적이었다. 슈발리에(J. Chevalier)에 따르면, "의사들은 그의 문제 제기를 말도 안되는 것이라고, '한마디로 미친 짓'이라고 했다."[11] 심리학, 생리학, 병리학, 해부학 등의 발달로 당시 의학계에서는 기억을 뇌의 일정 부위에 저장되는 것으로 설명하는 뇌 국재화론(la thèse des localisations cérébrales)이 지배적이었기 때문이다.

게다가 '이미지'라는 개념은 『물질과 기억』을 더더욱 접근하기 어려운 책으로 만들었다. 당시의 철학자들이나 심리학자들에게 '이미지'는 '정신적 표상'을 의미했기에, 베르그손의 학생이었던 에밀 브레이어조차 "이건 버클리잖아!"라고 말할 정도로 이미지 개념은 혼동을 야기했다. 베르그손은 심지어 『물질과 기억』 초판 서문에서도 전통적인 의미와 다르게 쓰인 자신의 이미지 개념에 대한 설명을 전혀 하지 않았다. 또 학술지에 분할되어 실렸던 논문들에서 '이미지'는 단순히 '정신적 대상'을 지시하는 것으로 일관되게 쓰였지만, 몇 달 뒤 완성된 단행본으로 출간된 책에서는 동일한 그 '이미지'가 93번이나 다른 말로 고쳐져 있기도 했다.[12] 이미지 개념으로 인한 오해가 워낙 속출하자 베르그손은 15년이라는 세월이 흐른 1911년 제7판을 찍을 때에서야 서문을 새롭게 다시 썼다. 초판 서문이 과학적 심리학과 형이상학의 상호 교통 가능성을 강조하며 『물질과 기억』의 근본 아이디어인 〈정신의 복수 수준 이론〉을 중심으로 쓰였다면, 제7판 서문은 여기에다가 '이미지' 개념의 새로운 의미와 역할에 대한 설명을 추가적으로 강화시킨 것이었다. 베르그손은 나중에 "『물질과 기억』 제1장에서 우리는 '이미지들'에 대한 여러 가지 반성의 결과를 제시했었는데, 철학적 사변의 어떤 습관을 지닌 사람들에 의해서, 또 바로 그 습관 때문에 그 장은 제대로 평가받지 못했다."[13]고 회고하였다. 한마디로, 『물질과 기억』은 출간 당시 철학계나 과학계 어느 쪽에서도 제대로 이해되지 못했던 것이다.

사실 『물질과 기억』은 당시의 신경생리학, 심리학, 병리학 등 여러 과학적 자료들에 대한 분석을 토대로 기억의 심리학적인 기능과 형이상학적인 본성을 밝히려는 작업이었다. 이 작업을 통해서 베르그손은, 생물학적인 욕구와 삶의 필요에서 비롯한 사유 습관들로 인해 좁혀지고 제한된 합리적인 인식이 한편으로는 창조적 지속에 대한 경험 속에서 정신에 대한 직접적인 직관으로 대체되고 다른 한편으로는 가장 무사심한 외재적 지각에 의해서 물질에 대한 직접적인 직관으로 대체될 수 있다면, 칸트적 상대주의가 극복될 수 있다는 것을 보여주고자 했다. 칸트의 철학은 실재에 대한 인간적 경험의 가능 조건을 해명하여 참된 경험의 한계를 과학적 지성의 영역에 국한시킴으로써, 경험의 한계를 넘어서는 형이상학 대신에 근대 과학의 눈부신 성공을 정당화한 당시의 지배적인 사유 패러다임이었다. 베르그손의 '새로움'은 무엇보다 칸트가 설정해 놓은 과학과 형이상학의 관계를 전복시킴으로써 다른 사유의 패러다임을 제공하는데 있었다. 베르그손이 보기에는 과학의 성공 앞에서 철학이 실재에 대한 과학적 경험의 정당화에 그쳐야할 필요도 없었고, 따라서 형이상학이 경험의 한계를 넘어서기 때문에 믿을 수 없는 지식으로 밀려날 필요도 없었다. 베르그손은 과학적 경험과 지식의 가능 조건을 칸트처럼 주관의 형식적 조건에서 찾지 않고 그러한 형식을 갖춘 인간 지성 자체의 발생적이고 자연적인 조건에서 찾았다. 칸트가 말하는 감성의 시공간 형식이나 지성의 범주적 개념 형식은 사실 인류의 오랜 진화 과정 속에서 습득된 것으로서 삶의 편리에 맞춰 유동적인 실재를 공간화시켜 사유하는 방식이다. 과학은 삶의 필요와 요청에 따라 형성된 자연 지성의 가장 발달된 형태를 대표하는 것이기에 실재에 관해 인간적 방향으로 굴절된 상대적 인식만을 제공할 뿐이다. 따라서 과학적 지식의 한계와 불충분성을 극복하고 보완하기 위해서는 실재에 관한 절대적 인식을 제공할 수 있는 형이상학이 요청될 수밖에 없는데, 칸트는 그러한 형이상학의 가능성을 부정하고 과학적 경험의 한계에 만족했다. 베르그손은 이러한 칸트주의에 반(反)하여, 과학적 지성이 축소시키고 놓쳐버린 실재에 관한 절대적 인식이 가능하다는 것을, 즉 과학적 경험의 한계 바깥에서 실재에 대해 직접 직관할 수 있고 그래서 인간적 경험의 장을 확장시킬 수 있는 진정한 경험론으로서의 형이상학이 가능하다는 것을 보여주고자 했던 것이다.

당시 주류 철학자들은 실재에 대한 직접적인 직관이라는 것이 마치 이성을 파괴하고 철학의 합리성을 무너뜨리는 것인 양 베르그손을 공격했다. 『물질과 기억』이 선뜻 받아들여지기 어려웠던 것은 그만큼 습관적 사유의 방향전환이 요구하는 노력이 상당하다는 것을 보여준 것이라 할 수 있을 것이다.[14]

이론적 배경

완전한 제목이 시사하는 것처럼 『물질과 기억: 정신과 신체의 관계에 관한 시론(Matière et Mémoire: essai sur la relation du corps à l'esprit)』은 몸과 마음 또는 물질과 정신의 관계를 문제 삼는다. 그런데 사실 뇌와 기억의 관계나 심신관계에 관한 심리학적 고찰은 궁극적으로 물질과 정신 양자 모두의 실재성을 긍정하면서 동시에 이원론의 난점을 넘어서 양자의 관계를 해명하기 위한 단초에 지나지 않는다. 따라서 『물질과 기억』을 단순히 심리철학의 문제 지평에서만 고려하는 것은 큰 오산이다. 『물질과 기억』의 가장 중요한 주제이자 진정한 묘미는 전통적인 인식론적·존재론적 이원론의 곤경을 해결하면서 물질과 정신 사이의 관계를 해명하는데 있다. 그리고 이러한 형이상학적 배경 하에서 정신의 힘과 신체적 운동 사이의 관계를 조명해야 한다.

관념론과 실재론의 대립으로 대표되는 인식론적 이원론의 문제는 인식 주관과 인식 대상인 객관적 실재 사이에 건널 수 없는 간격을 설정해 놓고서 양자 사이의 일치 여부를 회의하는데 있다. 『물질과 기억』은 인식 주관인 정신이 정신 자신에 대해 직접적으로 인식할 수 있을 뿐만 아니라 자신과 본성상 다른 물질에 대해서도 직접적으로 인식할 수 있음을 보여준다. 즉 우리의 경험이 한갓 현상에 불과한 것은 아니며, 실재에 대한 절대적 인식이 가능하다는 것이다.

유물론과 유심론의 대립으로 나타나는 존재론적 이원론의 문제는 정신과 물질의 본성상 차이를 강조하면서 양자 사이의 관계를 해명하지 못하고 어느 한쪽의 근원적인 실재성으로 다른 한쪽을 환원시키려는데 있다. 『물질과 기억』은 정신과 물질이 환원불가능한 본성상 차이를 지니면서도 구체적인 삶의 신체적 행위 속에서 서로 접촉할 수 있음을 보여준다. 보편적 지속의 관점에서 보면 정신과 물질의 본성상 차이는 과거를 현재 속으로 연장하는 기억의 수축 역량의 정도 차이에서 비롯한다는 독창적인 통찰이 그 해법이다.

베르그손은 이 책에서 물질과 정신 사이에 제기될 수 있는 인식론적 존재론적 관계의 문제를, 물질의 계열과 정신의 계열이 현실적으로 마주치고 있는 심신관계라는 축소된 문제를 통해서, 그 중에서도 '뇌와 언어 기억의 관계'라는 구체적인 실증적 사례를 통해서 접근하고 있다.

A. 『물질과 기억』에서 비판되고 있는 입장들: 데카르트의 심신이원론, 말브랑슈-스피노자-라이프니츠의 심신평행론, 기계적 유물론자들의 의식부대현상론, 그리고 관념연합론과 결합된 뇌 국재화론을 들 수 있다.

데카르트의 〈심신이원론〉에 따르면, 정신과 물질은 각기 독립적인 실체로서 이원화된다. 우리의 정신은 공간을 차지하지 않으며 나누어질 수 없는 것으로서 사유하는 실체이고, 우리 바깥의 물질은 공간을 차지하며 나누어질 수 있는 연장적 실체이다. 신체는 이런 물질의 일부로서 엄밀한 수학적 법칙에 따르는 기계적인 자연 세계에 속한다. 따라서 우리의 정신과 우리의 신체는 본성상 서로 다른 세계에 속하는 것으로서 원리상 상호작용이 불가능할 수밖에 없다. 그런데 내가 마음먹은 대로 내 몸이 움직여질 수 있듯이, 현실적으로 신체와 정신은 인과적인 상호작용을 수행한다. 데카르트는 두 실체 간의 현실적인 상호작용을 설명할 수 없었고, 뇌에 양자를 연결하는 송과선이라는 부위를 상정해보는데 그쳤다.

데카르트의 문제를 이어받은 말브랑슈, 라이프니츠, 스피노자는 정신과 신체가 독자적인 원리에 따라 작동하며 상호 인과 관계를 맺을 수 없다는 점을 그대로 받아들이면서, 양자의 상호관계를 신이 제공하는 기회(말브랑슈)나 예정조화라는 신의 섭리에 의해(라이프니츠), 또는 동일한 실체에 뿌리를 둔 상응하는 두 속성(스피노자)으로 설명하는 〈심신평행론〉을 주장하였다. 그러나 이러한 심신평행론은 정신 상태에 상응하는 신체 상태가 존재한다는 상식적인 주장 외에 심신 관계에 대한 합리적인 설명을 제공하지 못한다.

〈의식부대현상론〉이란 의식의 존재 자체를 부정하진 않

지만 의식 현상을 뇌 신경체계의 부산물로 간주한다. 부대현상이란 말을 만들어낸 토마스 헉슬리(T. Huxley)에 따르면, 마치 증기기관차의 운동에 스팀의 기적 소리가 아무런 영향을 미치지 않듯이, 의식은 물리적 신경체계의 과정에 어떠한 인과적 영향력도 갖지 않으면서 단지 그 과정의 부산물로 수반할 뿐이다. 이것은 라메트리(J. La Mettrie)의 인간기계론을 적극 수용한 18세기의 계몽주의자들(디드로, 달랑베르, 돌바끄, 생시몽, 꽁디약 등)이나 19세기 뇌신경생리학자들이 취한 기계론적 유물론의 견해를 대변하기도 한다.

이 부대현상론은 19세기 말 뇌신경생리학과 해부학의 발달과 더불어 의식 현상을 뇌의 특정 영역에 할당하여 설명하는 뇌국재화론에 의해 정당화되었다. 1880-90년대는 기억 연구의 황금시기를 구가하고 있었고, 뇌국재화론은 특히 기억상실의 원인이 뇌의 부분적 손상에서 비롯된다는 브로카와 베르니케의 발견 이후로 실어증에 관한 당시의 지배적인 설명모델이었다.[15] 이것은 18세기 말 영국경험론으로부터 심리학과 신경과학에 도입된 〈관념연합론(l'associationisme)〉을 토대로 하고 있기 때문에, 정신적 상태를 원자화할 뿐만 아니라 이 원자화된 정신 상태 각각을 이에 해당하는 뇌의 여러 신경중추들의 활동으로 환원시켰다.

베르그손이 보기에, 심신이원론은 정신의 실재성을 인정

하되 물질과의 관계를 해명할 수 없는 난관에 빠지고, 심신 평행론은 물질과 정신의 관계를 해명하지 않고 남겨둔 것이나 마찬가지이며, 부대현상론은 궁극적으로 정신을 물질로 환원시켜 버린다. 특히 관념연합론은 정신을 일차원적인 빈 공간 속에서 부유하는 원자들의 관계로 접근하기 때문에, 불가분한 전체로서 수축-팽창하며 새로운 관념을 산출하는 역동적인 정신의 다차원성(정신적 수준들의 복수성)을 이해하지 못한다.

베르그손은 실어증에 관한 당시의 과학적 자료들을 꼼꼼이 분석한 후, 뇌와 기억의 관계에 관한 과학적 인식 너머에서, 한편으로는 뇌의 상태로 환원불가능한 정신의 실재성과 뇌의 활동을 훨씬 넘어서는 정신의 역량이 존재한다는 것을 직관해내고, 다른 한편으로는 무소불위의 역량으로 과장된 뇌의 기능을 축소시켜서 뇌 또한 뇌를 넘어서는 물질 세계 전체의 일부에 불과한 것임을 바로 잡아낸다. 이로부터 베르그손은 물질과 정신이 각자의 실재성을 유지하면서 뇌와 신체의 기능을 통해 구체적인 삶 속에서 접속하며 관계 맺는 양상을 설명해내게 된다.

B. 『물질과 기억』에서 긍정적으로 수용되고 있는 입장들: 베르그손이 물질과 정신의 관계 속에서 신체의 독특성에 주

목할 수 있게 된 배경에는 진화론적 생물학, 생기론, 리보와 자네의 심리학, 맨 드 비랑-라베쏭-라셜리에로 이어지는 프랑스 정신주의 등의 영향을 들 수 있다.

베르그손이 물질과 정신의 관계를 해명하기 위해 사용하는 열쇠는 바로 뇌를 포함한 신체의 기능과 역할이다. 우리의 정신은 왜 물질적 대상들과 접촉하고 그것들에 대한 앎을 얻어야 하는가, 즉 외부 사물들을 지각하거나 기억해야 하는 일이 왜 필요한가, 우리는 왜 외부 사물들로 인해 고통을 겪는다거나 즐거움을 얻는가 등등을 생각해보면, 우리의 정신이 물질과 맺는 여러 양상의 관계들은 결국 우리 삶의 자유를 확보하기 위한 피할 수 없는 근본 조건이다. 베르그손은 바로 이러한 구체적인 삶의 조건으로부터 출발하여 우리의 정신이 신체를 매개로 물질과 관계 맺는 현실적 방식에 주목해야 문제를 해결할 수 있다고 본 것이다. 신체야말로 한편으로는 우리 자신을 물질의 일부로 놓으면서 우리의 정신을 제한하여 물질과 관계 맺도록 하고, 다른 한편으로는 물질의 필연을 극복하여 물질에 대한 우리 정신의 자유를 실현할 수 있게 하는 중요한 삶의 장치이다. 신체는 물체와 같은 단순한 기계가 아니라 물질적 실재와의 관계 속에서 정신의 자유를 제한하면서 동시에 실현시키는 매체로 작동하는 독특성을 지닌다.

그러니까 실재에 대한 우리의 경험은 뇌-신체와 더불어 삶에 유용한 인식으로 축소되어 주어지는 것이며, '살아있는 신체'의 의식적인 행위로 포착된 경험 세계 너머에는 아직 탐사되지 않은 미지의 세계처럼 물질적 실재와 정신적 실재의 영역이 경험의 촉수를 기다리고 있는 것이다.

베르그손은 당시 생물학에서 제공하는 신경체계에 대한 진화론적 설명으로부터 척수와 대뇌는 단지 복잡성에서의 정도 차이만을 지닐 뿐이며, 따라서 대뇌 또한 표상기관이 아니라 운동기관이라는 통찰을 도출해내었다. 그리고 생물학의 발달에 기초한 생기론적 주장으로부터는 기계적인 물체와 살아있는 신체의 본성상 차이를 인정하는데 도움을 받기도 하였다.

사실 〈생기론(vitalisme)〉과 베르그손과의 관계는 좀 더 면밀하게 분석되어야 할 필요가 있는 부분이다. 생기론은 통상 기계론적 유물론의 물리적 환원주의를 비판하면서 생명현상은 물리적 상태로 환원불가능한 독특성을 지닌다고 주장한다. 18세기 말 바르떼즈(P. Barthez), 비샤(M. Bichat)와 같은 생리학자들을 중심으로 형성된 생기론은 생명체 내의 생리적 현상들이 보여주는 내적 조화와 합목적성을 물리적으로는 설명불가능한 '생명원리'에 의해 설명하고자 하였고, 이 때문에 비과학적이고 모호한 이론으로 간주되기도 하였다. 따라서 베르그손을 생기론자로 분류하려는 경향에는 베르그손의 철학이 비합리적이고 비과학적이라는 편견이 암묵적으로 깔려있다. 그러나 생기론과 베르그손의 생명 철학 사이에는 명백한 차이가 있다. 우선 베르그손은 『창조적 진화』에서도 명시적으로 비판하고 있듯이 생명체의 독특성과 진화를 설명하는데 있어서 생기론의 생명원리와 같은 목적론적 오류를 저지르지 않는다.[16] 또한 생기론자들이 유기적인 생명체와 비유기적인 물질을 구분하여 생명체의 비결정성과 개방성을 물질에서는 부정하는 데 반해, 베르그손은 『물질과 기억』 4장에서 드러나듯이 물질에도 지속의 비결정성을 부여하며 보편적 지속의 관점에서 생명–정신과 물질의 관계를 사유한다. 따라서 생기론이 비합리적 신비주의적 요소와 결부되어 이해될 때는 베르그손과의 연결선을 분명하게 긋는 것이 필요하다. 그러나 현대 생물학과 물리학의 상황에서 복잡계 이론의 등장이나 창발론적 견해와 관련하여 생기론에 대한 긍정적인 재조명 작업이 요청되고 있음을 감안하자면, 신비주의적 요소가 제거된 생기론과 엄밀한 경험론으로서의 베르그손 철학의 관계 또한 재해석의 여지가 있을 것이다.

19세기 중반 생물학적 토대 위에서 생리심리학적 과정을 고찰한 리보(Th. Ribot)와 자네(P. Janet)의 심리학 작업 또한 베르그손은 긍정적으로 수용한다. 리보는 심리현상을 신경계의 물리적 상태로 환원시키는 물리주의를 비판하고 신체가 물리적 자극을 수용하는 감각 기능뿐만 아니라 운동적 반응 기능도 지닌다는 점을 밝혔다. 자네는 의지적인 노력이나 주의력의 집중 등과 같은 심리적인 현상이 신체의 근육 운동이나 생리적 과정과 결합하여 작동한다는 것, 그리고 주의력의 약화나 의지적 노력의 결핍이 거꾸로 신체적 행동 장애를 유발할 수도 있음을 보여주었다. 심리현상과 신체적 운동성과의 밀접한 관계를 보여준 이러한 심리학적 연구들은 특히 〈지각이 사유보다는 운동에 속한다〉는 베르그손의 지각론에 중요한 영향을 미쳤다. 한편, 자네의 신경쇠약 연구(1903)와 마리(P. Marie)의 해부학적 증명(1906)은 "브로카 중추의 손상 없이도 실어증이 있을 수 있으며, 실어증의 가장 핵심적 요인은 일반적인 지적 능력의 축소에 있다."는 것인데, 이는 오히려 〈뇌의 손상은 기억 자체의 손상을 야기하는 것이 아니라 기억의 현실화 능력을 약화시킨다〉는 베르그손의 천재적인 통찰로부터 영향을 받아 실행된 것이었다. 이들의 연구가 결국 당시 지배적이었던 〈관념 연합론에 기초한 뇌 국재화론〉을 자멸시키는데 일조하기도 하였다.[17] 이는 베르그손의 실증적 형이상학이 그야말로 뜬구름 잡는 식의 형이상학이 아니라는 것을 단적으로 보여준 사례라고 할 수 있다.

베르그손에 미친 〈프랑스 정신주의(le spiritualisme français)〉

의 영향은 간단히 요약하기 어려울 정도로 풍부하다. 구이에의 말마따나 베르그손을 '새로운 정신주의'라고 규정할 수도 있다. 그러나 주목해야 할 것은 베르그손이 19세기 프랑스 전통 철학사의 계보 속에 도입한 그 '새로움'에 있다.

프랑스 정신주의는 독일 관념론이나 영국 경험론에서와 달리 추상적인 접근이 아니라 구체적인 실증성에 기초하여 정신의 실재성에 도달한다는 특징이 있다. 즉 프랑스 특유의 정신주의란 논리적으로 사유된 실체론적 관점에서 신체와 분리된 정신의 존재를 고찰하는 것이 아니라, 구체적인 삶의 맥락에서 의지적인 노력이나 신체적인 운동성과 결합되어 활동하는 정신을 고찰하는 독특성을 지닌다. 예컨대 이들은 어떤 대상에 대한 시각 지각도 단순히 정신이 외부 인상을 수동적으로 수용하는 것이 아니라 눈동자 주변 근육을 움직여 대상에 초점을 맞추는 의지적인 노력이 결부되어야 이루어진다든지, 또 어떤 문제에 주의를 집중하여 골똘히 생각할 때 얼굴 근육도 동시에 앞으로 모아져 수축된다든지 하는 심리생리학적인 차원에서의 심신상관관계에 주목한다. 관념론과 실재론의 인식론적 대립이 실은 지각 작용을 순수한 사유 작용으로만 간주하고, 지각이 본래 외부 세계와 관계 맺는 신체적 운동성에 기초한다는 사실을 보지 못한 데서 비롯한다는 베르그손의 비판적 통찰도 이러한 관점과 무관하지 않다.

19세기 초 맨 드 비랑은 데카르트의 추상적이고 실체적인 사유 주체로서의 정신 개념을 비판하고, 의지적인 노력을 통해 자발적으로 활동하는 정신의 능동성을 강조하면서, 이러한 정신에 대한 주체의 자각, 즉 내적 직관을 통한 자기 인식을 형이상학의 과제로 삼으며 프랑스 정신주의의 초석을 놓았다. 19세기 후반 라베쏭은 의지적 노력의 활동성인 정신을 특히 습관 형성에서 보여지는 생명의 자발성으로 확장하면서 프랑스 정신주의를 꽃피웠다. 라베쏭에 의하면, 습관은 의지와 자연 또는 정신과 신체의 상호작용 속에서 성립하는 생명의 자발성을 단적으로 보여주며, 이 생명의 자발성이야말로 우주의 근본 원리이고, 습관을 형성하는 자발성의 정도에 따라 개체의 존재론적 등급이 정해진다. 라베쏭의 제자였던 라슐리에 역시 모든 진리와 존재의 궁극적인 근거는 정신의 절대적인 자발성에 있으며, 이 절대적인 정신적 실재에 대한 인식은 오로지 정신 자신의 직접적인 내적 직관의 방법을 통해서만 가능하다고 주장하였다.

　베르그손은 신체적 운동성과 결합되는 정신적 운동성의 개념, 정신적 실재에 대한 내적 직관의 방법, 물질의 타성과 구분되는 생명의 자발성과 습관의 형성 등에 대한 이들의 통찰들로부터 결정적인 영향을 받았다고 할 수 있다. 특히 심신 관계의 문제와 관련해서, 가장 기본적인 수준에서의 물질과 가장 발전된 수준에서의 정신을 비교하면서 양자 사이의 환원불가능성과 간격을 강조하는 이원론적 입장과 달리, 거꾸로 물질은 의식의 특성과 닮은 운동성의 수준에서 고찰하고 정신은 물질의 타성에 참여할 정도로 가장 낮은 수준에서 고찰함으로써 양자 사이의 간격을 극복하려는 베르그손의 전략은 살아있는 신체의 운동성에 관한 이들의 사유와 연속적이라고 할 수 있을 것이다.

그럼에도 불구하고, 베르그손을 단순히 프랑스 정신주의자의 일원으로 놓을 수 없는 가장 큰 이유는 심리학적 의식이나 생물학적 정신의 자발성에 국한되지 않고 물질의 존재론적 본성까지 종합하여 설명하는 '지속'과 '기억'의 형이상학 때문이다. 기억인 지속은 의식과 생명체의 역동적인 삶의 원리일 뿐만 아니라 유동적인 에너지 흐름으로서의 물질의 원리이기도 하다. 베르그손이 『물질과 기억』에서 제시하는 신체의 운동성에 기초한 심신관계의 해명은, 어디까지나 정신적 실재와 물질적 실재를 리듬과 속도에서의 정도상 차이로 긍정하며 보편적 지속의 존재론적 원리 아래 종합하는 형이상학적 관점에서 이루어지는 것임을 간과해선 안 될 것이다. 이것이 라셜리에게 헌정되었던 『시론』보다는 『물질과 기억』에서야 베르그손의 진정한 면모가 드러나는 이유이기도 하다. 『시론』이 이질적인 요소들이 상호침투하며 끊임없이

질적 변화를 계속하는 의식의 흐름에서 지속의 실재를 논증하였다면, 『물질과 기억』은 과거를 현재 속에 연장하며 불가분한 질적 변화의 연속을 보여주는 기억의 역동적인 운동 속에서 지속의 실재를 논증한다. 과거와 현재 사이의 수축과 이완의 정도에 따라 지속의 상이한 리듬이 가능하며, 이 상이한 리듬의 지속들의 동시적 공존을 함축하는 보편적 지속의 존재론적 관점에서 볼 때, 정신이란 지속하는 두 순간의 수축과 긴장의 경향이고 물질이란 지속하는 두 순간의 팽창과 이완의 경향에 다름 아니다. 『물질과 기억』은 『시론』의 심리학적 지속을 존재론적 지속으로 확장하며 전통적인 정신주의를 넘어서는 '새로운 철학'으로 베르그손주의를 구축하였던 것이다.

2장
『물질과 기억』의 핵심 사상

제기된 문제와 해결 방법

『물질과 기억』의 중심 과제는 기억에 대한 실증적 분석을 토대로 물질과 정신 사이의 관계를 해명하는 것이다.

상식적인 일상인의 관점에서 볼 때, 우리는 물질이 실재한다는 것과 정신이 실재한다는 것을, 그리고 그 실재들이 우리가 인식하는 그대로 존재하며 상호작용한다는 것을 의심하지 않는다. 예컨대 내 앞에는 일정한 공간을 차지하고 있는 책상과 노트북이 존재한다. 나는 이 견고한 사물들의 한 가운데를 아무 것도 없는 듯이 뚫고 지나갈 수도 없고 벽 저편을 투명하게 바라볼 수도 없다. 나의 신체와 이 사물들과의 부딪침은 이러한 사물들을 이루고 있는 물질의 실재성을 부정할 수 없게 만든다. 그리고 이 사물들은 내가 지금 보고 있는 모습 그대로 존재한다고 나는 믿는다. 다른 한편, 노트북 화면 위에 쓰이고 지워지기를 반복하며 늘어가는 글자들은 나의 생각을 현실화하며 나의 정신이 존재함을 보여주고 있다. 마치 사물처럼 온 몸이 마비된 채로 누워있으면서도 눈동자의 아주 작은 깜빡임만으로도 자신의 생각을 표현하며 자신이 단지 사물이 아님을 보여주는 어떤 식물환자의 경우를 본다거나, 심지어 나를 향해 꼬리치며 달려드는 어느 강아지의 반짝이는 눈동자와 마주칠 때에도, 나는 신체 속에 깃든 영혼이라는 것의 존재, 어쨌든 물질이라는 것과는 전혀 다른 정신이라는 것이 실재한다는 것을 부정할 수 없다.

  그런데 사물들과 같은 물질은 눈에 보이고 만져지며 공간을 차지하면서 두께나 무게를 지니지만, 생각과 같은 정신은 눈에 보이지도 만져지지도 않고 딱히 어떤 공간에 있다고도 할 수 없으니 —두개골을 열고 뇌를 들여다본다면 이 '생각'이라는 것이 보일까?— 두께나 무게를 잴 수도 없다. 그러니까 물질과 정신은 본성상 전혀 다른 것처럼 보인다. 그렇다면 공통점도 전혀 없어 보이는 물질과 정신은 도대체 어떻게 서로 관계를 맺는 것일까? 과학자들이 주장하는 것처럼 생각이라는 것은 정말 뇌의 어느 부위에 있는 신경세포의 활성화에 불과한 것일까? 그렇다면 뇌는 어떻게 그 많은 기억들과 꿈과 복잡다단한 생각들을 만들어내는 것일까? 뇌 신경체계라는 것도 결국 물질적 요소들로 이루어진 복잡한 기계 장치와 같은 것이고, 마치 컴퓨터 하드웨어에 디지털 코드로 저장된 정보(입력)가 모니터 상에서 다양한 형상들로 현실화되는 것(출력)처럼, 나의 생각이라는 것도 그와 같은 이치로 떠오르는 것일까? 생각이나 정신이라는 것은 결국 뇌를 이루고 있는 분자운동의 부산물에 불과한 것일까? 그러면 우리는 왜 그렇게 몸을 움직이는 운동선수들에게 정신력을 강조하는 것일까? 뇌의 상태와 정신력의 관계는 무엇일까? 뇌의 신비를 한꺼풀씩 벗겨간다는 현대 과학의 시대에도 우리는 여전히 불가항력의 힘으로 무당이 되어 접신(接神)의 삶을 살아야 하는 사람들이나 사이코메트리에 관한 이야기를 듣는다. 이것은 과학이 아직 해명하지 못했지만 언젠가는 풀고 말 복잡한 현상이거나 제거되어야 할 잘못된 믿음일까, 아니면 신체가 소멸해도 불멸하는 영혼의 존재를 증명하는 것일까?

신경과학, 인지과학, 뇌과학 등과 같은 현대 과학에서도 여전히 그 해법에 관심을 기울이고 있을 뿐만 아니라 전통적으로 철학자들이 골몰해왔던 문제들이 바로 이것이다. 예컨대 유심론이냐 유물론이냐, 관념론이냐 실재론이냐, 심신이원론이냐 심신일원론이냐 하는 철학적 입장들의 대립은 모두 물질과 정신의 관계를 해명하려는 노력의 결과였다고 할 수 있다.

유심론과 유물론의 대립은 궁극적으로 존재하는 것을 무엇으로 보느냐하는 '존재론적 관점'에서 성립한다. 유심론은 물질로 환원불가능한 정신의 독자적인 실재성을 인정하고 정신이야말로 만물의 존재와 생성을 가능하게 하는 궁극적인 원리라고 주장하는 입장이고, 유물론은 거꾸로 물질을 근원적인 실재로 놓고 정신은 물질로부터 파생된 부차적인 현상으로 설명하며 세계의 궁극적인 작동 원리를 물질에서 찾는 입장이다.

관념론과 실재론의 대립은 객관적 대상으로서의 물질과 이를 인식하는 주관으로서의 정신 사이에 일치와 불일치를 설명하려는 '인식론적 관점'에서 성립한다. 관념론은 우리가 확실하게 인식할 수 있는 것은 오로지 우리 주관에 주어진 정신적 표상뿐이며 우리에게 주어진 세계는 결국 우리의 주관적 관념의 산물이라는 점에서 외부 사물의 독자적인 실재성을 인정하지 않는 입장이고, 실재론은 우리의 주관 바깥에 우리의 주관과 독립적으로 실재하는 객관적 세계를 인정하고 우리의 주관적 표상이나 관념이야말로 그 세계의 불완전한 반영에 지나지 않는다 —또는 그 세계의 일부인 뇌의 산물에 지나지 않는다— 는 입장이다. 그러나 관념론이든 실재론이든 우리의 주관은 객관적 실재를 직접 접촉할 수 없으며 그에 대한 확실한 인식을 얻지 못한다는 동일한 귀결에 이른다고 할 수 있다. 관념론은 정신의 실재성에 우선성을 놓는다는 점에서 유심론과 통하고, 실재론은 물질의 실재성에 우선성을 놓는다는 점에서 유물론과 통한다고도 볼 수 있다.

문제의 지평을 심신(心身) 관계로 좁혀 보면, 이와 같은 근본적인 대립은 크게 심신이원론과 심신일원론의 대립으로 반복된다. 심신이원론은 공간적으로 연장된 물리적 실재로서의 신체와 비공간적이고 비연장적인 정신적 실재로서의 마음을 모두 인정하며, 특히 신경생물학적 상태로 환원 불가능한 심리상태의 독특한 실재성을 강조하는 입장이라 할 수 있다. 반면 심신일원론으로는 마음의 독자적 실재성을 부정하며 심리상태를 신경생물학적 상태로 환원시켜 설명하는 유물론적 환원주의를 들 수 있다. 물론 이 양자 사이에는 본체적으로는 일원론이면서 현상적으로는 이원론을 취하는 심신평행론의 입장도 있다. 예컨대 심신 양자를 동일한 실체에 귀속되는 상이한 두 속성으로 해석하는 스피노자의 고전적인 입장이라든가, 물리 상태와 심리 상태를 동일한 실재에 대한 상이한 두 기술 체계로 해석하는 데이빗슨의 현대적인 입장이 대표적이다.

『물질과 기억』의 독창성은 이와 같은 이론적 대립들을 가로지르며 전혀 다른 관점에서 물질과 정신의 관계를 조명하는 새로운 해법을 제시했다는데 있다. 『물질과 기억』〈서문〉

에서 밝히고 있듯이, 베르그손은 우선 유물론과 유심론의 대립을 넘어서 물질과 정신을 어느 한쪽의 파생물로 일원화시키지 않고 "정신의 실재성과 물질의 실재성을 모두 긍정"하며 양자의 본질적인 차이를 인정하는 이원론의 입장을 취한다. 그러나 그럼에도 불구하고, 베르그손은 또한 기존의 "이원론이 항상 제기해왔던 이론적 난점들을 상당히 약화시킬 수 있는 방식으로", 즉 물질과 정신 사이의 건널 수 없는 철벽을 무너뜨리고 양자의 소통과 접촉가능성을 확보할 수 있는 방향에서 물질과 정신의 관계를 고찰한다. 이를 통해 베르그손은 관념론과 실재론이 포기했던 양자 사이의 절대적인 접촉과 일치가 어떻게 가능한지, 또한 관념론과 실재론의 대립을 낳을 수밖에 없었던 양자 사이의 차이는 어디서 발생하는지 해명한다. 뿐만 아니라 신체의 운동과 정신의 힘이 어떻게 상호작용할 수 있는지도 설명해 낸다. 도대체 물질과 정신은 어떻게 본성상 다른 것으로 존재하면서도 그 차이와 간격을 뛰어넘어 실제로 접촉하고 상호작용할 수 있다는 것인가? 그리고 기억은 이 문제를 해결하는데 어떤 열쇠를 제공하는 것일까?

지속 안에서 사유하기

『물질과 기억』을 인도한 근본적인 아이디어는 한마디로

〈다양한 수준들을 허용하는 보편적 지속과 정신적 수준의 복수성〉이란 개념에 있다. 물질과 정신의 관계에 대한 베르그손의 해법은, 물질과 정신의 본성상 차이를 인정하되, 그 본성상 차이를 사유할 때, 그 차이와 간격이 뛰어넘을 수 있을 정도로 좁혀질 수 있는 차원, 즉 '공간이 아니라 지속의 차원에서 사유하는 것'이다. 변화와 운동과 시간의 흐름이라는 차원에서 보면, 물질과 정신은 모두 보편적인 지속의 흐름 안에 있으며, 다만 서로 다른 리듬과 속도로, 서로 다른 수준과 정도에서 지속한다는 차이를 지니게 된다. 특히 정신의 지속은 기억의 강도에 따라 무수히 많은 수준에서 상이한 리듬의 정도로 흘러갈 수 있고, 따라서 가장 낮은 수준에서의 정신이라면 물질과의 간격을 쉽게 뛰어넘어 접촉할 수 있는 것이다.

공간과 지속의 구분은 베르그손 철학의 대전제이다. 베르그손에게 공간이란 등질화의 원리, 가분성과 병렬의 원리, 동시적 공존의 원리이다. 예컨대 어떤 대상을 공간의 차원에서 사유한다는 것은, 마치 텅 빈 책상 위에다가 사물들을 분리하여 나란히 한꺼번에 병렬시켜놓고 하나 둘 세어나가듯이, 어떤 대상이든 그 대상이 시간상에서 겪는 질적 변화는 전혀 고려하지 않은 채 고정불변의 등질적인 항으로 취급하면서 불연속적인 항들로 자르고 나누고 분리하여 인위적으로 재배치하고 관계 짓는 것을 의미한다. 대표적인 예가 뉴턴-라플라스의 고전 역학에서 물질을 다루었던 기계론적 결정론의 관점이다. 여기서는 원인과 결과 사이에, 이전 상태와 이후 상태 사이에, 전체와 부분 사이에 시간상의 질적 변화는 전혀 고려하지 않는다. 결과는 원인에 의해 필연적으로 결정되며 원인을 알면 그 결과는 기계적으로 따라 나온다. 따라서 물질의 미래 상태는 이미 현재의 상태 속에 다 결정되어 있기에 예측가능하다. 생명공학이나 유전자조작술도 이런 기계론적 결정론의 현대적 확장판이라 할 수 있다. 이에 따르면 무기물질의 경우뿐만 아니라, 살아있는 유기적 생명체도 물리화학적 구성요소들로 분할하여 그 부분적 요소들의 재조합으로 원하는(예측 가능한) 결과로서의 새로운 유기체를 얻을 수 있다. 이 관점은 비결정적이고 예측 불가능한 요소의 출현에 대해서는 본질적으로 심각하게 고려하지 않는다.

베르그손에 의하면, 사물들을 나누고 늘어놓고 배치하는 바닥의 텅 빈 공간이란 사실 기하학적인 도식만큼이나 추상적인 것에 불과하다. 이런 공간 개념은 생물학적 진화의 오랜 과정 속에서 인간 지성이 삶의 필요와 요구에 따라 물질적 대상들을 편리하게 다루기 위해 습득한 것으로 행위를 위한 추상적 도식일 뿐이다. 실재하는 것은 구체적인 연장(extension)이지 추상적인 공간 도식이 아니다. 실재는 무언가로 가득 차 있는 연속적인 전체이며 텅 빈 공간이라는 것은 아예 없다.

예컨대 두 사물들 사이를 가르고 있는 듯이 보이는 빈 간격에도 우리 눈에는 보이지 않는 공기나 먼지가 존재하며, '아무도 없는' 텅 빈 방에도 사실 우리가 찾던 '아무도' 대신에 책상이나 의자와 같은 가구들이라도 존재하는 법이다. 즉 '없다'는 것, '비어 있음'이라는 것은 우리 자신의 주관적 기대에 비추어 '무시된 다른 존재가 있다'는 것이고, 진정으로 아무 것도 존재하지 않는 부분은 우주 어디에도 없으며 항상 무언가로 가득 차 있다는 것이 베르그손의 생각이다. 그러니까 실재는 빈 간격에 의해 나누어질 수 없는 불가분한 연속적 전체라는 것이다. (우리 눈에 분리되어 개별화된 것들로 보이는 모든 것들은 실은 다 연결되어있다는 것!)

따라서 무엇이든 지속 안에서 사유한다는 것은 기하학적인 도식과 같은 공간 표상을 통해서 대상을 바라보는 것이 아니라 불가분한 연속적 전체의 관점에서, 그것도 시간 속에서 끊임없이 질적으로 변화하는 전체의 관점에서 생각한다는 것이다. 베르그손에게 공간은 관념적인 도식에 불과하지만 지속은 실재이다. 지속이란 우리가 통상 시계로 측정하는 시간, 누구에게나 동질적이고, 시계 바늘의 일정한 움직임에 따라 등질적으로 분절되는 공간화된 시간을 말하는 것이 아니다. 지속은 구체적인 존재자의 연속적인 질적 변화와 운동 자체이다. 마치 음악의 선율이 흐를 때 이전 음이 이후 음에 이어지면서도 새로운 음으로 변화하듯이, 마치 수정란이 배아→태아→유아→어린이로 연속적인 질적 변화를 보이며 성장하듯이, 우주 만물은 각자의 속도와 리듬에 따라 불가분한 질적 변화의 연속으로 지속한다.

지속한다는 것은 무엇보다 이전 상태와 이후 상태 사이에 질적 차이가 존재한다는 것이다. 예컨대 2시간짜리 수업을 들을 경우, 전반 1시간과 후반 1시간은 똑같은 1시간이 아니다. 시계는 두 시간을 동질적인 60분으로 측정하지만, 두 시간 내내 서서 말하는 강의자에게도 앉아서 듣는 수강생 각자에게도 전반 1시간과 후반 1시간은 질적으로 다른 시간들이다. 심지어 강의실의 책상이나 의자까지도 1시간 전의 상태와 1시간 후의 상태가 질적으로 다르다. 헤라클레이토스의 말마따나 우리는 두 번 다시 동일한 강물에 발을 담글 수 없는 것이다. 이 세상에는 아무런 질적 변화도 없이 고정불변의 상태로 있는 존재자는 어디에도 없다. 지속의 보편적인 흐름 안에서는 어떠한 것도 동일한 상태로 반복될 수 없는 것이다. 시계로 측정되는 2시간은 질적으로 다른 지속들을 편의상 공간화시켜 잘라낸 것에 불과하다. 2시간의 수업 시간 동안에 책상이나 의자가 겪은 질적 변화, 강의자나 수강생들의 신체가 겪은 피로나 노화 같은 질적 변화, 수강생들의 의식 상태에 일어난 질적 변화는 모두 다른 속도와 리듬으로 진행한다.

이전 상태와 이후 상태 사이의 질적 차이가 가장 두드러진 것이 의식의 경우일 것이고, 그 다음이 신체의 경우, 그 다음이 사물들의 경우일 것이다. 의식의 지속, 살아있는 신체의 지속, 물질의 지속이 각기 다른 속도와 리듬으로, 각기 다른 정도로, 질적 차이를 산출하며 지속한다. 특히 물질이 지속한다는 것은 물질에도 이전 상태와 이후 상태 사이에 질적 변화가 있고, 이로부터 예측 불가능한 것과 비결정적인 것의 출현이 가능하다는 것을 의미한다. 즉 물질의 연장성은 질적 변화하는 불가분한 연속체이기에 기계론적 결정론이 간주하듯이 기하학적 공간과 동일시되어 취급될 수 없다는 것이다.

베르그손은 바로 이 보편적인 지속의 흐름 안에서 물질과 정신의 관계를 고찰하는 것이다. 보편적인 지속 안에서 우주 만물은 이전 상태와 이후 상태가 불연속적으로 단절되지 않고 연속적으로 이어지면서도 이후 것이 이전 것을 동일하게 반복하지 않고 이전 것과 질적으로 달라지면서 변화한다. 이전 상태와 이후 상태 사이에 질적 차이를 산출하면서도 연속적인 이러한 지속의 독특한 진행이 바로 『물질과 기억』에서는 과거를 현재로 연장하며 새로운 질을 산출하는 기억의 운동으로 해명된다. 여기서 기억은 단순한 심리적인 활동이 아니라 존재론적 지속의 역동적 구조를 강조하는 지속의 다른 표현이라고 할 수 있다. 기억은 과거를 보존하여 현재로 연장하면서 예측 불가능한 미래를 개방하는 지속 그 자체다. 지속이 질적 변화의 연속일 수 있는 것은 바로 과거를 반복하면서 현재를 새롭게 하는, 즉 자기 자신을 반복하면서 자기 자신과 달라지는 기억의 운동이기 때문이다. 그리고 무엇보다 기억의 운동이기 때문에 지속은 상이한 리듬과 속도에 따른 다양한 정도 차이를 허용할 수 있다.

지속의 정도 차이는 보존된 과거를 얼마나 현재로 연장하느냐, 즉 이전 것과 이후 것을 얼마나 상호침투시키고 수축하느냐하는 기억의 강도에 따라 결정된다. 영화 〈메멘토〉의 단기기억상실증 환자처럼 기억력이 없으면 했던 것을 동일하게 또 반복할 수밖에 없다. 물질은 기억력이 없는 '순간적인 의식'과 같아서 동일한 것을 '거의' 반복한다. 그래서 이전 상태와 이후 상태 사이에 질적 차이가 (아예 없지는 않지만) 거의 없다. 이전 것과 이후 것 사이의 상호침투와 수축의 정도가 극히 미미해서 물질의 비결정성과 우연성은 거의 무시될 수 있고 거의 동질적인 순간들의 반복으로 간주될 수 있다. 반면 정신은 기억력의 강도에 따라 다양한 수준들에서 질적 차이를 산출할 수 있다. 정신은 단일하고 정적인 실재가 아니라, 의식과 무의식을 아우르며, 신체적 습관의 수준, 지적 노력의 수준, 꿈의 수준과 같은 상이한 수준들에서 끊임없이 움직이는 역동적인 실재다. 습관의 수준에서 정신은 거의 물질적 반복과 같은 모습을 보여주지만 예술적 창조 작업과 같은 고도의 지적 노력을 요하는 수준에서는 전혀 예측하지 못했던 새로운 질을 창출한다. 물질은 거의 자기 동일적으로 이전 상태를 반복하지만 정신은 끊임없이 다양한 수준에서 자기 변신을 거듭하며 자기 차이화한다.

따라서 정신은 기억의 강도가 가장 높은 수준에서는 물질과의 본성 차이를 드러내며 그 독자적 실재성을 보유할 수 있지만, 기억의 강도가 가장 낮은 수준에서는 물질의 수준에까지 닿을 수 있다. 심지어 정신과 물질은 기억의 강도가 제로인 지점(순수 지각)에서 접촉할 수 있고 일치할 수도 있다! 이 점이 바로 포인트다.

요컨대 『물질과 기억』은 기억의 정도에 따라 다양한 수준들에서 지속할 수 있는 보편적 지속을 전제한다. 물질과 정신은 서로 대립되는 실재라기보다는 이러한 보편적 지속 안에서 상이한 속도와 리듬으로 지속하는 존재론적으로 다른 수준의 실재에 해당한다. 지속은 질적 변화의 연속이고, 과거를 보존하여 현재로 연장하는 기억의 운동이며, 상이한 리듬의 수준에서 자기 자신을 반복하면서 자기 자신과 달라지는 실재이다. 물질과 정신은 하나이면서 동시에 여럿인 질적 다양체(multiplicité qualitative)로서의 이러한 지속 안에서 사유할 때 그 관계의 본질이 드러난다. 이것이 바로 유물론과 유심론의 대립을 넘어서고 일원론과 이원론의 대립을 빗겨가는 베르그손적 해법의 존재론적 기초라고 할 수 있다.

인간적 경험 너머로 사유 확장하기

그러면, 우리의 정신은 어떻게 물질과 접촉하는가? 서로 다른 수준에서, 상이한 리듬과 속도로 지속하는 정신과 물질은 어떻게 만날 수 있는가? 베르그손에 따르면, 의식적인 표상은 정신과 물질의 접촉면을 이룬다. 우리의 정신은 연속적이고 유동적인 물질적 실재 전체로부터 우리의 실천적 관심과 삶의 요구들에 따라 필요한 부분을 지각에 의해 잘라내고 기억으로 수축하여 부동화된 표상을 얻는 것이다. 관념론과 실재론의 인식론적 대립을 가로지르는 『물질과 기억』의 또 다른 해법은 바로 이러한 표상의 발생적 과정을 검토하는 것이다.

베르그손에 의하면, 우리의 표상은 그 자체로 실재의 단순한 반영이라기보다는 '인간적인 경험'을 형성하는 지각과 기억의 혼합물이다. 지각과 기억은 본성상 다른 것이며, 기억은 결코 지각 이후에 형성되는 약한 지각이 아니다. 베르그손은 본성상 차이에 따라 갈라지는 지각과 기억의 선을 따라서 우리의 표상을 '인간적인 경험' 너머로 확장시킨다. 그러면 한편에서는 기억의 요소를 모두 제거한 〈순수 지각〉이 물질의 일부로서 물질 그 자체에 닿아있음을 알 수 있다. 또 다른 한

편에서는 지각의 요소를 모두 제거한 〈순수 기억〉이 우리의 모든 과거를 보존하고 있는 정신 그 자체에 도달하게 한다. 순수 지각과 순수 기억은 우리의 표상이 양 극단에서 물질적 실재와 정신적 실재 모두에 뿌리를 두고 있음을 보여준다. 우리의 표상은 물질의 일부로서 잘라내어진 순수 지각에 순수 기억으로부터 현실화된 이미지가 결합되어 형성되는 것이다.

(물질) 순수 지각 ← 지각 + 기억 → 순수 기억 (정신)
(의식적 표상)

따라서 지각은 정신적 표면의 극단에서 물질적 실재와 접촉하며 인식의 객관적 토대를 마련하고, 기억은 정신적 심층의 극단에서 정신적 실재를 증명하며 인식의 주관적 차이를 도입한다. 순수 지각과 순수 기억은 지각과 기억의 혼합물인 구체적 표상의 발생적 원천과 형성 조건을 보여준다. 베르그손은 이렇게 인간적 경험의 전환점 너머에서 순수 지각으로서의 물질적 실재와 순수 기억으로서의 정신적 실재를 발견한 다음, 다시 원리상 가능한 이 두 순수한 조건들로부터 어떻게 사실상 우리에게 주어지는 구체적인 경험의 혼합물이 산출될 수 있는지 보여준다. 이로부터 관념론과 실재론의 대립을 야기한 실재와 표상 사이의 연속성과 차이가 해명된다.

정신은 지각을 통해서 물질과 절대적으로 접촉할 수 있고 또한 기억을 통해서 물질을 이용하여 자신의 자유를 다양한 수준들에서 실현할 수 있다. 기억에 관한 풍부한 실증적 연구는 물질과 정신이 어디서 본질적인 차이로 갈라지고 어디서 상호 접촉하게 되는지 해명할 때, 이러한 해명이 결코 추상적인 사변의 산물이 아니라 구체적인 실증적 자료로부터 출발하여 확증될 수 있는 것임을 보여주기 위한 것이라 할 수 있다.

『물질과 기억』의 인식론적 해법은 이렇게 우리에게 주어진 사실들이 실은 우리의 실천적 관심들과 사회적인 삶의 요구들에 맞춰 선별된 것임을 간파하고, '인간적인 경험'으로 전환되기 이전의 실재 그 자체에로 우리의 사유를 확장시켜 그 발생적 원천을 향해 넘어가는데 있다. 지각과 기억에 의해 공간화된 표상을 산출하는 것이 삶에 주의하는 지성의 특징이라면, 이러한 표상의 발생적 근원인 잠재적 실재를 향하여 경험의 장을 확장시키는 것은 바로 직관의 능력이다. 칸트는 직관과 지성 모두에게서 경험적 현상계를 넘어서는 실재와의 직접적인 접촉 가능성을 부정하였지만, 베르그손은 지성에 의해 축소되어 현실화된 실재에 대한 경험을 잠재적인 전체로 확장시키며 실재 그 자체와의 절대적인 접촉 가능성을 마련할 수 있다고 보았다. 『물질과 기억』은 이 직관적 사유 방법의 구체화된 적용 사례라 볼 수 있다.

물질과 지각

『물질과 기억』 제1장은 이미지 개념을 통해서 물질과 지각의 문제를 해명한다. 관념론과 실재론의 대립은 물질과 지각의 본성에 관한 잘못된 전제에서 비롯한다. 〈이미지론〉은 물질을 기하학적 공간으로부터 분리시켜 불가분한 연속적 전체로 정의하면서 지각과 공유될 수 있는 물질의 구체적 연장성을 회복시킨다. 〈순수 지각 이론〉은 지각이란 세계에 대한 순수 인식이라기보다는 세계와 상호 작용하는 생명체의 운동 경향이며, 의식적인 지각은 가장 단순한 수준에서 물질의 연장성을 공유하는 비인격적인 지각에 뿌리를 두고 있음을 보여준다. 기억이 배제되었기에 비인격적인 순수 지각은 물질과 본성상의 차이가 아니라 정도상의 차이만을 지닌다.

물질은 연속적인 전체이며, 순수 지각은 거기서 절단된 부분이기 때문이다. 정신은 단지 비연장적이기만 한 것이 아니다. 순수 지각은 물질과 공유될 수 있는 정신의 연장성을 보여준다. 물질과 정신은 순수 지각의 연장성에서 접촉할 수 있다.

제1장의 목표는 한편으로는 기억의 주관성을 모두 배제한 순수 지각이 부분적이나마 원리상 물질 그 자체와 일치하고 있음을 보여줌으로써 지각과 실재 사이의 연속성을 회복하는 것이고, 다른 한편으로는 순수 지각에 덧붙여지면서 의식적 지각을 주관화시키며 지각과 실재 사이의 차이를 산출하는 요소는 잠재적인 기억으로부터 올 수밖에 없음을 예비하는 것이다.

물질은 운동하는 이미지들의 총체다

이미지는 관념론과 실재론의 대립을 야기한 물질 개념을 교정하기 위해 베르그손이 창안한 방법론적 개념이다. 이미지는 기하학적 공간과 동일시되는 연장적이고 가분적인 물질, 그래서 비연장적이고 불가분한 정신과 절대적으로 대립하는 물질이 아니라, 불가분한 질적 연속체로서 구체적인 연장성을 지니고 지속하는 물질, 따라서 정신과 접촉할 수 있는 물질의 진정한 본성을 보여주기 위한 개념적 장치이다. 『물질과 기억』을 처음 열어보는 독자들은 제목에서 유추되는 바와 달리 목차를 가득 채우고 있는 '이미지들'이란 개념 앞에서 의아해하지 않을 수 없을 것이다. 제1장 이미지들의 선택, 제2장 이미지들의 식별, 제3장 이미지들의 존속, 제4장 이미지들의 한정과 고정 등…『물질과 기억』 전체를 관통하는 핵심 키워드이면서도 이 책을 가장 난해한 책으로 만들고 동시에 이 책을 가장 현대적인 고전으로 되살린 것이 바로 이 이미지 개념이다.

들뢰즈는 자신의 영화철학을 구축하는데 『물질과 기억』의 이미지론을 적극 활용하며 베르그손을 현대화하였다. 스크린뿐만 아니라 TV, 컴퓨터, 모바일 동영상에서 거리의 화려한 광고판에 이르기까지 움직이는 이미지들이 도처에서 우리를 둘러싸고 있다. 가히 동영상, 즉 '움직이는 이미지들'의 시대임이 분명하다. 그런데 인공적인 기술의 산물이든 자연적인 생산물이든 우리를 둘러싸고 있는 물질적 세계 전체가 이미지들의 총체라는 것을 선구적으로 통찰한 것이 바로 『물질과 기억』이다. '물질적 세계 전체가 이미지들의 총체'라는 것은 우리가 영화 〈매트릭스〉에서처럼 단순히 주관적인 환상이나 가상 세계 속에서 산다는 것을 의미하지 않는다. 이는 또한 보드리야르가 말했던 것처럼 원본 없이 부유하며 원본보다 더 원본인 양 행세하는 시뮬라크르의 기호적 위상을 말하는 것도 아니다. 베르그손의 이미지들은 매트릭스나 시뮬라크르보다 훨씬 더 근원적인 문제를 제기한다. 왜냐하면 베르그손의 이미지는 매트릭스나 시뮬라크르가 여전히 전제하고 있는 실재와 현상(또는 가상) 사이의 관계 자체를 전복적으로 사유하고 있기 때문이다.

사실, 물질을 이미지들의 총체와 동일시하는 베르그손의 사유는 서양 철학의 전통에서 볼 때 이해되기 어려운 것이다. 왜냐하면 이미지는 늘 '원본에 대한 복사물'로 폄하되거나 '의식 내적인 정신적 대상'으로 관념화되어 왔기 때문이다. 이미지의 라틴어원인 이마고(imago)는 어떤 것을 닮거나 본뜬 상(像)이라는 의미의 에이콘(eikon)과 상상적 환영이나 가상이라는 의미의 판타스마(phantasma)를 다 함축한다. 플라톤은 이미지를 원본 실재인 이데아(Idea)의 모상이나 가상에 불과한 열등한 것으로 취급했고, 데카르트, 후설, 사르트르에 이르는 근대 반성철학이나 현상학의 전통에서 이미지는 외부 대상을 반영하는 정신적 상으로서 '관념'이나 '표상'과 대체 가능한 것이었다. 따라서 이미지라는 말은 '참된 실재와 가상적 현상', 또는 '객관적 현존과 주관적 표상'이라는 오래된 이분법 속에서 늘 후자에 속하는 것으로 이해될 수밖에 없었다.

그런데 베르그손은 이러한 전통적인 사유 습관을 뒤집어 놓았다. 이미지는 단순히 가상이나 주관적 표상에 불과한 것이 아니다. 이미지는 관념론자들이 '표상'이라고 부르는 것보다는 '더', 실재론자들이 '사물'이라고 부르는 것보다는 '덜' 연장된 중간적 상태의 실재를 가리킨다. 즉 이미지는 정신적인 관념과 동일시될 정도로 순수하게 비연장적인 것도 아니고, 기하학적 공간과 동일시될 정도로 순수하게 연장적인 것도 아니라는 것이다. 베르그손은 물질을 바로 이러한 의미에서의 이미지들, 그것도 끊임없이 운동하는 이미지들의 총체로 정의한다. 즉 물질은 비연장적인 것과 연장적인 것 사이의 실재로서 불가분한 연장성을 지닌 연속적인 전체라는 것이다. 뿐만 아니라 구체적 연장체로서의 이런 이미지는 정신이 가장 낮은 수준에서(즉 순수 지각의 수준에서) 물질과 접촉할 수 있는 표면이기도 하다.

따라서 '물질=운동하는 이미지들의 총체'라는 등식은 한편으로는 이미지 개념의 존재론적 위상을 관념적 가상으로부터 물질적 실재로 상향 조정시키면서, 다른 한편으로는 물질 개념을 공간적 관점에서가 아니라 지속의 관점에서 사유하여 정신과의 접촉지점을 마련할 수 있게 하는 기초가 된다.

지각은 잠재적인 운동이다

내 앞에 종이컵이 놓여있다. 나는 이 종이컵을 손으로 만지고 눈으로 본다. 이 종이컵은 매끄럽고 가벼우며 하얀 색이다. 그런데 과연 이 종이컵은 정말로 매끄럽고 가벼우며 하얀 색일까? 어떤 사람은 이것이 거칠거칠하고 약간 무거우며 연한 노란 색을 띤다고도 할 수 있지 않을까? 전통적으로 철학자들은 우리 바깥에 놓여 있는 사물과 이 사물에 대한 우리의 지각 내용이 일치하는지, 우리는 과연 외부 대상들을 정확하게 인식하고 있는지에 대해 숙고해왔다. 소위 관념론자들은 외부 사물들이란 우리 의식 안에 주어진 지각 표상들에 지나지 않는다고 생각하였고, 실재론자들은 우리 의식 안에 지각 표상들을 산출하지만 적어도 이 표상들과는 똑같다고 할 수 없는 어떤 것이라고 생각하였다. 그래서 주관적인 우리의 지각 표상과 객관적인 외부 사물 사이에는 설명할 수 없는 어떤 간격이 있을 수밖에 없었다.

베르그손은 물질과 물질에 대한 지각 사이의 관계를 관념론과 실재론의 대립을 넘어서 새로운 방식으로 해명하고자 했다. 『물질과 기억』 제1장을 열면, 일단 물질이나 정신에 관한 모든 이론적 입장들은 다 잊고, 주관적인 표상이니 객관적인 사물이니 하는 이분법적 대립조차 다 무시한 채로, 가장 원초적인 상태에서 의식적인 지각 현상이 어떻게 출현하는지 생각해보자는 권유가 나온다. 가장 원초적인 상태란 주관적인 정신을 표현할 수 있는 기억과 같은 요소들은 모두 배제하고, 물체들과 신체들을 포함하여 오로지 물질들만 존재하는 상태를 말한다. 말하자면 지각을 순수하게 비연장적인 정신적인 것으로 보게 만드는 요소를 배제한 채, '지각'이라는 현상이 출현할 수 있는 가장 기초적인 조건으로서 '지각하는 무언가'와 '지각되는 무언가'만이 남아있는 상태라고 할 수 있다. 이 가설적 권유에 따르면, 있는 것은 모두 이미지들뿐이다. 이미지들은 '나'의 감각 기관들을 통해서 지각되거나 지각되지 않거나 그 자체로 존재한다. 이 때 '나'는 기억이 없기에 자신이 누군지도 모르며 그저 다른 물체들과 마찬가지로 이미지로 나타나는 하나의 물질적 신체일 뿐이다. 그저 한 편의 영화 속 영상들처럼 다채로운 이미지들이 내 앞에서 끊임없이 움직이며 펼쳐지고 있을 뿐인데, 이 이미지들의 세계가 과연 실재론자들이 말하듯 객관적인 사물들인지 관념론자들이 말하듯 주관적인 표상들인지는 아직 알 수 없다.

이미지들은 불가분하게 연결된 전체로서 원인과 결과의 필연적인 법칙에 따라 서로 작용-반작용하면서 움직이는 것처럼 보인다. 이미지들 간의 상호작용이든, 이미지를 이루고 있는 요소 이미지들 간의 상호작용이든, 모든 이미지들은 필연적인 인과법칙에 따라 작동하는 것 같다. 이는 이미지들 그 자체로부터는 주어져 있는 이미지 외의 다른 무언가가 새로이 출현할 수 없음을 함축한다. 즉 이미지들은 현실적으로 주어진 그대로 운동하고 있을 뿐, 진정한 의미에서의 질적인 변화를 산출할만한 어떠한 잠재력도 갖고 있지 않다는 것이다.

그런데 연속적인 이미지들의 전체 가운데 유독 다른 이미지가 발견되는데, 그것은 바로 '나의 신체'라는 이미지다. 이것은 지각을 통해서도 다른 이미지들과 구별되고 정념을 통해서도 다른 이미지들과 구별된다. 왜냐하면 이것은 다른 이미지들과 달리 운동 방식에서도 비결정성을 보이고, 건드리면 아픔과 같은 느낌도 산출하기 때문이다. 따라서 '나의 신체'라는 이미지만이 주어진 이미지들의 세계에 뭔가 새로운 것을 산출할 수 있는 것처럼 보인다.

내 앞에 놓여있는 종이컵이나 이 컵을 잡고 있는 내 손이나 다 이미지로 나타나기는 마찬가지다. 그리고 '나의 신체'도 다른 이미지들과 마찬가지로 주위 이미지들로부터 운동을 전달받고 운동을 되돌려 줄 뿐이다. 그러나 '나의 신체'는 다른 이미지들과 달리 작용과 반작용 사이에 어떤 선택의 여지를 갖는 것처럼 보인다. 날아오는 공에 맞은 종이컵은 받은 힘만큼 그대로 찌그러지지만, 날아오는 공에 맞은 내 신체는 그대로 공을 맞받아 칠 수도 있고 공을 붙잡아 두리번거리다가 한참 후에 다시 차버릴 수도 있다. '나의 신체'와 같은 종류의 이미지들은 다른 이미지들로부터 작용을 받아 이를 되돌려줄 때 이 반작용의 방식을 여럿 가운데 선택하는 것처럼 보인다. 따라서 이미지들의 총체인 물질세계 속에는 서로 작용–반작용하는 운동 방식에서 철저하게 인과법칙을 따르는 듯한 '일반적인 이미지들'과 나의 신체와 같이 다소 비결정적으로 움직이는 듯한 '특수한 이미지들'이 있게 된다.

이제 운동하는 이미지들만 존재하는 이런 상황 속에서 지각 현상이 어떻게 출현하는지 보자. 공과 종이컵의 경우처럼 일반적인 이미지들 사이의 관계와 달리, 나의 신체라는 특수한 이미지와 이 이미지 주위를 둘러싸고 있는 다른 이미지들 사이의 관계에서는 '지각'이라는 것이 생겨난다. 가만 보면, 나의 신체가 움직임에 따라 주위 이미지들의 크기, 형태, 색깔 등도 변화한다. 나의 신체와의 거리가 가까울수록 그래서 나의 신체와의 상호작용이 용이해질수록 주위 이미지들은 더 분명하고 구별된 대상들로 펼쳐지는 반면, 거리가 멀수록 그래서 나의 신체와의 상호작용이 요원해질수록 그 이미지들은 불분명하고 잘 구별되지 않은 채로 펼쳐져 있게 된다. 그러니까 나의 신체라는 특수한 이미지를 둘러싸고 있는 이미지들은 그 이미지들에 대한 내 신체의 행동 가능성을 반영하며 그 영향력의 정도만큼 변화한다고 할 수 있다. 물질 일반이 결정적인 방식으로 움직이는 이미지들 전체라고 한다면, 그 중에는 나의 신체와 같이 다소 비결정적인 방식으로 움직이는 특수한 이미지들이 곳곳에 있고, 이 특수한 이미지들을 중심으로 그 주위에 펼쳐지는 이미지들은 이 특수한 이미지들이 행동 가능한 정도를 반영하여 보여주는데, 이것이 바로 물질에 대한 지각이라는 이미지들이다.

말하자면 지각이라는 것은 물체들 사이에서가 아니라 신체와 물체 사이에서 형성된다. 물체들은 상호작용의 영향력을 미리 가늠할 필요가 없기 때문에 지각을 필요로 하지 않는다. 지각은 오로지 살아있는 신체에게만 요구되는 것이다. 지각은 관념론자나 실재론자가 상정하듯이 순수하게 인식적인 능력이 아니며, 살아있는 신체로서의 생명체가 주어진 환경과의 상호작용 속에서 형성할 수밖에 없는 운동적 성향인 것이다. 자신의 삶에 주의하는 생명체는 자기 주변의 사물들에게 실제적인 행동을 하기 전에 그 사물들에게 자신이 미칠 수 있는 영향의 정도 또는 그 사물들이 자신에게 미칠 수 있는 영향의 정도를 미리 가늠할 필요가 있다. 종이컵은 날아오는 공을 지각하지 않기에(또는 지각할 필요가 없기에) 결정론적 법칙에 따라 공에 부딪치고 말지만, 나의 신체는 공에 부딪쳐 겪게 될 고통 때문에 날아오는 공을 지각하여 미리 가능한 행동 방식을 선택하며 피하거나 되받아치거나 할 수 있는 것이다.

한마디로 지각은 운동을 주고받는 이미지들 사이에서 행해지는 운동의 경향이되 아직 현실화되지 않은 잠재적인 운동이다. 지각 작용은 물체의 운동 방식과 구별되는 생명체만의 독특한 운동 방식을 보여주는 것이다.

순수 지각과 구체적 지각

물질과 물질에 대한 지각을 구분할 때 통상 물질은 우리 바깥에 놓여있지만 물질에 대한 지각은 우리 의식 안에 주어진다고 여겨왔다. 마치 눈이라는 카메라의 렌즈를 통해서 뇌 '안에' 또는 의식 '안에' 외부 사물에 대한 사진을 찍어놓기라도 하는 것처럼. 그러나 베르그손의 이미지론에 따르면 물질과 물질에 대한 지각은 모두 이미지들로서 나의 신체 '바깥'에, 나의 뇌 '바깥'에, 또는 나의 뇌와 관련될 의식 '바깥'에 놓여있다.

우선 뇌는 지각 표상을 산출하지 않는다. 물질적 대상들의 총체인 이미지들의 세계에서 이미지들은 작용–반작용하며 운동할 수 있을 뿐이지 자신들과 전혀 다른 본성의 새로운 무언가를 생성하거나 산출할 수 있는 능력은 갖고 있지 못하다. 뇌도 다른 물질적 대상들과 마찬가지로 운동을 전달받고 전달하는 이미지의 일종에 지나지 않는다. 척수의 반사 운동이나 뇌의 기능이나 복잡성의 차이만 있을 뿐이다. 뇌는 수용된 자극에 대해 가능한 여러 가지 운동 노선들을 제시하여 그 중에 어떤 것을 선택하여 반응할 수 있도록 작동하는 일종의 중앙전화국과 같은 역할을 할 뿐이다. 다만 생명체의 신체적 역량이 클수록, 뇌–신경체계의 역량이 클수록 다양한 행위 가능성과 지각장의 역량은 커진다고 할 수 있다.

지각 표상이 뇌 안에서 산출되지 않는다면 어디서 나타나는가? 사물들이 있는 바로 그곳에서 나타난다. 이미지들은 그 자신의 법칙에 따라 움직이는 것이든, 신체와 같은 특수한 이미지를 중심으로 변화하는 것이든, 동일한 것이다. 종이컵 이미지는 결정론적 법칙에 따라 변화하는 것이면서 동시에 나의 신체 이미지와의 거리에 따라 변화하는 것이기도 하다. 동일한 이미지가 어떻게 한편으로는 결정론적 법칙에 따라 움직이면서, 동시에 다른 한편으로는 어떤 이미지를 중심으로 그것의 운동에 따라 변화할 수 있는 것일까?

'나의 신체'와 같은 특수한 이미지들은 일반적인 물체로서의 이미지들과 달리 자신의 실천적 관심에 따라서 주변의 이미지들과 선택적으로 관계 맺는다. 이 때 바로 물질세계에 대한 나의 지각이라는 이미지들의 차원이 출현하게 된다. 특수한 이미지들은 자신들이 수용할 수 있는 것들(관심 있는 것들)만 선택적으로 수용하고 자신들이 수용할 수 없는 것들(관심 없는 것들)은 제거함으로써 대상들을 지각한다. 마치 그림은 남겨놓고 그 뒤의 배경만을 뒤로 밀어내는 것처럼, 마치 대상의 윤곽을 드러내기 위해 바닥을 깎아내는 판화처럼, 불가분하게 연결된 이미지들의 전체 가운데서 자기에게 관심 있는 부분만 남겨놓고 그 외의 나머지를 빼버린다. (이러한 선별 작용은 이미 '분별(discernement)'이라는 가장 낮은 수준의 정신적 특성을 예고하는데 이것이 바로 물체와 생명체를 구분하게 한다.) 그러니까 지각 이미지는 물질 이미지와 본성상 다른 것이 아니다. 그것은 이미지들의 세계에 새로운 무언가를 첨가함으로써 얻어지는 것이 아니라 단지 있는 전체에서 관심 없는 것을 제거하고 남은 것일 뿐이다. 달리 말해, 받은 만큼 전달하는 것이 물질적 이미지들의 관계 양상이라고 한다면, 신체 이미지가 외부 사물로부터 수용한 자극에 대해 즉각적으로 반응하지 않고 머뭇거릴 때, 즉 전달된 운동이 지연되고 있을 때, 이미지들의 현실적인 작용이 생명체라는 특수한 이미지의 여과기에 걸려서 즉각적으로 통과되지 못하고 부분적으로 거기에 남겨진 것이 바로 지각 이미지라고 할 수 있다.

이러한 지각 현상은 빛의 운동에 빗대어 설명될 수 있다. 전통적으로 빛은 진리이자 로고스의 상징으로서 정신적이고 내적인 것의 힘을 표현해왔고, 이 정신의 빛이 어두운 물질세계를 비추는 것으로 생각되어왔다. 그러나 베르그손의 이미지론에서 이 관계는 역전된다. 빛은 정신의 것이 아니라 오히려 물질의 것이다. 사물들은 자신들을 밝혀줄 어떠한 의식이 없이도 자신들의 빛으로 스스로 빛나고 있다. 물질적 우주 전체에 항상 전파되고 있었지만 현상된 적이 없었던 빛이 살아있는 신체를 만나 걸러지면서 비로소 현상된다. 마치 매질을 통과하지 못하고 전반사하는 빛처럼, 외부 사물로부터 발산

된 빛이 신체의 막에 걸려 다시 그 빛의 발산 지점이었던 사물 자신 위에서 현상할 때, 비로소 지각 이미지가 형성된다. 그러니까 지각 이미지는 뇌 안에서 뜨는 것이 아니라 뇌 바깥에 사물들이 있는 바로 거기에서 뜬다. 달리 말하자면, 눈(카메라의 렌즈)이 외부 대상을 찍으면 뇌 안에 그 대상의 표상(사진)이 현상되는 것이 아니라, 사물 안에 이미 사진이 다 찍혀있지만 주변이 너무나 투명해서 아직 현상되지 않았던 것이 뇌라는 감광판에 걸려 그 자리에서 현상되는 것이다. 지각 이미지는 외부 대상들이 자신들이 가진 모든 면들 중에서 생명체가 관심 있는 면들을 생명체 쪽을 향하여 환하게 드러내 보이는 것과 같다. 그러니까 일반적인 이미지들이 투명한 빛으로서 가능적인 가시성의 세계 전체(아직 다 보지 못한 세계, 또는 결코 한꺼번에 다 볼 수 없는 세계)를 이루고 있다면, 지각된 이미지들은 이 전체로부터 부분적으로 현실화된 가시성의 세계(지금 보고 있는 세계, 현재 관심을 두고 있는 세계)를 이룬다고 할 수 있다.

이것이 바로 〈순수 지각〉이다. 정신적인 요소를 모두 배제한 채, 오로지 물질과 물질의 운동만이 존재하는 이미지들의 차원에서 지각의 출현을 생각해 보았을 때, 순수한 지각은 물질의 일부로서 물질 그 자체이다. 물질과 물질에 대한 지각 사이에는 전체와 부분의 정도 차이만 있을 뿐이다. 물질과 물질에 대한 지각은 모두 이미지들로서 연장적이다.

순수 지각은 정신의 측면에서 보자면 지각의 극단으로서 비개인적인(impersonnel) 지각이다. 정신은 이 가장 낮은 수준의 비개인적인 지각의 극단에서 물질과 접촉할 수 있다. 따라서 순수 지각은 인식의 객관적 토대를 보장한다. 관념론과 실재론의 대립에서처럼 주관적 표상과 객관적 실재 사이에는 절대적인 단절이나 간격이 있는 것이 아니다. 실제로 경험하는 지각은 이 순수 지각의 객관적 토대에다 기억이 덧붙여지면서 주관화되고 구체화된 것이다. 구체적인 지각은 한마디로 기억에 물든 순수 지각인 셈이다. 따라서 기억의 개입이 있어야 객관적 실재와 주관적 표상 사이의 질적 차이가 등장하는 것이지 순수 지각의 차원에서는 정도 차이만이 있을 뿐이다.

지각과 정념

지각이란 우리 바깥에 있는 것이고, 따라서 물질 그 자체만큼 연장적인 것이다. 이것은 전통적인 철학적 관점에서 볼 때 혁신적인 생각이다. 왜냐하면 지각은 의식 안에 있고 비연장적이라는 것이 기존의 생각이었기 때문이다. 그러나 이런 생각은 지각이 비연장적인 감각들로 이루어진다는 오해에서 비롯된 점이 있다. 베르그손이 제안한 대로, 운동하는 물질적 이미지들의 세계에서 외부 물체들과 살아있는 신체들 사이의 상호작용이라는 측면만을 고려해보자. 예를 들어 감각적으로 느껴지는 정념의 경우, 이것은 통상 비연장적이고 의식 내적인 상태라고 간주되었던 것이다. 외부 사물인 뾰족한 못이 나의 신체 표면을 찔렀을 때 내가 느끼는 고통이라는 정념은 전적으로 개인적인 것이고 주관적인 것으로 여겨진다. 운동하는 이미지들의 세계 속에서 살아있는 신체의 관점에서 볼 때, 이런 정념은 도대체 왜 필요한 것일까?

베르그손에 의하면, 고통이라는 정념도 실은 순수하게 의식적인 상태가 아니라, 손상된 부위를 제자리로 돌려놓으려는 신체상의 노력, 다시 말해 감각 신경 위에서 일어나는 일종의 운동 경향이다. 생명체는 주위 환경의 여러 가지 작용들에 노출된 신체이다. 물체와 달리 이 특수한 신체는 한편으로는 외부 사물들로부터 온 작용을 반사하여 실제적인 행동을 취하기 전에 그 외부 사물들의 영향력을 가늠해보는 지각 능력을 갖는 반면, 외부 작용들의 영향을 단순히 수용하지 않고 저항하며 투쟁하는 능력도 갖는데 이것이 바로 고통과 같은 정념이라고 할 수 있다. 지각이라는 것이 우리의 외부 사물들에 대한 가능적 행동과 외부 사물들의 우리에 대한 가능적 작용을 측정하는 것이라면, 신경체계의 탁월한 복잡성으로 상징되는 우리 신체의 행동 능력이 크면 클수록 지각이 포괄하는 장도 넓어질 것이다. 신체와 지각 대상 사이의 거리는 가까우면 가까울수록 실제적인 행동의 순간이 임박했음을 말해주고 멀면 멀수록 즉각적인 행동의 실천이 지연됨을 의미한다. 따라서 외부 대상에 대한 우리의 지각은 잠재적 행동을 표현할 뿐이다. 그런데 지각 대상과 신체 사이의 거리가 점점 더 감소하여 그 거리가 제로가 된 상태, 결국 지각해야 될 대상이 신체 자신이 되었다고 해보자. 바로 그때 잠재적 행동은 실재적 행동으로 변환된다. 멀리 떨어져 있는 불꽃을 지각할 때 나는 가만히 서서 여러 가지 행동 가능성을 그려볼 수 있지만, 그 불꽃에 내 손이 닿을 때 나는 즉각적으로 손을 떼어내는 실재적 행동을 한다. 이 때 불꽃의 작용에 저항하는 내 신체의 실재적 운동이 바로 내 손의 고통이라는 것이다. 말하자면 신체의 잠재적인 작용이 외부 대상들과 관련해서 그 대상들 위에서 그려진다면, 신체의 실재적인 작용은 신체 자신과 관련되어 신체 위에서 그려진다.

따라서 나의 지각은 내 신체 바깥에 있고, 나의 정념은 내 신체 안에 있다. 우리는 통상 감각적 정념이 내적인 상태라고 여기는데, 사실 이 '내적'이라는 것은 정신 '안'이 아니라 신체 '위'를 말한다. 지각이 신체 바깥의 사물의 표면에서 형성된다면, 정념은 신체의 표면에서 형성된다고 할 수 있다. 물질적 연장 전체의 관점에서 보자면, 신체 표면은 지각되면서 동시에 감각적으로 느껴지는 유일한 지점이다.

    이상에서 살펴본 대로, 이미지 개념을 통해 조명된 베르그손의 지각론과 정념론은, 정신을 순전히 비연장적인 것으로 간주했던 통념을 깨고, 정신도 그 극단적 수준에서는 물질과 공유하고 접촉할 수 있는 연장성을 지닌다는 것을 보여준다.

기억과 정신

 해명해야 할 것은 물질과 정신의 관계인데, 왜 책의 제목에는 '정신'이 아니고 '기억'이 나와 있는 것일까? 한마디로 기억은 기존에 물질과 대립될 수밖에 없었던 '정신'이란 개념을 교정하는 개념이라고 할 수 있다. 전통적으로 정신이란 것은 물질과 달리 불가분적이고 단일한 것이며 무사심한 거울처럼 단순히 세계를 반영하기만 하는 정적이고 표상적인 의식과 동일한 것으로 간주되었었다. 그러나 베르그손은 정신이란 의식의 표층뿐만 아니라 무의식의 심층 또한 포함하고 있으며, 삶의 실천적 관심에 따라 끊임없이 표층과 심층 사이를 역동적으로 움직이면서 다양한 수준들에서 자신의 자유를 실현한다고 본다. 기억은 이러한 정신의 역동적인 본성을 잘 표현해 준다. 베르그손에게 기억이라는 것은 단순한 암기력을 말하는 것이 아니라, 정신의 삶이 전개되는 모든 시간 속에서 지나온 과거 전체를 고스란히 보존했다가 현재의 순간으로 연장하여 적절하게 활용하는 정신의 운동성을 말한다. 현재 상황의 실천적 유용성에 따라 무의식적인 과거를 현재의 의식으로 연장하는 기억의 운동이야말로 불가분한 질적 변화의 연속인 정신의 실재적인 지속을 보장할 뿐만 아니라 행위를 수행하는 실천적 의식의 다양한 수준들도 가능하게 할 수 있다. 이런 기억의 관점에서 조명된 정신은 물질과 근본적으로 구분될 수 있을 뿐만 아니라 가장 낮은 수준에서(기억이 거의 빠져버린 순수한 지각의 수준에서) 물질과의 실제적인 접촉도 가능할 수 있다. 따라서 '기억'으로서의 정신이어야만 물질과 정신 사이의 구분과 결합이, 즉 본성상 서로 다르면서도 또한 서로 접촉할 수 있는 관계의 본성이 드러날 수 있는 것이다.

『물질과 기억』 제2장과 제3장의 핵심 내용은 〈순수 기억 이론〉과 〈정신 수준 이론〉이다. 물질 그 자체와 부분적이나마 절대적으로 일치하는 순수 지각을 구체적이고 현실적인 지각으로 만드는 것은 바로 '순수 기억'이다. 순수 지각이 물질의 일부로서 우리 인식의 객관적 토대를 마련한다면, 순수 기억은 이 순수 지각을 물들이면서 경험과 인식을 우리의 것으로 주관화한다.

제1장에서 전개된 이미지들의 세계는 과거, 현재, 미래로 나아가는 시간의 흐름을 배제하고 오로지 현재적 순간의 차원에서만 이미지들의 운동과 지각 현상을 고려하였다. 그런데 생명체의 삶이라는 관점에서 볼 때 주변 대상들에 대한 지각 작용이 필수적이라고 본다면, 거의 순간적이고 부분적으로 포착한 순수 지각들 그 자체만으로는 아무런 의미가 없고 이 순수 지각들을 보존했다가 필요할 때 활용할 줄 하는 기억 작용이 또한 가능해야만 할 것이다. 지각의 발생은 이 지각들을 연결시킬 기억 작용을 요청하며, 또한 기억 작용은 1장에서 가설적으로 배제시켰던 시간의 흐름을 다시 도입하게 한다.

우리의 정신은 지나온 삶의 과거 전체를 순수 기억으로 보존한다. 순수 기억은 신체의 일부인 뇌에 저장되지 않으며 그 자체로 보존되므로 물질과 독립적인 정신의 실재성을 입증한다. 우리의 정신은 실천적 삶의 실용적 요구에 따라 이 순수 기억 속에서 필요한 기억을 선택하여 순수 지각과 결합한다. 정신의 심층인 순수 기억으로부터 온 기억 내용(기억 이미지)과 물질의 일부인 순수 지각(지각 이미지)이 결합함으로써 우리의 구체적인 경험이 성립한다. 과거를 보존했다가 다시 재생시켜 현재의 지각을 해석하고 행위로 완성시키는 기억

작용을 고려한다면, 신체 이미지는 단순히 물질적 연장의 현재적 차원에서 운동을 주고받는 지점에 그치는 것이 아니라, 과거를 이 현재로 연장하여 미래로 밀고 나아가는 정신적 지속의 첨단이라고 할 수 있을 것이다. 따라서 순수 기억의 현실화는 정신의 힘이 어떻게 신체적 운동으로 이어질 수 있는지도 설명해 줄 수 있다. 순수 기억은 표상의 수준으로 뿐만 아니라 신체적 운동의 수준으로도 현실화하면서 정신적 삶의 다양한 수준들을 가능하게 한다. 이제 지각과는 본성상 다른 기억에 대한 탐구를 통해서 어떻게 정신이 신체를 매개로 물질과 관계 맺으며 자신의 자유를 실현할 수 있는지 살펴보도록 하자.

기억의 분류: 습관-기억, 이미지-기억, 순수 기억

『물질과 기억』에는 3종류의 기억이 등장한다. 신체적 기억, 심리적 기억, 존재론적 기억이 그것이다. 존재론적 기억은 잠재적으로 존속하는 과거 전체로서의 순수 기억이고, 이 순수 기억이 심리적 표상의 수준으로 회상되는 것이 심리적 기억, 신체적 운동의 수준으로 회상되는 것이 신체적 기억이다.

우리는 흔히 암기를 기억의 전부라고 생각하는데 베르그손은 이것을 기억이라기보다는 습관이라고 본다. 예컨대 영어 단어나 노래 가사를 암기하는 것은 자전거 타기를 배우거나 힙합 춤을 습득하는 것과 마찬가지로 동일한 노력의 반복을 통해서 신체에 습관을 형성하는 것이다. 이 신체적 기억을 '습관-기억(souvenir-habitude)'이라 부르는데, 이것은 반복할수록 점점 더 분명하게 새겨지는 주름처럼 과거의 경험을 신체 안에 자동화된 행위 도식으로 축적한다. 신체적 습관으로 형성된 기억은 다시 떠올릴 때에도 의식적인 상기의 노력 없이 자동적인 행동으로 재생할 수 있다.

반면 베르그손이 진정한 의미에서의 기억이라고 보는 것은, 일상적인 삶의 자연적인 흐름에 따라 겪게 되는 세세한 모든 경험들을 각각의 고유한 장소와 날짜를 간직한 채로 굳이 외우고자 하는 아무런 노력 없이 저절로 보존했다가 현재 상황의 자극이나 요청에 따라 즉각적인 행동이 아닌 이미지 형태로 자유롭게 떠올릴 수 있는 기억이다. 이를 '이미지-기억(souvenir-image)'이라고 하는데, 이 기억이야말로 현재와 과거 사이를 왕복 운동하면서 현재 상황의 요구에 맞게 유용한 과거의 기억들을 수축하는 현실적 의식의 작동 방식을 잘 보여준다. 말하자면 이미지-기억은 순수 기억과 기억 이미지의 양 극단을 왕복 운동하는 심리적 기억이다.

습관-기억(신체적 회상)과 이미지-기억(심리적 회상) 모두를 가능하게 하는 '순수 기억(souvenir pur)'은 무의식적으로 존재하는 과거 전체로서 대부분이 뇌-신체(행위와 지각을 연결하는 신경 체계의 감각-운동적 평형)에 의해서 억압되어 있으며 삶에 주의하는 의식의 배후에 잠재적인 상태로 존재한다. 기억 이미지는 이 순수 기억으로부터 이미지 형태로 현실화되어서 현재의 지각 이미지에 섞이게 되는 것이다. 요컨대 삶에 주의하는 현실적 의식(이미지-기억)은 무의식적인 과거(순수 기억)와 현재의 표상(지각 이미지와 섞이는 기억 이미지) 사이를 역동적으로 움직이면서 적절한 신체적 행동으로 자신을 표현한다고 할 수 있다. 달리 말하자면, 순수 기억과 신체적 행동 사이에 다양한 수준의 심리적 의식 상태가 존재하는 것이다. 순수 기억의 현실화 정도가 정신적 수준의 다양성을 가능하게 한다.

순수 기억의 존재: 뇌와 독립적인 과거의 존속

그런데, 순수 기억이란 과연 존재하는가? 과거가 사라지지 않고 고스란히 모두 보존된다는 것은 도대체 무슨 말일까? 모든 기억은 우리의 뇌 속에 저장되는 것이 아닌가? 까맣게 잊고 있었지만 어느 날 문득 떠오른 과거의 기억은 과연 디스크 속의 파일처럼 뇌 속에 저장되었다가 재생되는 것일까?

오늘날에는 더욱 정교해졌지만, 베르그손 당시에 지배적이었던 과학적 가설은 기억이 뇌의 일정 부분에 저장된다는

〈뇌 국재화론〉이었다. 예컨대 뇌를 다친 환자가 기억상실증에 걸린다든지 특정 단어를 잊어버려 말을 할 수 없게 된다든지 하는 것은 뇌 속의 언어신경중추가 손상되면서 그에 해당하는 기억도 상실되었기 때문이라는 것이다. 그런데 베르그손은 설령 뇌의 손상과 기억 상실이 동시적으로 발생한다 하더라도, 그 현상으로부터 '기억이 뇌에 저장되어있음'이 필연적으로 도출되는 것은 아니며, 기억은 뇌와 독립적으로 그 자체로 보존된다고 주장한다. 그렇다면, 왜 뇌의 손상과 동시에 기억도 소멸되는 것처럼 나타나는가? 어떻게 뇌에 저장되지 않는 기억이 뇌의 손상과 더불어 사라질 수 있는가?

베르그손은 뇌 신경체계란 본질적으로 외부 자극을 수용하고 그에 대한 반응을 전달하는 감각-운동적 기관에 지나지 않는다고 본다. 제1장의 이미지론에서 살펴보았듯이, 뇌는 정신적 표상을 이미지 형태 그대로 자기 안에 저장한다거나 스스로 만들어낼 수 있는 능력이 전혀 없다. 뇌는 다만 수용된 자극과 실행할 운동 사이에 다양한 형태의 경로를 제시하여 선택의 여지라는 시간적 간격을 마련하고, 이 간격으로 기억이 삽입될 수 있도록 과거의 현실화 도구 역할을 할 수 있을 뿐이다. 만일 뇌 신경체계가 기억을 저장할 수 있다면, 그것은 오로지 '신체적 운동 도식의 형태'로 과거를 보존했다가 정신적 표상의 형태가 아닌 '습관적 행위'의 형태로 과거를 재생할 수 있을 뿐이다. 삶에 주의하는 의식(이미지-기억)과 관련해서 뇌-신경체계는 무의식적으로 존재하는 과거 전체 가운데서 적절한 신체적 행동으로 활용될 수 있는 기억들을 선별하는 '선택의 도구'로 기능하거나 아니면 유용하지 않은 나머지 기억들을 여전히 과거 속에 남아있도록 '억압하고 망각하게 하는 도구'로서 작동할 수 있을 뿐이다. 결국 뇌의 손상은 기억 자체에 영향을 미치는 것이 아니라 기억의 현실화를 돕는 신경체계의 운동 도식에 영향을 미치는 것이고, 따라서 기억은 사라지는 것이 아니라 최종적인 현실화의 길을 차단당하는 것이다.

베르그손의 이러한 주장은 과연 오늘날에도 유효할 수 있을까? 현대 신경과학자들은 뇌-신경체계는 단순히 감각-운동적 행위의 기관에 그치는 것이 아니라 '표상의 기관'이기도 하다고 반박한다. 뇌-신경체계의 활동은 뉴런들 간의 보다 복잡한 물리화학적 신호의 전달과 약호화로 설명되어야 하며, 감각적 입력과 운동적 출력 사이의 연결도 계열적이고 국소적인 선형적 연결방식이 아니라 평행적이고 분산적인 방식으로 이루어지며, 특히 뇌 단층촬영(CT)이나 자기공명영상장치(MRI)들은 '뇌의 표상 산출 능력'을 충분히 입증한다는 것이다.

그러나 현대 신경과학과 뇌 분자생물학의 성과들이 과연

베르그손의 주장을 '반증'한다고 할 수 있을까? 사실, "뇌의 내부에 침투해 들어가서" 아무리 두개골 안에서 일어나는 물리화학적 신호들의 활동을 영상화하여 관찰한다한들 우리가 볼 수 있는 것은 역시 "원자들과 분자들이 추는 춤", 즉 이미 지화된 물질의 운동 밖에 더 있겠는가? 최신 과학 기술적 도구들로 관찰된 사실들은 예컨대 벽에 박힌 못이 떨어지면 이 못에 걸려 있던 옷도 떨어지는 경우와 같이 못과 옷 사이에 모종의 상관관계가 있다는 것은 보여줄지언정 못 자체와 옷 자체 사이의 어떠한 '발생적 관계'를 보여주는 것은 아니다. 못과 옷이 함께 떨어진다고 해서 못이 옷을 산출했다고 할 수 없듯이, 뇌와 함께 사라지고 뇌와 함께 출현한다고 해서 기억 현상이 '반드시' 뇌로부터 비롯되었다고 할 수는 없는 것이다.

베르그손의 주장은 발견된 뇌의 기능들이 아무리 복잡한 양상을 띤다 하더라도 뇌는 본성상 물질적 운동(약호화되었든 실제적 진동이든)의 전달능력을 지닐 뿐 자신과 본질적으로 다른 '정신적 상태'라는 것을 스스로 산출할 능력은 없으며, 다만 기억과 같은 정신현상의 출현을 '도울 수 있을 뿐'이라는 것이다. 만일 뇌를 철저하게 물질적인 것으로 간주한다면, 이 뇌가 기억과 같은 정신적 상태를 산출할 수 없다는 것은 지극히 당연한 귀결일 수밖에 없다. 그래서 베르그손은 정신을 뇌의 부대 현상으로 처리하는 환원적 유물론보다는 오히려 뇌와 독립적인 실재로서 정신을 인정하면서 뇌를 통해서 정신이 현실화하는 것이라고 보는 것이다. 물체는 다른 물체로부터의 모든 작용에 즉각적으로 반작용하지만, 살아 있는 신체의 뇌는 수용된 작용에 지연된 반작용을 보일 수 있다. 이 작용과 반작용 사이에 기억이 끼어들 '간격'을 마련하는 것이 뇌라는 베르그손의 통찰은, 오히려 뉴런들 간의 시냅스에서 기억작용의 활성화를 본다(여전히 그 발생적 실체를 해명하지 못하고 있다!)는 현대 과학의 방향에도 일치하는 것이 아닐까?

그러면 베르그손의 주장대로, 만일 뇌-신경체계가 아니라면, 도대체 기억은 어디에, 어떻게 보존되는 것일까? 베르그손은 '어디에'라는 공간적 범주를 사용하는 질문 자체가 잘못이라고 지적한다. 왜냐하면 과거는 오로지 시간적 차원에만 속하는 것이기 때문에, 이것에다가 공간적 차원에 속하는 대상들에게나 해당될 "담겨지는 것과 담는 것"의 관계를 적용시킬 수 없기 때문이다. 설령 뇌가 과거를 보존한다고 해 보자. 그러면 이 뇌는 자신의 과거를 어디에 보존해야 하겠는가? 뇌 자체가 이미 하나의 시간적 산물이며, 축적된 과거의 결과물이다. 과거가 뇌 안에 있는 것이 아니라 뇌가 이미 과거 안에 있어야 한다는 것이다. 따라서 시간 존재의 차원에서 보자면, 뇌보다도 먼저 과거가 그 자체로 존속해야한다는 것은 필연적이다. 순수 기억은 바로 이러한 의미에서 뇌에 저장되지 않고 스스로 존속하는 과거 일반을 말한다. 반복되거나 떠올릴 수 있는 과거 일반의 존재를 먼저 전제하지 않고서는 신체적 습관이든 자유로운 과거의 회상이든 모두 불가능하다. 그러니까 뇌가 기억을 저장할 수 없는 이유는 단지 기억의 병리학적 사실들이 보여준 반증 때문만이 아니라, 기억이 '과거 그 자체'라는 시간적 본성을 지닌다는데 있다.[13]

순수 기억은 어떻게 기억 이미지로 현실화하여 지각 이미지에 덧붙여지는가?

순수 기억이 과거 그 자체로서 존속한다면, 이 순수 기억으로부터 현실적 상황에 잘 맞는 과거의 기억들은 어떻게 현실화되어 지각에 섞이게 되는가? 지각 이미지를 물들여 주관화시키는 기억 이미지는 어떻게 생성되는 것인가?

우선, 현재 지각된 대상들로부터 제기되는 문제들, 과거의 기억을 불러내어야만 하는 현재 상황의 어떤 필요나 요구가 먼저 있어야 할 것이다. 그 다음, 항상 외부 세계와 접하고 있으면서 현재의 삶에 주의하고 있는 의식이 현재로부터 '주의를 돌려' 과거 안으로 '단번에 도약' 해 들어가 거기서 적절한 기억을 찾는 작업이 진행되어야 할 것이다. 이 작업은 마치 카메라의 초점 맞추기와 유사한 작업이다. 카메라의 렌즈가 겨냥하는 곳은 과거 일반의 무의식 세계이다. (물론 이 때의 무의식이 정신분석학적 의미의 무의식은 아니다. 이 점에 대해서는 뒤의 3장에서 자세히 언급될 것이다.) 의식의 줌 렌즈가 침투해 들어감에 따라 과거 일반의 순수 기억은, 마치 뭐가 뭔지 모르게 뭉쳐있던 성운(星雲)이 점차 개별화된 별들로 분명하게 드러나듯이, 잠재적인 상태에서 현실적인 상태로 서서히 이행하며 이미지 형태로 현실화하게 된다.

그런데 이 과정은 단지 불명료한 상태가 명료한 상태로 되는 단순한 과정만은 아니다. 베르그손의 그 유명한 원뿔 도식을 참조해 보자면, 꼭지점을 중심으로 둘둘 말린 순수 기억의 원뿔 안에서는 '회전하면서 수직으로 하강하는' 역동적인 운동이 있다. 거꾸로 된 원뿔 전체가 잠재적인 순수 기억이라면, 꼭지점은 신체가 놓여 있는 지점으로서 이 지점을 통해 기억인 정신이 물질세계와 접촉한다. 원뿔의 바닥인 AB면이 가장 팽창되었을 때의 순수 기억을 나타낸다면, A′B′, A″B″… 단면들은 그 만큼 점점 더 수축된 순수 기억을 나타낸다. 팽창될수록 순수 기억은 지나간 삶의 고유한 실존적 체험 전체에 가까워지고, 수축될수록 일상적이고 평범한 행동에 가까워진다. 과거 전체인 순수 기억은 신체가 놓여 있는 꼭지점의 현재와 공존하고 있는데 이 현재와의 관계에 따라 다양

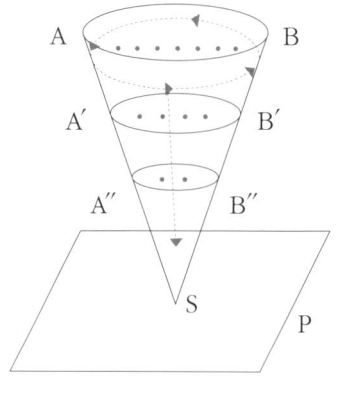

한 수준으로 팽창하거나 수축할 수 있는 탄력성을 지니고 있다. 순수 기억은 개별적인 기억들이 수많은 원자들처럼 병렬되어 있거나 자루 속에 마구잡이로 쌓여있는 것처럼 존재하는 것이 아니라, 다양한 정도에서 "지배적인 기억들, 밝게 빛나는 몇몇 지점들"을 중심으로 수축되어 있다. 그러니까 잠재적이고 무능력하게 존재하던 순수 기억은 원뿔의 어느 단면에서 꼭지점으로, '병진'과 '회전'이라는 이중운동을 동시에 일으키면서 내려와 현재 상태의 소환에 응한다. 병진(竝進) 운동은 적합한 기억을 찾기 위해 선택된 어떤 수준의 과거 전체가 나누어지지 않고 통째로 현재의 경험 앞으로 이동하는 것이고, 회전(回轉) 운동은 이 과거 전체가 아직 응축된 안개구름처럼 분별되지 않는 상태이기에 이로부터 현재 상황에 가장 유용한 개별 기억들을 끌어내고자 하는 운동이다. 이렇게 병진하면서 회전하는 운동은 현실화될 기억을 찾는 의식의 긴장된 주의력과 함께 진행된다.

예를 들어, 현재 지각된 것을 행동으로 바로 이어가는 것이 아니라 대상 그 자체에 대한 지각을 보다 분명하게 하기 위해서 주의를 기울이는 정신의 식별(reconnaissance) 과정을 살펴보자. 이 과정은 현재의 지각 대상을 가장 잘 해명할 수 있는 기억 이미지들을 현재로 인도하기 위하여 순수 기억 속으로 찾으러 가는 정신적 노력을 보여준다. 길을 걷다가 우연히 누군가를 만났는데 어디서 본 누군지 한참 생각할 때가 있다. 그 사람을 어떻게 대해야 할지 난감한 그 상황에서 우선은 그가 누구였는지를 생각해내야 할 것이다. 그 사람을 알아보기 위하여 과거의 기억 속을 이리저리 헤매 다니다 여러 번의 시행착오를 거쳐 마침내 정확한 기억을 떠올리는 경우가 있다. 이처럼 어떤 대상에 주의를 기울인다는 것은 그 대상에 대한 지각을 완성하기 위하여, 그 대상을 알아보기 위해서, 기억들을 규칙적으로 개입시키는 과정이다. 베르그손의 8자형 주의 도식에 따르면, 이 과정은 현재와 과거를 왕복하면서 현재의 지각 이미지가 대략 그려놓은 대상의 커다란 윤곽에다가 과거 속에서 찾아 낸 유사한 기억 이미지들을 차례로 가져다 놓아 보면서 그 지각 내용을 강화하거나 풍부하게 하는 것이다. 이렇게 과거로 팽창했다가 현재로 수축하는 과정이 대상에 주의를 집중하는 정신의 긴장된 노력의 과정이고, 이 노력이 증대함에 따라 점점 더 과거의 영역도 확장되어 지각 대상을 해명하고 알아보기에 충분할 정도로 세세한 사항까지 떠올릴 수 있게 만든다. 의식은 점점 더 강력한 성능의 망원경으로 들여다보는 것처럼 어떤 수준에서의 과거 전체 안에 '주의'를 증가시킴으로써 개별적 기억들을 분별해낸다. 선택된 개별 기억은 이미지로 현실화하면서 현재의 지각 이미지와 '융합'하게 된다. 이렇게 해서 지각 대상 그 자체 속에는 없던 새로운 어떤 것이 덧붙여지면서 현재의 지각은 새롭게 창조된다.

이 때 잠재적인 순수 기억과 이로부터 현실화된 기억 이미지는 동일한 것이 아니다. 기억 이미지는 순수 기억의 단순한 '재현물'이 아니다. 왜냐하면 이미지로 현실화한 기억은 지각 이미지와 융합될 수 있을 정도로 이미 현재화된 상태에 있고 감각-운동적 행위에 참여할 수 있도록 시발(始發)적인 감각의 형태를 띠고 있지만, 순수 기억은 감각-운동적 현재와는 전혀 섞일 수 없는 비연장적이고 비활동적이며 무용한 과거 일반이기 때문이다. 무엇보다 잠재적인 것에서 현실적인 것으로의 이행은 그 역으로 치환불가능한 창조적 생성의 과정이다. 그려진 그림들을 모두 모아본다 해도 화가의 머리 속에 있던 애초의 관념 자체를 대신할 수 없듯이, 이미 다 이미지로 현실화되어 부동화된 것들은 자신의 기원이었던 잠재적인 순수 기억 자체를 그대로 반영할 수 없다.

순수 기억의 팽창과 수축 정도에 따라, 즉 과거를 현재 속으로 연장하려는 정신의 긴장된 주의력의 정도에 따라, 현실화되는 과거의 수준들도 달라지고 현재를 이해하거나 새롭게 창조하는 수준들도 달라진다. 동일한 대상을 지각하더라도 그 대상에 기울이는 주의력의 강도만큼 확장되었다가 수축되어 현재 속으로 들어오는 기억의 정도에 따라서 대상에 대한 인식은 주관적이고 개성적인 체험의 색을 띠게 되거나 아니면 익명적이고 사회적으로 평범한 행위로 연장될 수 있다.

순수 기억은 어떻게 신체적 행동으로 이어지는가?

순수 기억으로부터 현실화된 과거는 어떻게 상황에 알맞은 신체적 행동으로 실행될 수 있는가? 다시 말해, 순수하게 정신적인 것이 어떻게 신체적 행동으로 연결될 수 있는 걸까?

베르그손은 '언어 이해 과정'을 예로 들어 설명한다. 외국어로 두 사람이 대화를 나누고 있는데 나는 그들의 말을 전혀 알아듣지 못한다. 귀에 들린 말소리는 그들에게나 나에게나 동일한 것들인데, 왜 나는 아무 것도 식별하지 못하고 반복할 수도 없는 반면, 그들은 모든 말들을 식별하며 이해하고 대화할 수 있는 것일까? 베르그손에 의하면, 우리가 타인의 말을 듣고 대답하기 위해서는 '감각-운동적인 자동화 과정'과 '기억 이미지들의 능동적인 투사 과정'이 동시에 가능해야 한다.

'감각-운동적인 자동화 과정'은 지각된 소리들을 분절하고 조직화하는 체계, 즉 들린 말(지각)과 성대 근육(운동)을 유기적으로 조직하여 자동화하는 '운동 도식(schème moteur)'의 형성을 말한다. 운동 도식이란 수용된 감각과 이에 대해 실행된 운동 사이에 반복된 경험을 통해서 신체 안에 형성된 일종의 습관이다. 이것은 지각 대상을 일일이 식별하기 위하여 특별히 주의를 기울이지 않아도 바로 현재의 지각을 즉각적인 운동으로 연결하는 '자동적 식별'을 가능하게 한다. 내가 처음 가는 낯선 도시를 산책할 때는 거리의 모퉁이를 돌 때마다 어디로 향하는지 몰라서 주저하며 불확실한 걸음을 떼어 놓지만, 오래 살다보면 도시의 모든 길들이 낯익게 되어서 나중에는 눈감고도 집을 찾아갈 수 있을 정도가 된다. 이때 '낯설다'와 '낯익다'의 차이가 바로 뇌 신경체계 상에서 지각과 운동 사이의 연결이 완전하게 조직화된 습관이 형성되었느냐 아니냐의 차이이다. 외국어를 못 알아듣는 '나'는 이 자동화된 운동 도식이 형성되지 않아서 들린 말을 식별하거나 따라 할 수가 없는 것이다.

'기억 이미지들의 능동적인 투사 과정'은 운동 도식이 형성되어 있는 '두 대화자들'의 경우처럼 들린 말(지각)과 성대 근육(운동) 사이에 기억 이미지를 삽입시켜 의미를 해석하고 이해하여 대화를 나눌 수 있게 한다. 이 과정은 우선 상대방의 말을 듣고 일단 들린 말에 주의하면서, 그 말의 의미를 해석할 수 있는 관념들이 존재하는 순수 기억 속의 어떤 수준 속으로 단번에 들어갔다가, 거기서 아직 모호한 채로 있는 그 관념들을 구분된 청각 이미지들로 현실화시켜서, 이것들을 다시 운동 도식에 끼워 넣어 분절된 단어들로 발화하는 과정이다. 즉 들린 말(지각)과 분명하게 분절된 말(운동) 사이에, 순수 기억의 기억 이미지로의 현실화 과정이 삽입되는 것이다.

언어 이해 과정에 대한 베르그손의 이러한 설명은 결국 순수 기억의 현실화 운동을 통해서 심신관계를 해명하는 것이다. 운동 도식은 순수하게 비-물질적인 관념덩어리가 어떻게 물질적인 신체적 운동으로 이어질 수 있느냐를 해명해주는, 즉 데카르트가 〈송과선〉으로밖에 설명하지 못했던 심신관계의 연결을 결정적으로 설명해주는 개념이다. 이 운동 도식은 과거의 경험을 즉각적인 현재의 행동으로 연결하는 자동적인 식별, 즉 기억 작용의 일종이다. 기억 작용은 단지 어린 시절의 추억을 이미지로 상기하는데 그치는 것이 아니라 일용품을 능숙하게 사용할 줄 안다거나 외국어를 알아듣고 따라할 줄 안다거나 하는 보다 일반적인 행동 양식까지도 포괄한다. 베르그손은 신체적 습관이나 자동적 식별 행위가 실은 기억의 가장 낮은 차원에 속한다는 것을 보이고 바로 이를 통해서 정신이 신체와 연결될 수 있음을 증명하는 것이다.

습관-기억과 자동적 식별, 그리고 이미지-기억과 주의적 식별은 신체적 운동과 정신적 운동이라는 본성상 다른 두 계열에 속하는 것으로 구분된다. 그러나 이 두 계열은 순수 기억이 상이한 수준에서 현실화되는 양상, 즉 과거가 현재 속으로 연장될 때 즉각적인 행동으로 표현되느냐 아니면 심층을 돌아 이미지 형태로 표현되느냐의 수준 차이가 있을 뿐이다. 말하자면, 과거 전체인 순수 기억은 습관-기억이나 자동적 식별의 형태로 현실화할 수도 있고, 이미지-기억이나 주의적 식별의 형태로 현실화할 수도 있는 것이다. 현재의 지각을 정신적 이미지의 차원에서 표상하는 것이나 신체적 행동의 차원에서 실행하는 것이나 정도의 차이가 있을 뿐 생명체의 실천적 삶이라는 관점에서는 모두 순수 기억의 현실화 작용이다. 따라서 미래를 향하여 과거를 현재 속으로 연장하는 기억의 운동이야말로 정신과 신체를 실체적 구분이 아닌 실천적 운동의 정도 차이로 관계 맺게 한다.

과거와 현재 : 잠재적인 것과 현실적인 것

순수 기억의 존재와 현실화 운동은 시간의 본질에 대해서 그리고 과거와 현재의 관계에 대해서 새로운 함축을 보여준다. 우리는 통상 시간을 시계 바늘의 일정한 움직임처럼 현재 순간들이 하나씩 구슬처럼 꿰어져 나가는 연속적인 흐름이라고 생각한다. 그리고 오로지 이 순간의 현재만이 존재하며 이 현재가 지나간 다음에서야 생기는 과거는 영영 사라져버린다고 생각한다. 그러나 베르그손에 의하면, 이러한 시간은 구체적인 삶의 질과 무관하게 누구에게나 동질적으로 주어지는 추상적인 시간이고 시계를 통해 측정되는 공간화(양화)된 시간, 그야말로 편의상의 시간일 뿐이다. 우리가 각자의 삶 속에서 현실적으로 체험하며 살고 있는 진짜 시간은 현재보다 먼저 과거가 존재하며 이 과거와 현재가 동시적으로 공존하는 시간, 현재가 오히려 과거에 의해 생성되는 시간이다. 그리고 과거야말로 사라지지 않고 존재하는 것이며, 현재는 끊임없이 분열하며 생성하는 것이다.

나의 의식이 무언가를 지각하고 있는 지금 이 순간, 현재의 이 순간이란 무엇인지 생각해보자. 이 순간은 결코 기하학적인 점과 같은 순간, 과거와 미래를 분리하는 추상적인 경계가 아니다. 나의 의식이 구체적으로 체험하고 있는 실재적인 이 현재는 지속의 두께를 지닌다. 나의 현재는 나의 과거와 나의 미래를 동시에 침범하고 있다. 나의 현재는 직전의 과거인 동시에 임박한 미래의 결정이다. '직전의 과거'란 지각된 것으로서 물질적 요소들의 연속적인 진동들에 대한 감각이며, '임박한 미래'란 지각에 의해 결정되는 행동이다. 따라서 나의 현재는 직전의 과거를 미래의 행동으로 연장하는 불가분한 순간인 셈이다. 나의 현재는 감각들과 운동들이 결합된 체계로서 본질적으로 감각-운동성을 띤다. 구체적인 삶을 살아가는데 몰두하는 의식의 관점에서 볼 때, '나의 현재'가 나에게 현실적인 관심을 불러일으키면서 나를 살아가도록 하고 행동하도록 부추기는 것이라면 그래서 감각-운동성을 지니는 것이라면, '나의 과거'는 이와 정반대이다. 의식이 주의를 기울여야 하는 것, 그래서 어떠한 형태로든 움직여야 하는 것이 현실적인 현재라면, 의식적인 주의 밖으로 밀려난 것, 더 이상 아무런 움직임도 야기하지 않는 것, 그래서 실질적인 효력을 발휘할 수 없는 것은 지나간 과거가 된다.

그런데 과거는 흘러가버리고 더 이상 존재하지 않는 것이 아니다. 과거가 사라진다고 생각되는 것은, 과거가 현실적인 의식의 관심 영역에서 멀어졌기 때문이지, 더 이상 존재하지 않기 때문이 아니다. 과거는 의식 바깥에, '무의식' 속에 남아있다. 과거의 기억은 결코 사라지지 않는다. 현재 내 삶의 모습, 즉 성격, 말투, 행동거지, 흉터, 주름 하나하나가 모두 내가 살아 온 과거 전체의 응축물이며 흔적이고, 나는 사실 굴러갈수록 점점 더 커져가는 눈덩이처럼 이 과거 전체를 등 뒤에 업고서 이 과거가 미는 힘으로 미래를 향해 나아가고 있는 것이다. 과거는 현실적으로 무용하기 때문에 의식적인 주의의 대상이 되지 않은 것, 그래서 망각되고 억압된 것일 뿐이지 완전히 사라지는 것이 아니다. 과거는 현재 의식의 배후에, 무의식 속에, 잠재적인 상태로 항상 존재한다. 지금 현재 내가 지각하고 있는 내 방의 사물들 바깥에, 지금 현재 내 의식 속에 이미지 형태로 들어오지 않은 옆방, 뒷집, 다른 건물, 다른 도시가 존재하듯이, 지금 현재 내가 기억하지 않는, 내 의식에 이미지 형태로 떠오르지 않은 과거들 또한 그대로 과거 속에 존재한다. 지각되지 않은 사물들만큼이나 기억되지 않은 과거들도 현재의 의식 바깥에, 무의식적으로, 있는 것이다.

그러나 무의식적인 과거는 또한 잠재적인 존재로만 머무르는 것은 아니다. 과거는 항상 현실화됨으로써 현재를 새롭게 생성한다. 순수 기억은 의식의 배후에서 잠재적인 상태로 존속하다가 필요한 경우에는 기억 이미지의 형태로 의식 속에 현실화되어 현재의 지각 경험을 완성한다. 우리의 정신은 바로 이 잠재적인 과거의 존재 때문에 물질과 달리 현재 자신에게 주어진 것 그 이상의 무언가를 끄집어낼 수 있는 창조적 역량이 있는 것이다.

'과거-무의식-잠재적인 것'과 '현재-의식-현실적인 것'이라는 본성상 다른 두 계열은 원뿔 도식의 바닥과 꼭지점처럼 동시적으로 공존한다.[20] 그런데 이러한 동시적 공존을 통해서 어떻게 돌이킬 수 없는 시간의 연속적인 흐름을 설명할 수 있는 것일까? 베르그손이 직관한 '지속'으로서의 시간은 시계의 시간처럼 순간들을 구별하여 수로 헤아릴 수 없는, 끊임없이 상호침투하는 질들의 연속적인 변화 그 자체를 말한다. 베르그손은 첫 번째 저서인 『의식에 직접 주어진 것에 관한 시론』에서 이러한 '질적 다양체'로서의 지속이야말로 공간화된 시간이 아닌 실재 시간이라는 것을 논증했었다. 『물질과 기억』에서는 시간의 흐름이 왜 끊임없는 질적 변화로 나타나는지, 왜 현재가 질적으로 달라지면서 계속해서 지나가는 것인지를 밝힌다. 지속이 질적 변화의 연속인 것은 바로 지속이 또한 기억이기 때문이다. 즉 현재 속에 과거를 연장하는 기억의 연속적인 삶, 바로 이것이 지속으로서의 시간을 가능하게 하는 것이다. 과거는 단순히 현재와 계기적 연속을 이루며 병렬되는 것이 아니라, 차이와 이질성을 도입하며 새로움을 창조하기 위해서 현재와 합체된다. 순수 기억의 원뿔이 보여주듯이, 과거 전체는 잠재적인 차원에서 상이한 수준들에서 수축된 채로 공존하고 있는 다양체이다. 어떤 수준에서의 과거 전체가 현재로 연장하느냐에 따라서, 즉 현재와 결합하는 과거의 그 수준들이 갖는 차이에 따라서, 현재는 항상 다른 현재로 질적 변화할 수 있고 현재들의 계기적 이행이 가능한 것이다. 『시론』에서 '이질적인 요소들의 상호침투와 유기적인 조직화'로 정의되었던 지속은 이제 『물질과 기억』

에서 '과거의 기억과 현재의 지각 사이, 잠재적인 것과 현실적인 것 사이의 수축과 공존'으로 표현된다. 지속이 질적 다양체인 것은 잠재성을 현실화하는 운동, 반복하면서 차이를 산출하는 기억의 운동이기 때문인 것이다.

따라서 시간이 연속적으로 흘러간다는 것, 시간이 끊임없는 질적 변화의 연속으로 실재한다는 것은, 한편으로는 잠재적인 과거의 방향과 현실적인 현재의 방향으로 끊임없이 분열하면서 동시에 다른 한편으로는 잠재적으로 존속하던 과거를 수축하여 현재 속으로 현실화함으로써 예측 불가능한 미래를 개방한다는 것을 말한다. 과거와 현재는 선형적으로 연속하는 것이 아니라, 분열과 종합의 이중 관계 속에서 동시적으로 공존하는 것이다. 이 역설적인 시간 양상을 현재의 관점에서 보자면, 현재는 한편으로 잠재적인 과거 전체를 향하여 회귀하면서 동시에 다른 한편으로는 과거 전체의 가장 수축된 수준으로서 미래를 향해 돌진하며, 끊임없이 과거와 미래 양방향으로 분열한다. 그리고 이를 과거의 관점에서 바꿔 보자면, 과거는 한편으로 스스로를 보존하면서 무한히 팽창하고 동시에 다른 한편으로는 스스로를 수축하면서 현재 안으로 자신을 연장하며, 끊임없이 팽창-수축의 이중 운동을 한다.

이렇게 해서 지속하는 삶의 시간은 단 한 순간도 동일하게 반복될 수 없이 질적 변화를 계속한다. 삶의 시간이 비결정적이고 예측 불가능한 미래로 열려 있으면서 늘 새로운 현재로 질적 변화하는 것은 결국 과거와 현재 사이의 분열과 종합으로 이어지는 기억의 운동 때문이다. 기억으로서의 지속은 자기 자신을 보존하면서도 동시에 자기 자신을 넘어서는 운동, 잠재적인 것을 현실화하면서 자기 자신의 질적 변화를 산출하는 운동, 한마디로 자기 자신에 의한 자기 변용으로서의 삶 그 자체라고 할 수 있다.

삶에 대한 주의와 의식의 수준들

『물질과 기억』은 〈서문〉에서도 밝히고 있듯이, 삶에 대한 주의의 정도에 따라, 신체적 행동에 더 가깝거나 더 멀게 정신적 삶의 다양한 수준들이 나누어질 수 있다는 생각에서 출발했다. "삶에 대한 주의(l'attention à la vie)"는 생명체로서의 자기보존과 관련된 의식의 원천적인 삶에 대한 지향성이다. 삶의 보존이란 행위를 통해서 타자나 주위 환경과 적절한 관계를 맺는데 있기 때문에 이 주의는 항상 행동이나 행동의 결과에 대한 주의가 된다. 따라서 미래의 행동을 위해 과거와 현재를 종합하는 기억의 수축과 긴장 정도가 곧 의식이 기울이는 삶에 대한 주의의 정도라고 할 수 있다. 뇌는 삶에 대한 주의의 기관으로서 한편으로는 잠재적인 과거의 힘을 회복시켜주는 현실화 기관이면서 다른 한편으로는 기억들을 선별하고 제한하고 억제하는 기관이다. 그래서 기억의 운동이 중심축으로 삼고 있는 것은 언제나 나의 신체가 있는 꼭지점인 것이다.

우리의 삶에서 거의 대부분의 행동은 습관을 통해서 실행되고, 거의 대부분의 사유는 일반관념들을 통해 이루어진다. (우리는 동작 하나하나, 대상 하나하나를 일일이 주의하지 않는다.) 습관이 자극(과거)과 반응(현재) 사이의 반복을 통해서 점점 더 잘 구축되듯이, 일반관념 역시 과거의 기억과 현재의 지각 사이를 반복하면서 점점 더 잘 형성된다. 일반관념은 우선 동일한 자극에 동일한 반응을 유도하는 원초적인 생물학적 습관을 토대로 하여 점차 순수 기억의 영역(원뿔의 바다)에서 개별적인 이미지들의 차이를 기억하여 가져오고, 또 행동의 영역(원뿔의 꼭지점)에서 신체적 태도나 언어의 유사성을 지각하여 가져오면서, 과거와 현재 사이를 왕복하는 가운데 그 중간쯤에서 형성된다. 일반 관념의 형성은 단번에 완성되는 것이 아니라 끊임없는 왕복 운동 속에서 항상 형성 도중에 있다. 베르그손이 이러한 일반 관념의 형성 과정을 중요하게 언급하는 이유는, 현재의 삶이 어느 정도의 정신적 수준에서 영위되고 있는지, 또 현재의 삶을 어떻게 새롭게 변화시킬 수 있는지를 해명할 수 있기 때문이다. 대부분의 사람들이 공통적으로 하는 행동을 그대로 따라하는 것도 사회생활을 영위하기 위해서는 중요하지만, 늘 하는 습관적 행동으로만 점철된 삶도 그다지 수준 높은 정신적 삶은 아닐 것이다. 일반관념들로 채워진 사유의 체계가 단번에 고정되지 않고 항상 행동의 유사성에 대한 지각과 순수 기억 속의 차이에 대한 기억 사이에서 움직이며 형성된다는 것은 그만큼 정신적 삶의 수준 또한 변화와 이행 속에 영위된다는 것을 말해준다. 대상을 다루는 습관적 행동의 유사성에 대한 지각에다가 개별 대상들의 차이에 대한 기억들을 점점 더 많이 가져다 놓음으로써 행동의 습관도 갱신하고 새로운 일반화도 이끌어낼 수 있다. 새로운 일반관념들을 더 많이 형성한다는 것은 결국 습관을 갱신하여 고착화된 행동 방식을 변화시키고 그 만큼 삶의 자유를 더 많이 확보한다는 것을 의미한다.

우리의 의식은 원뿔 바닥으로 향할수록 이완된 감각운동성 덕분에 유용한 행동으로 연결되지 않는 순수한 기억 이미지들을 각각의 차이 속에서 자유롭게 바라보는 꿈꾸는 정신이 되고, 꼭지점으로 향할수록 현재의 감각-운동적 상황에 매몰되어 유사한 지각들만을 포착하며 습관적인 행동으로 살아가는 기계적인 정신이 된다. 대부분의 정상적인 의식 상태는 삶에 대한 주의를 통해 두 극단 사이의 중간적 수준들에서 정신의 균형을 잡는다. 균형 잡힌 정신이란, 결국 지나치게 습관적 행위에 고착된 기계적인 삶의 수준도 아니고, 아예 현실에 무관심한 채 몽상적인 삶을 꿈꾸는 수준도 아닌, 양극단 사이를 왕복하면서 현재의 삶을 끊임없이 새롭게 변화시켜나갈 수 있는 정신인 것이다.

말하자면, 삶에 대한 주의의 정도에 따라 습관적 행동의 수준에 더 가깝거나 몽상적 꿈의 수준에 더 가깝거나 그 의식의 수준이 정해진다. 동일한 현재를 반복하며 진부하고 평범한 물질적 수준의 삶을 사느냐, 아니면 새로운 차이를 산출하며 현재의 질적 변화를 만들어내는 창조적인 삶을 사느냐는 결국 잠재적인 과거를 현실화하여 활용하는 기억의 강도와 주의하는 정신의 긴장 정도에 달려있는 것이다. 따라서 다양한 수준들에서 영위될 수 있는 우리의 정신은 기억의 강도가 가장 낮은, 아니 제로인 순수한 지각의 수준에서는 물질과 일치할 수도 있고, 반대로 기억의 강도가 가장 높은 반성적 의식의 수준에서는 물질과의 본질적인 차이를 드러낼 수도 있다. 전자의 경우는 물질과 마찬가지로 반복 운동할 뿐이지만 후자의 경우는 물질과 달리 창조적인 생성을 하기 때문이다. 물질과 정신(신체와 정신)의 관계는 이렇게 기억의 관점에서, 즉 과거와 현재의 관계라는 시간적 차원에서 봐야 그 접촉지점과 구분지점이 설명될 수 있다.

물질과 정신의 관계

 기억 개념이 기존의 정신 개념을 교정하여 물질과의 접촉 가능성을 높였다면 물질 개념 또한 교정되어 정신과의 접촉 가능성을 높여야할 것이다. 『물질과 기억』에서 베르그손의 형이상학이 가장 돋보이는 부분은 단연코 물질론에 있다. 베르그손은 정신과 근본적으로 대립될 수밖에 없었던 기계론적이고 원자론적인 물질 개념을 공간적 사유의 산물로 비판하고, 물질을 지속의 차원에서 사유하며 물질의 불가분한 흐름과 유동적인 본성을 회복한다. 제1장에서 이미지들의 총체로 등장하였던 물질은 지각의 차원에서 보았을 때 물질이 실제로 지각의 객관적 토대로 주어지는 현실적인 실재임을 강조한 것이었다면, 제4장에서는 지각적 차원 이하에서 물질의 실재적 본성이 불가분한 연속적 운동으로서의 지속에 있음을 보여준다. 기하학적 공간과 동일시될 수 없는 '지속하는 물질'이어야만 기억으로서의 정신과 접촉 가능성을 갖게 된다. 이제 물질은 보편적 지속 안에서 창조적 생성력을 지닌 정신과 본성상 구분되면서도, 또한 기억의 가장 낮은 수준에 해당하는 정신과 접촉할 수 있게 된다.

제4장의 핵심 내용은 〈물질의 지속이론〉과 〈보편적 지속의 긴장과 확장운동〉이다. 순수 지각이 비연장적인 것과 연장적인 것 사이의 이분법을 해체하고 물질의 연장성이 불가분한 것임을 발견하게 한다면, 순수 기억은 질과 양의 이분법을 해체하고 정신의 수축력이 양을 질화할 수 있음을 발견하게 한다. 우리 의식에 현실적 경험으로 주어지는 이미지들(기억에 물든 지각)의 발생적 배후에는 불가분한 연장성을 지닌 채 반복하는 물질의 운동과 이를 절단하고 수축하여 새로운 질을 산출하는 정신의 운동이 있다. '인간적 경험'의 너머에서 실재는 물질(이완 경향)과 정신(수축 경향)이라는 서로 다른 리듬의 지속들로 존재한다. 연장적인 물질은 과거를 보존하지 않고 무수한 진동들로 그 자신을 반복할 뿐이지만, 긴장된 정신은 과거를 보존하여 현재 속에 연장하면서 차이를 생성한다. 본성상 다른 물질과 정신은 생명체의 구체적인 삶 속에서 만난다. 우리의 정신은 물질의 일부인 신체에 의해서 제한

되면서 동시에 이 신체를 통해서만 물질 속으로 삽입되어 자신의 자유를 실현할 수 있다. 신체에 의해 균형 잡힌 정신은 삶에 대한 주의와 기억의 수축 정도에 따라 물질의 수준과 가깝거나 먼 여러 수준들에서 자유로운 삶을 영위한다.

확장(extension): 연장적인 것(l'étendue)과 비연장적인 것(l'inétendue) 사이

물질은 연장적이고 정신은 비연장적이다? 연장적이라는 것은 공간을 차지하고 있으면서 질적 변화 없이 나누어질 수 있다는 뜻이고, 비연장적이라는 것은 공간을 차지하지 않으면서 나누어질 수도 없다는 것이다. '물질-연장적인 것-가분적인 것'과 '정신-비연장적인 것-불가분적인 것'의 대립은 데카르트 이래로 물질과 정신의 이원론을 주장할 때 전제하던 근본 가정이었다. 그러나 베르그손은 '순수 지각' 개념을 통해서 물질과 정신의 이러한 대립을 완화시킨다. 왜냐하면 순수 지각은 물질의 일부이면서 또한 정신의 일부이기도 하기 때문이다. 순수 지각은 비연장적인 것과 연장적인 것 사이의 이분법을 해체하고 물질의 '불가분한 연장성(확장)'[21]과 실재적 지속을 발견하게 한다.

베르그손은 물질의 연장성이 과연 가분성과 동일시될 수 있는지 문제 삼는다. 우리는 물질을 자르고 나눌 수 있다고 생각하지만, 정작 잘라지고 나누어지는 것은 물질 자체가 아니라 물질이 놓여 있다고 우리가 가정하는 텅 빈 공간이 아닐까? 베르그손의 통찰에 의하면, 물질의 실재적인 연장성은 정신적 실재만큼이나 '불가분한' 연장성이고, 이런 물질이 차지하고 있는 공간은 기하학적 의미에서의 텅 빈 공간이 아니라 그 물질만큼의 질로 가득 차 있는 공간이다. 예를 들어 하나의 종이컵은 잘라서 여러 조각으로 만들 수 있고, 이 자른 조각들을 다시 붙여서 원래 크기의 종이컵으로 되살릴 수도 있다. 우리가 통상 '물체'라고 부르는 것들은 각각 독립적인 윤곽을 지니고 있어서 서로 구분될 수 있다. 우리가 물질을 지각한다고 하면서 실제로 지각하는 것, 물질에 대해 말하면서 실제로 염두에 두고 있는 것은 사실 이런 물체들이다. 그런데 과연 물질과 물체는 같은 것일까?

우리 눈에는 구별되는 두 물체 사이에 텅 빈 공간이 있는 것처럼 보인다. 그러나 아주 탁월한 성능의 현미경으로 종이컵과 그 주변을 들여다보자. 구멍 숭숭 뚫린 종이컵과 책상 사이로 공기 입자들이 들락날락 하고 있지 않을까? 이쯤에서 이미 우리는 어느 것이 종이컵이고 어느 것이 책상인지 그 경계를 구별하기 힘들어질 것이다. 우리의 육안으로는 분명하게 구분되는 윤곽을 가진 물체들로 보이지만, 우리의 자연적인 지각 '이하의' 차원에서 들여다보면 모든 물체들의 경계는 모호해진다. 물체를 분자, 원자, 전자, 쿼크… 우리의 기술력이 가능한 한 아주 잘게 부수어 본다해도, 그렇게 분리된 미립자들은 어디까지나 우리의 임의적인 분할일 뿐이다. 미립자들 사이에는 여전히 아주 여리고 가느다랄지라도 서로 밀고 당기며 상호작용할 수 있게 하는 에너지의 어떤 흐름이라도 연결되어 있을 것이다. 말하자면, 물질의 실상은 그 자체로 분명하게 나누어지지 않고 연속적인 전체인데, 그것을 나누어 입자들이나 물체들로 지각하는 것은 우리의 지각 방식이라는 것이다. 물질이 연장적이라고 할 때, 그 연장성을 무한 가분성으로 동일시한다면, 이것은 물질의 불가분한 실재 연장성과 기하학적인 텅 빈 공간을 혼동하는 것에 지나지 않는다.

베르그손에 의하면, 물질은 기하학적 의미의 공간처럼 완전히 동질적인 무언가로 펼쳐져 있는 것이 아니다. 물질도 절대적인 질적 변화를 하면서 자기 나름의 방식대로 운동한다. 다시 말해서 물질도 지속 안에서 불가분한 질적 변화의 연속으로 실재한다는 것이다. 물질의 운동이 실재한다는 것은, 단지 물체들의 공간 이동을 말하는 것이 아니다. 뉴톤의 근대 역학은 공간상에서 한 점과 좌표 축 사이의 거리 변화로 운동을 측정하지만, 이렇게 측정되는 운동은 상대적인 장소 이동에 불과한 것이지 진정한 의미에서의 운동이 아니다. 진정한 의미에서의 운동은 불가분한 것이고, 질적인 변화이다.

예컨대, 점 A에서 점 B로 나의 손을 움직였다고 할 때, 나의 근육 감각이 느끼는 운동 자체와 내 손의 운동이 행해진 A에서 B까지의 공간적 거리는 본성상 구분된다. 내 손의 운동 그 자체는 A와 B '사이에서' 성립하는 '이행'으로서 단순하고 불가분한 것이지만, 내 손이 지나간 흔적으로서의 공간은 무한히 가분적이기 때문이다. 만일 내 손의 운동이 A에서 B 사이의 거리에 상정할 수 있는 무수한 정지점들을 차례대로 지나간다고 상정하고서 내 손을 A와 B 사이의 어느 지점 C에서 멈춘다면, A에서 B로 가는 처음의 운동 그 자체는 사라지고 아마 A에서 C까지의 운동과 C에서 B까지의 운동이라는 질적으로 서로 다른 두 운동이 있게 될 것이다. 다시 말해, 운동은 그 자체로 불가분한 것이고, 만일 나뉜다면 운동 전체가 질적으로 변화한다는 것이다. 우리가 운동을 측정한다고 하면서 통상 전제하는 공간은 무한히 분할 가능한 추상적인 것이다. 날아가는 화살이 과녁에 도달하지 못한다며 운동의 비실재성을 논증한 제논의 역설은, 실제로 날아가 과녁에 꽂힌 화살의 운동 자체와 그 화살이 지나간 공간적 거리를 동일시한데서 성립한 것이다. 베르그손은 이런 제논의 논증이야말로 운동 그 자체의 불가능성이 아니라 오히려 운동을 공간으로 환원시켜 나누면 운동 그 자체가 사라지고 만다는 것을 역설적으로 보여준다고 해석한다.

나는 걷기 운동을 하면서 내 근육감각에 대한 의식을 통해서 운동의 실재성을 확신한다. 출발점에서의 나와 도착점에서의 내가 운동을 통해서 질적으로 달라졌다는 것을 느끼기 때문이다. 즉 단순히 공간 이동만 한 것은 아니라는 것이다. 물질의 경우에도 마찬가지이다. 파란 색에서 빨간 색으로 리트머스 시험지가 변할 때 그 질적 변화의 과정은 공간에서의 상대적인 이동이 아니라 절대적인 운동이다. 질적 변화는 물체가 차지하고 있는 공간적 위치의 국지적 변화에 그치는 것이 아니라, 마치 만화경을 돌렸을 때처럼, 물질적 실재 전체의 총체적인 변화 속에서 이해되어야 한다. 아킬레스가 거북이를 따라잡을 때 변하는 것은 단순히 둘 사이의 공간적 거리가 아니라 아킬레스와 거북이 자신들(피로하고 지친다든지) 그리고 이들을 둘러싼 전체 상태(공기의 교란, 이산화탄소의 양, 땅의 패임 등)가 변화하는 것이다. 운동은 항상 변화와 관계가 있고, 철새들의 이주에도 계절적인 변화라는 이유가 있다. 사과가 땅에 떨어지는 것도 단순히 그 물체만의 공간 이동에 그치는 것이 아니라, 그 물체를 끌어당기고 있던 힘들 간의 전체적인 질적 변화를 야기한다.

그렇다면, 우리는 왜 물질의 불가분한 연속성을 물체들로 분할해서 지각하는가? 그것은 바로 인간적 행위가 갖는 '실천적 삶의 필연성' 때문이다. 우리 자신을 비롯하여 생명체들은 자신을 둘러싼 물질적 세계로부터 자신의 개체성을 유지하기 위해 끌어들여야 할 '영양섭취의 대상'과 자신을 포함한 종의 보전을 위해 '피해가야 할 대상들'을 독립적인 대상들로 구분시켜야 할 필연성을 갖는다. 연속적인 실재 전체로부터 독립된 윤곽을 지닌 개별화된 물체들을 분리하여 한정짓고 이렇게 절단해낸 부분들 사이에 특수한 관계들을 설정하는 것, 이것이 바로 '산다'는 것의 의미이다. 생명체의 의식은 이런 행위의 유용성에 몰두하는 의식, 즉 '삶에 주의하는 의식'이기 때문에 그 분리된 대상들에 대한 지각 표상을 수반한다. 이미지들이란 바로 이러한 심리생물학적인 필연성에 상응하여 재단된 것이다. 현실적인 지각의 차원에서 볼 때 세계는 물론 독립된 윤곽을 가진 대상들, 사물들, 물체들, 신체들로 존재한다. 그러나 이 지각의 차원 '이하에서' 보자면, 그런 실체들과 그 주변과의 경계는 분명하게 그어지지 않는다. 물질적 우주의 모든 대상들을 묶는 긴밀한 연대성, 상호작용의 연속성은 우리가 지각하는 바와 같은 정확한 경계선들을 지니지 않는다. 연속적인 전체 안에서 분리된 윤곽과 경계를 긋는 것은 오로지 심리생물학적인 필요와 욕구에 따르는 지각 주체의 주관화 작용일 뿐이다. 우리가 흔히 물체들이 놓여 있다고 간주하는 동질적인 공간은 이런 주체의 작용을 위해서 실제로는 유동적인 물질에다가 우리가 펼쳐 놓은 "물질에 대한 우리의 *행위* 도식"일 뿐이다.

베르그손은 물질의 본성을 해명할 수 있는 가장 그럴듯한 가설로 물질을 견고한 입자들로 환원시키는 원자론적 관점(뉴턴의 근대 역학이나 라플라스의 기계론적 결정론)보다는 긴장된 힘(=에너지)의 총체로 보는 톰슨(W. Thomson)과 패러데이(M. Faraday)의 물리학적 관점을 지지한다. 물질의 운동은 빈 공간에서 독립된 윤곽을 지닌 입자들의 운동이 아니라 우주 전체에 연속적으로 연결되어 있는 보편적인 흐름으로서의 운동이라고 보기 때문이다. 베르그손의 이러한 통찰은 물질의 실재적 운동을 정확하게 고정짓고 측정하는 것이 근본적으로 불가능하다는 현대 양자역학의 불확정성 원리를 통해서도 힘을 얻는다. 이는 형이상학이란 본래 실증 과학의 바깥에서 뜬구름 잡는 얘기를 하는 것이 아니라, 과학에게 과학 자신의 한계로 인해 미처 발견하지 못했지만 실재 자체에 도달하기 위해 과학이 채택해야할 발전 방향을 가리켜줄 수 있어야 한다는 베르그손의 철학을 그대로 보여주는 것이라고도 할 수 있을 것이다.

긴장(tension): 질과 양 사이

물질이 실제로 불가분하게 확장된 것이라면, 제1장에서

결정론적인 인과법칙에 따라 상호작용하던 이미지들의 세계는 근대 과학의 관점에서 절단된 세계일 것이고, 지각 이미지들의 세계는 자연 지각의 관점에서 절단된 세계일 것이다. 객관적 과학의 지각이든 우리의 자연 지각이든 유동적이고 불가분한 물질적 실재를 고정하여 절단해낸다는 점에선 공통적이다. 지속하는 실재를 공간화하고 양화하여 자르고 측정하는 것은 우리 지성의 고유한 기능이고, 과학은 이런 지성의 가장 발달된 형태라고 할 수 있기 때문이다.

그런데 동일한 사물에 대해서 우리의 자연 지각은 다채로운 질을 느끼는 반면, 과학의 지각은 동질적인 운동을 발견한다면, 도대체 그 차이는 어디서 오는 것일까? 왜 지성의 수준에 차이가 있는 걸까? 주관적인 것과 객관적인 것의 차이는 어디서 비롯하는 것일까? 그것은 바로 기억 작용 때문이다. 기억의 개입 때문에 자연 지각의 주관성과 과학적 지각의 객관성이라는 차이가 산출되는 것이다.

우선, 물질에 대한 과학적 지각의 객관성에 대해 알아보자. 물질이 불가분하게 연장(확장)된 실재라는 것은 달리 말해 물질도 지속한다는 것이다. 지속한다는 것은 과거의 순간과 현재의 순간이 절대적으로 단절되지 않으면서 과거가 현재 안으로 연장된다는 것을 의미한다. 따라서 원인에 엄밀하게 비례하여 결과가 결정되며 현재로부터 미래에 대한 정확한 계산과 예측이 가능한 것처럼 보이는 이미지들의 세계란 사실 이러한 구체적 지속이 빠진 수학적 추상의 세계일뿐이다. 이미지들의 형태로 고정되고 분리되기 이전의 물질 상태는 분명한 경계도 없고 고정되지도 않은 채로 무한히 빠른 진동들의 연속적인 반복 운동과 같다. 그러나 이 반복은 어디까지나 '유사' 반복이고 '거의' 반복이지, 기하학적인 공간에서처럼 완전히 동일한 두 순간의 반복은 아닌 것이다. 이 무한히 빠른 '거의' 반복적인 운동을 가시적이고 예측가능한 운동으로 '요약하고 추상하는' 것이 바로 과학적 지성의 작용이다. 기계적 결정론의 이미지들은 바로 이런 요약의 산물이요, 추상의 결과인 것이다. 그런데 사실 물질의 실재적인 반복은 우리가 지각적 차원에서 추상적 반복으로 요약할 수 있을 정도로, 우리의 실천적 목적에 비추어 무시해도 좋을 정도로 낮은 차원의 연속적인 운동이다. 그래서 기계론적이고 원자론적인 관점의 과학적 지각은 물질의 '거의' 반복적인 운동을 '완전한' 반복으로, 물질의 아주 약하지만 그래도 존재하는 지속을 추상적인 공간으로 환원시키면서 물질에 대해 예측 가능하고 계산 가능한 유용한 결과물들을 산출하는 것이다. 따라서 과학적 지각의 객관성이란 것도 실은 추상적인 객관성일 뿐이다.

그러면, 물질의 거의 반복적인 운동은 어떻게 우리에게 주관적인 질로 지각되는가? 과학적 지각이 지속을 배제한 채로 공간적 차원에서 물질을 바라본다면, 자연적 지각은 물질의 지속을 정신의 지속으로 수축함으로써 주관화시킨다. 베르그손에 의하면, 우리가 물질적 대상으로부터 지각하는 질들이란 물질의 무한히 빠른 진동들을 우리 신체의 수용면 위에서 우리의 한 순간으로 '수축'하기 때문에 얻어진다. 이 때 수축한다는 것은 과거를 보존하여 현재 안으로 연장한다는 것을 의미한다. 예컨대 우리가 한 순간에 지각하는 붉은 빛은 실은 400조의 연속적인 진동들을 수축한 것이다. 우리가 그 진동들을 하나하나 셀 수 있다면 아무리 빨리 세더라도 약 2만 5천년 이상의 세월이 소요된다고 한다. 우리의 감각 질은 아무리 순간적인 것이라 할지라도 무한히 빠른 물질의 연속적인 진동들을 임의로 잘라내어 우리 의식의 한 순간으로 응축하여 부동화시킨 것이다. 우리가 1초 동안에 본 영화의 한 장면 속에는 통상 24개의 프레임이 아주 빠르게 지나간 운동이 숨어있는 것처럼, 물질의 엄청나게 긴 역사가 우리 정신의 한 순간으로 요약되는 것이다. 만일 이 수축을 이완시킬 수 있다면, 색깔들의 선명한 차이는 점점 흐려지고 질들은 점점 더 순수한 "내적 연속성에 의해서 연결되어 있는, 반복적이고 연속적인 진동들"로 환원될 것이다. 지각하는 의식을 제거한다면, 우리에게 감각 질로 번역되었던 물질의 운동은 그 자신의 리듬들로 복귀하여 무수한 진동들로 분해될 것이다. 우리의 "감각은 표면에서 부동한 채로 펼쳐지지만, 심층에서는 살아있고 진동"하는 것이다. 우리의 지각 작용이 물질의 연속적인 진동들을 부분적으로 잘라낸다면 우리의 기억 작용은 이를 수축하여 질을 만든다. 따라서 질과 양은 대립하는 것이 아니며, 질이 곧 수축된 양이다. 이렇게 질과 양을 통합하는 것이 바로 기억의 수축력이고 정신의 긴장이다. 물질의 객관적인 운동 '양'과 우리 감각의 주관적인 '질' 사이의 차이는 결국 물질의 운동과 정신의 운동 사이의 속도 차이에서 비롯한다. 물질이 과거를 현재로 연장하는 기억의 수축력이 거의 없어서 거의 동질적인 변화로 진동에 가까울 정도로 빠르게 운동한다면, 정신은 다양한 강도의 기억을 통해서 더 느린 리듬의 한 순간으로 이 빠른 운동을 수축하여 거의 동질적인 것을 이질적인 것으로, 덜 이질적인 변화를 더 이질적인 변화로 만들며, 거의 기계적인 반복으로부터 새로운 질적 차이를 생산한다.

    따라서 과학적 지각이 기억의 요소를 배제한 추상적 수준에서 물질의 동질적인 운동을 발견하려 하기에 객관성을 띤다면, 자연 지각은 항상 기억에 의해 물들어 있고 원뿔의 심층에서 여러 단면들에 해당하는 과거의 어떤 수준들로부터 수축된 현재를 보기에 주관성을 띤다고 할 수 있을 것이다.

필연과 자유: 물질의 반복과 정신의 창조

물질에 대한 우리의 구체적이고 현실적인 경험은 결국 기억에 물든 지각으로 이루어진다. 우리의 경험 세계를 이루는 복합적인 이미지들은 유동적인 실재의 부동화된 결과물이다. 이미지들 너머에서 물질은 무한히 빠른 속도로 운동하고 있으며, 거의 반복에 가까운 진동들이나 떨림의 수준으로 지속하고 있다. 물질은 과거를 보존하여 현재로 연장하는 기억의 수축력이 아주 약해서 끊임없이 동질적인 공간의 방향으로 이완되어 가고 있기는 하지만, 완전히 동질적인 공간으로 환원될 수는 없기 때문에, 물질의 순간들은 여전히 불가분한 채로 아주 약한 지속 속에서 흘러가고 있다. 이 불가분한 채로 운동하고 있는 물질 전체로부터 우리의 정신은 지각 작용을 통해서 일부를 임의로 잘라내어 독립된 대상들로 분리시키고, 기억 작용을 통해서 잘라내어진 물질의 연속적인 진동들을 주관적인 질로 응결시킨다. 기억에 물든 지각에 의해서 과거를 수축하는 만큼 ─ 아주 짧은 순간의 지각일지라도 이미 기억이라는 것을 상기하자. 순간적으로 지각한 붉은 빛 속에 400조번의 진동이 담겨있는 것처럼, 우리가 현재 무언가를 지각한다는 것은 사실 수축된 과거를 지각한다는 것과 같다 ─, 우리의 정신은 미래로 나아가는 행동의 자유를 획득한다.

따라서 물질과 정신은, 과거와 현재를 종합하는 기억의 수축 또는 지속의 내적 긴장이라는 관점에서 보면, 단지 정도의 차이를 지닐 뿐이다. 아주 약한 지속에 불과한 물질과 고도로 발전된 반성적 능력을 지닌 정신 사이에는 기억의 정도와 긴장 강도에 따른 상이한 지속의 수준들이 있을 수 있다. 물질과 정신 사이의 간격이 정신 안에서의 수준 차이보다 더 크지 않다는 것이다. 그래서 정신은 기억의 강도 제로인 가장 낮은 수준(순수 지각)에서 물질과 접촉할 수도 있는 것이다.

그러나 그럼에도 불구하고 물질과 정신 사이에는 여전히 본성상의 차이가 있는데, 그 또한 기억의 강도에 따른 창조적 잠재력의 유무에 있다. 물질이 반복적인 운동에 머무르며 끊임없이 이완되어 간다는 것은, 물질 그 자체로부터는 예측불가능한 어떠한 새로움도 도출될 수 없다는 것, 즉 물질의 세계는 능동적인 생성의 역량이 결여되어 있어 거의 필연의 세계와 같다는 것이다. 이 세계에 무언가 새로운 것이 창조된다면, 즉 예측불가능하고 비결정적인 무언가가 출현한다면, 그것은 바로 물질의 필연을, 즉 물질의 지속 리듬과 속도를 자신의 지속 리듬과 속도로 재단하여 활용할 수 있는 존재가 있기 때문이다. 생명체들은 과거를 수축하여 현재로 연장하는 기억의 강도에 따라 다양한 수준들에서 자신의 삶을 영위하는데, 각자의 의식이 갖는 긴장의 정도, 즉 지각의 집중력과 기억의 수축 정도가 바로 물질의 필연을 극복하는 삶의 강도와 자유의 정도를 표현한다. 물질은 과거를 축적할 줄 모르며 따라서 잠재성이 전혀 없이 현실적인 그대로 존재한다면, 정신은 표면적으로 드러난 의식 현상 배후에 무의식이라는 비가시적이고 잠재적인 심층을 지니고 있고, 이 심층에 축적된 과거 전체를 통해서 물질이 산출하지 못하는 비결정적이고 예측불가능한 새로움들을 생성할 수 있다. 정신적 존재는 이런 기억의 잠재력 때문에 물질적 사물들과 구별되면서도 또한 그것들과 직접 접촉하여 그것들을 자신에게 유리하게 이용할 수 있는 것이다.

요컨대, 반복하면서 차이를 산출하는 지속—기억의 운동 안에서 물질은 반복하면서 질적 차이를 점차 잃어가는 방향으로, 정신은 반복하면서 질적 차이를 생산하는 방향으로 움직인다고 할 수 있다. 그런데 물질과 정신의 이러한 상반된 운동 경향성의 문제, 그리고 물질적 우주 전체 안에서 정신적 역량을 표현하는 생명체의 발생에 관한 문제는 『창조적 진화』에 가서야 다루어진다. 여기서는 물질과 정신의 발생적 문제는 접어두고 양자 사이의 본성 차이와 정도 차이를 규명함으로써 존재론적 인식론적 이원론의 문제를 지속—기억의 '역동적 일원론'(이렇게 표현해도 좋다면. 왜냐하면 지속—기억은 상이한 수준에서 자기 자신을 반복하면서 자기 차이화하는, 즉 자기 자신과 달라지는 질적 변화의 운동이고, 따라서 그 자체로 여럿이면서 동시에 하나인 다양체이기 때문에)의 관점에서 풀어내어 양자 사이의 관계를 해명하는데 주력하고 있다고 할 수 있다.

3장

왜 『물질과 기억』을 읽어야 하는가

습관을 넘어서는 사유의 역량과 경험의 확장 가능성

　실재 세계에 대한 우리의 구체적인 경험은 지각과 기억의 혼합물로 형성된다. 지각과 기억은 생명체로서의 삶을 영위하기 위해 요구되는 실천적 기능으로, 외부 세계에 대한 인간적 경험의 장을 경계 짓는다. 생명체로서의 우리 자신은 신체라는 물질적 조건의 한계 속에서 삶의 요구에 따른 습관적 사유를 필요로 한다. 외부 환경에 대한 적응이나 일상 생활의 익숙함을 마련하는 습관이 전제되지 않는다면, 아마 우리의 삶은 매순간 행위의 방향을 잃고 나아가지 못할 것이다. 그러나 우리의 지각과 기억 역량이 단지 생물학적 종으로서의 보편적 습관에 고정되어 있는 것이 아니라 각자가 꾸려가는 현실적인 삶의 수준에 따라 다양한 정도에서 습관에 차이를 도입할 수 있다면, 그래서 늘 보던 것만 보고 늘 하던 것만 하는 것이 아니라 새롭고 낯선 것을 발견하며 보다 풍부하게 세계를 경험할 수 있다면, 우리의 삶이 더 높은 수준으로 향상되며 풍요로워질 것은 분명할 것이다.

『물질과 기억』은 바로 이러한 가능성이 우리에게 있음을 보여준다. 주의하는 노력과 기억의 강도에 따라 정신적 삶의 수준이 달라질 수 있다는 것은 상대주의에 빠지지 않으면서도 경험 세계의 다양성과 차이를 말할 수 있게 한다. 칸트가 우리는 우리 정신에 선험적으로 주어져 있는 형식을 통해서 세계를 경험할 수밖에 없다고 주장하며 인간 종에 공통된 일반적 경험의 가능 조건과 한계를 설명하는데 그쳤다면, 베르그손은 이 부동화된 정신의 형식을 역동적인 역량으로 유동화시켜서 일반적인 수준에서 뿐만 아니라 독특한 수준들에서도 영위될 수 있는 다양한 인간적 경험의 가능 조건을 설명했다고 할 수 있다. 예컨대 우리는 태어날 때부터 파란 색안경을 끼고 태어났기 때문에 실제로 세상이 무슨 색을 띠고 있는지는 모르지만 아무튼 우리는 모두 세상을 온통 파랗게 경험할 수밖에 없다는 것이 칸트의 전언이었다면, 베르그손은 우리가 보는 세상이 실제 세상은 세상인데 각자 자신의 보는 역량에 따라서 더 잘 보거나 덜 보거나 할 수 있어서 우리는 모두 세상을 다양한 정도로 경험할 수 있다고 주장하는 셈이다.

칸트의 물자체가 우리의 경험으로 구성되지 않고 늘 남아 있을 수밖에 없는 초월론적 바깥으로서의 실재를 드러내었다면, 베르그손의 순수 지각과 순수 기억은 우리 경험의 극한에서 접촉할 수 있는 내재적인 바깥으로서의 실재를 보여주었다. 경험과 그 바깥과의 관계에서 현실적인 경험의 한계를 넘어서는 것이 원칙적으로 불가능하다는 주장과 원칙적으로 가능하다는 주장 사이의 차이는 결코 사소한 것이 아니다. 항상 도달 불가능한 채로 남아있지만 또한 늘 조회할 수밖에 없는 부정적인 방식으로 바깥을 상정하는 태도와, 전체는 결코 한꺼번에 주어지지 않기에 늘 부분적이긴 하지만 절대적으로 접촉하며 확장해나갈 수 있는 긍정적인 방식으로 바깥을 상정하는 태도의 차이, 어느 쪽이 더 매력적인가?

『물질과 기억』의 탈근대적인 매력은 실재와 인식의 관계를 비표상주의적으로 접근한데서 찾을 수 있다. 우리의 정신은 주어진 틀 안에서 실재를 반영하는 수동적인 거울이 아니라, 세계와의 상호작용 속에서 수축-팽창의 탄력적인 운동으로 실재의 영향력에 능동적으로 대응한다. 우리의 인식 역량은 실재 자체에 대한 절대적 인식에 도달하지 못한 채 인식 형식의 본래적인 한계에 따라 제한된 경험만을 구성하는 것이 아니다. 우리의 인식 틀 자체가 본래 습관의 산물이기에 원칙적으로는 정신적 노력의 강도에 따라 얼마든지 실재에 대한 확장된 경험이 가능하다. 순수 지각과 순수 기억은 구체적인 경험의 전환점 너머에서 잠재적으로 존속하던 물질적 실재와 정신적 실재에 대한 직관이 '원리상' 가능함을 보여주었을 뿐만 아니라, 그러한 경험이 '사실상' 어떻게 현실적인 경험으로 축소되는지도 설명해 주었다. 『물질과 기억』은 무엇보다 습관을 넘어서는 우리의 사유 역량을 긍정하게 하고, 나아가 세계에 대한 우리의 인식과 경험의 장이 확장될 수 있다는 근거를 제시하며 창조적인 삶의 미래를 개방할 수 있게 한다.

심신관계의 문제

『물질과 기억』은 심신관계의 문제를 축소된 경험의 현실적 차원에서가 아니라 경험의 발생적 근원인 잠재적 차원에서 접근하여 풀고 있다. 이는 가시적인 결과로 주어진 상태만을 보았을 때 나타나는 불연속과 단절의 이면에서, 감춰져 있던 심신관계의 연속성을 회복하고 차이를 재정립시킨다는 장점이 있다. 베르그손은 보편적 지속의 형이상학 안에서 물질과 정신의 본성상 차이를 확립하면서도 양자의 수렴과 접속이 가능함을 보여주었다. 특히 지각을 표상의 관점에서가 아니라 신체적 행위와 운동의 관점에서 이해한 것은 최근 심리철학의 경향과도 공명한다. 『물질과 기억』의 해법은 과연 현대 과학의 지평에서 어떤 의미가 있을까?

예컨대 현대 뇌 과학은 CT, MRI, PET 등의 발달된 기술적 도구들을 통해서 학습, 인지, 정서 등 다양한 심리적 활동에 상응하는 뇌의 활성화 부위를 영상으로 보여줄 수 있다. 이를 통해서 '마음이 곧 뇌'라는 가설이 힘을 얻어가고 있다. 하지만 뇌의 영상지도에 대한 해석은 여전히 주관적이고 임의적일 수 있다. 과학적 기술이 고도로 정밀해져서 매순간의 심리 상태에 상응하는 뇌 영상을 촬영할 수 있다 해도, 과학이 제공하는 진실은 아마 뇌의 어떤 신경생리학적 상태가 어떤 심리적 상태와 연관성을 지닌다는 것, 여기까지일 것이다. 사실 뇌 환원주의를 비판하는 베르그손의 입장은 현대 과학의 성과를 부정하는 것이거나 그것에 배치되는 낡은 형이상학이라고 가볍게 무시할 수 없는 측면이 있다. 뇌의 상태와 심리 상태 사이에 왜 그러한 상관관계가 있는 것인지, 도대체 그런 관계의 본성은 무엇인지에 대해서는 과학적 사실들을 종합적으로 해석해야할 철학적 작업의 여지가 여전히 남아있기 때문이다.

최근에 주목받고 있는 안토니오 다마지오(Antonio Damasio)의 스피노자주의와 비교해보면 베르그손 주장의 흥미로운 점이 잘 드러날 수 있을 듯하다. 『스피노자의 뇌』를 쓴 뇌 신경과학자 다마지오[22]는 뇌 과학적 연구 성과를 '마음과 몸이 동일한 실체의 평행한 두 속성'이라고 주장했던 스피노자의 심신평행론과 접목시켜 해석하고 있다. 데카르트적인 심신이원론을 공략하고 유물론적 입장을 견지하려는 다마지오의 전략은 뇌와 신체를 구분하여 정서적 특징을 갖는 마음을 뇌의 신경생리학적 상태가 아닌 생물학적 신체의 상관자로 놓는 것이다. 즉 마음을 외부 세계의 직접적이고 수동적인 거울상으로 보지 않고, 외부 세계와 상호작용하는 신체의 상관자로 보는 것이다. "우리의 뇌 바깥에 존재하는 사물과 사건에 대한 뇌의 신경 패턴과 그에 대응하는 심적 이미지는 현실을 수동적으로 반영하는 거울상이라기보다는 현실에서 촉발된 자극으로 인해 생성된 뇌의 창조물이라고 볼 수 있다."[23] 다마지오의 뇌는 신체의 일부로서, 외부 자극을 받아들이는 텅 빈 서판으로 출발하는 것이 아니라 외부 환경의 다양한 사건들을 어떻게 처리할 지에 대한 선천적인 지식과 자동화된 방식을 이미 가지고 출발한다. 따라서 다마지오에 따르면, 마음은 뇌의 표상이라기보다는 신체의 표상이다. 마음이 존재하는 것은 그 내용을 채워 줄 몸이 존재하기 때문이다. 마음은 몸을 위해 존재한다. 몸의 생존에 도움이 되는 모든 종류의 상황과 사물을 만들어 내는 것이 바로 마음의 임무이다. "몸에 자리 잡고 있고 몸을 중심으로 사고하는 우리의 마음은 몸 전체의 하인이다."[24] 그럼에도 불구하고 단지 몸만 있는 것이 아니라 굳이 마음이라는 것이 필요한 이유는 삶의 전체적인 관리를 위해서, 즉 정보의 통합과 조작을 용이하게 하기 위해서라고 다마지오는 말한다. 물론 이 복잡하고 고도로 통합적인 마음의 수준은 여전히 뇌 신경체계 수준에서 세부적인 정보 축적의 결과물로 출현한다. 다마지오의 마음은 결국 생물학적 신체와 그 일부인 뇌의 산물이다. 다마지오는 뇌의 상태로 환원불가능한 마음의 정서적 특징을 신체의 표상으로 설명함으로써 뇌 환원주의를 넘어서는 스피노자적 심신평행론을 유물론적으로 부활시켰다고 할 수 있다.

베르그손 역시 데카르트적 이원론을 극복하는 중심 요인으로 생물학적 신체를 놓는다. 뇌와 신체 모두 물질의 일부로서 신경생물학적 수준에 속한다. 뇌는 신체와 마찬가지로 이미 생물학적 진화의 과정 속에서 형성된 습관의 산물이고, 따라서 진화론적 기억의 산물이다. 그러나 베르그손에게 뇌와 신체는 마음의 산출자가 아니라 오히려 마음의 현실화 도구이다. 뇌는 자극-반응의 운동 전달 매체이고, 뇌의 신경체계를 통해 작동하는 신체는 감각-운동적 평형을 유지하며, 삶의 전개 속에서 마음을 적절히 통제하거나 실현하는 도구이다. 뇌와 신체가 물질의 일부라면, 그것들은 물질과 본성상 다른 정신이라는 것을 그 자신으로부터 원리상 산출할 수 없다. 물질 전체가 뇌나 신체를 훨씬 넘어서듯이, 마음이나 정신이라는 것도 뇌와 신체의 상태를 훨씬 넘어선다. 따라서 뇌와 신체는 물질과 정신의 접속지점일 뿐, 마음이나 정신의 창조자가 아니다. 비록 마음이 몸을 중심으로 자신을 전개하긴 하지만, 즉 세계와의 적절한 상호작용을 위해 삶에 대한 주의를 기울이긴 하지만, 그렇다고 해서 마음의 역량이 오로지 여기에만 국한되는 것은 아니다. 다마지오는 신경생물학적 수준을 넘어서는 마음의 역량, 즉 몸의 생존에 대한 관심을 넘어서는 정신적 에너지에 대해서는 간과하거나 아직 다 설명하지 못한다. 베르그손은 지각, 정념, 기억이 신체와 맺는 관계를 해명하며 다마지오의 논의를 포괄하면서도 뇌와 신체의 표상을 넘어서는 무의식적 정신의 존재에 대해서도 그 가능성을 열어 놓고 있다는 점에서 더 많은 설명력을 지닌다고 볼 수 있다.

요컨대 다마지오의 마음이 외부 세계와 상호작용하는 신체와 뇌의 산물이라면, 베르그손의 마음은 뇌와 신체 바깥에 독자적으로 존속하면서 뇌와 신체를 통해 세계와 상호작용하며 자신의 자유를 실현한다. 다마지오는 마음을 몸의 표상으로 보는 자신의 주장을 스피노자를 통해 정당화하고 있지만, 이것이 궁극적으로 심신평행론에 대한 베르그손의 비판에서 완전히 벗어난 것인지는 장담할 수 없을 것 같다. 다마지오가 전제하고 있는 뇌 과학의 심신상응 자료들이 정신의 뇌 독립성을 완전히 반증한다고는 여전히 확증할 수 없기 때문이다.

물질의 형이상학

칸트가 유클리드 기하학과 뉴턴 역학으로 대표되는 근대 과학에 상응하는 형이상학을 제시하였다면, 베르그손은 비선형 동역학, 양자역학, 상대성이론, 복잡계이론[25] 등의 현대 과학에 상응하는 형이상학의 방향을 제시했다고 할 수 있다. 물질과 정신 사이의 대립과 단절을 보편적인 지속과 기억의 역동적인 운동성 안에서 상이한 리듬과 속도의 차이로 바라본 관점은 특히 유물론적 세계 안에서 생성의 문제를 해명하려는 현대 과학과 철학의 공통된 과제에 의미 있는 빛을 던져준다.

『물질과 기억』 제4장에서 제시된 물질 개념은 기하학적 공간처럼 연장적이고 타성적이며 기계론적으로 작동하는 근대의 부동적인 입자 모델에서 끊임없는 변이와 에너지-흐름의 현대적인 유동적 모델로 전환하는 기초를 닦아 놓았다. 자연 지각이 인식하는 물질의 불연속성이나 견고한 실체성은 물질의 표면에 지나지 않으며, 물질의 실재적 본성은 연속적인 흐름과 에너지로서 보편적인 변화와 운동 상태에 있다는 통찰은 예컨대 양자역학에서의 불확정성 원리를 예견하는 선구적 작업이라고도 할 수 있다. 비록 끊임없이 이완되어 가고 있긴 하지만, 기하학적 공간으로 완전히 환원되지 않는 물질의 실재적 지속에 대한 발견은 물질에 비결정성을 도입함으로써 기계적 결정론의 세계에서는 불가능했던 생명의 창발적인 출현 조건을 제공할 수 있게 했다. 비-기계론적이고 비-결정론적인 베르그손의 물질 개념은 이후 질베르 시몽동(G. Simondon)의 자연 철학[26]과 질 들뢰즈의 생성 철학[27]으로 이어져 현대 과학의 성과에 상응하는 형이상학이 출현하는 데 결정적인 기여를 하게 된다.

근대 과학의 유물론이 수동적이고 연장적인 물질 개념에 기초하여 닫힌 공간에서 선형적 인과 패턴에 따르는 견고한 대상들의 측정과 조직화에 몰두했다면, 시몽동과 들뢰즈의 유물론적 철학은 연속적인 흐름과 변이의 상태에 있는 물질-에너지의 비결정적인 생성 역량에 주목함으로써 에너지-강도의 분배와 배치에 따른 창조적 생성의 우주를 해명한다. 현대 과학의 성과들을 적극 반영하면서도 비-물질적인 실체를 끌어들이지 않으면서 물리적 차원과 생물적 차원의 연속성 속에서 존재의 생성을 설명하고 있는 이들의 작업은 무엇보다 물질을 동질적이고 타성적인 부동의 질료에서 역동적인 에너지-흐름으로 전환한 베르그손의 형이상학적 통찰에 기초하고 있음을 간과해서는 안 될 것이다.

물질에 관한 베르그손의 형이상학은 과학주의로 흐르고 있는 현대 사유의 지평에서 과학과 형이상학의 관계에 대한 새로운 전망을 제공한다. 과학의 실증적 지식이라는 것도 실은 그 자체로 절대적인 것이 아니며 항상 어떤 형이상학적 가설에 근거하고 있다. 철학은 과학의 형이상학적 전제를 문제 삼으며 과학적 탐구의 방향 설정을 돕는다. 베르그손은 과학과 철학이 그 대상과 방법에서는 다르지만 경험에서는 상호 교류하며 실재에 대한 실증적 앎을 서로 교류할 수 있어야 한다고 보았다. 과학적 지성과 형이상학적 직관은 배타적인 것이 아니다. 전체로부터 부분들을 잘라내어 재고 계산하고 비교하는 과학적 지성은 실재의 현실적 측면에 관해서는 부분적이지만 '거의' 정확한 인식에 도달할 수 있을 것이다. 물리학, 생물학, 심리학, 뇌 과학 등 개별 과학의 여러 분야들은 마치 거대한 조각 그림 맞추기처럼, 실재 전체의 각 부분들로부터 출발하여 차츰차츰 인식의 영역을 확장해가며 언젠가는 실재 전체의 완성된 그림을 통합적으로 짜맞출 수 있을지 모른다. 그러나 실재는 과학적 지성이 전제하듯이 부동적인 조각들의 집합만으로는 설명되지 않는다. 실재 전체는 끊임없이 움직이며 시간의 흐름 속에서 변화한다. 그래서 실재의 완성된 그림은 계속해서 지연되며 전체는 결코 한번에 주어지지 않는 것이다. 이것이 바로 베르그손이 발견한 실재의 지속이다. 따라서 과학이 접근하는 물질적 표면의 배후에 실재 전체를 관통하고 있는 이 지속, 즉 잠재적인 차원에서의 변화와 생성의 운동에 관해서는 이 내적 지속을 분절하지 않고 따라갈 수 있는 형이상학적 직관이 필요할 수밖에 없다. 형이상학적 직관은 뜬구름 잡는 식의 신비한 체험이 아니라, 과학적 지성이 놓치고 추상시켜버린 실재의 구체적인 모습을 회복하는 것이고 과학과 더불어 실재 전체에 대한 우리 경험의 장을 확장하는 것이다.

근대 철학의 인식론적 전회와 현대 철학의 언어적 전회 이후, 철학은 점점 더 수사학적 글쓰기로 축소되어 가고 있는 형국이다. 『물질과 기억』이야말로 과학에 넘겨준 존재론적 사유의 역량을 철학이 되찾을 수 있도록 고무시키는, 철학자의 고전이라 할 수 있지 않을까?

기억 이론: 시간, 잠재적 무의식, 정신적 에너지

a. 『물질과 기억』은 시간에 대한 새로운 이해를 제공한다. 시간은 베르그손 철학의 근본 문제이다. 『시론』은 이미 시계바늘의 운동으로 측정되는 공간화된 시간이 아니라 질적 변화의 연속체인 실재 지속을 확증하면서 시간 개념을 전복적으로 제시하였다. 『물질과 기억』에서의 기억 이론은 이제 한

번 더 시간에 관한 우리의 통념을 전복시킨다. 우리는 통상 시간이 미래→현재→과거의 연속성 속에서 '지금 이 순간'의 현재가 구슬처럼 하나씩 꿰어져나가는 연대기적인 흐름이라고 생각한다. 그렇다면, 현재는 왜 끊임없이 지나가야 하는 것일까? 현재가 지나가서 과거가 되는 것이라면, 새로운 현재는 또한 미래로부터 와야 할 것이고, 따라서 미래는 이미 주어져 있어야 할 것이다. 현재의 끊임없는 이행이 이미 주어져 있던 미래에 의해 결정되어 있다면, 시간은 더 이상 진정한 의미에서의 변화나 생성과는 무관한 것이 될 것이다.

베르그손의 기억 이론은 특히 과거의 위상을 수정함으로써 시간의 창조적 생성력을 회복시킨다. 과거는 그 효력이 이미 다 소진되어 사라진 무용한 것이 아니다. 과거는 잠재적인 무의식으로 정신의 심층에 존속하고 있으며, 현재와 항상 동시적으로 공존하면서 현재의 질적 변화와 이행의 가능 근거가 되고 있다. 이미 결정된 미래는 없다. 현재는 과거로 지나가지만, 동시에 과거는 현재로 현실화하면서 예측 불가능한 미래를 개방한다. 과거와 현재의 동시적 공존은 현재를 과거와 미래로 양분되는 생성의 지점으로 만든다. 현재의 끊임없는 이행과 질적 변화는 과거의 잠재성을 부풀리면서 동시에 비결정적인 미래를 열어놓는다. 따라서 우리는 시간이 삶의 창조적인 생성과 무관한 것이 아니며 시간 속에서 우리의 삶이 변화하고 달라짐을 알 수 있다. 베르그손의 기억 개념에 근거한 시간은 운명적으로 결정되지 않은 삶, 부단히 변화하는 열린 미래의 삶을 긍정할 수 있게 한다.

b. 『물질과 기억』의 순수 기억과 과거 개념은 정신분석학적 의미와는 다른 무의식 개념을 제시한다. 베르그손의 무의식은 억압된 욕망이나 상처 입은 기억(트라우마)이 아니다. 과거는 끊임없이 재구성되고 재해석되어야 하는 억압된 무의식이 아니라, 예측 불가능한 미래를 향해 현재의 변화를 가능하게 하는 풍부한 잠재력이다. 순수 기억의 무의식은 무엇보다 '가능성'이 아니라 '잠재성'을 사유할 수 있게 한 점에서 중요하다.

베르그손에게 가능성이란 이미 주어져 있는 실재의 상을 과거로 투사시켜 만들어낸 퇴행적 가상일뿐이다. 예컨대 고전주의의 낭만주의적 요소는 낭만주의가 출현한 이후에서야 비로소 찾아질 수 있었던 것이고, 낭만주의가 나타나지 않았다면 고전주의 안에 그런 가능성이 아예 존재하지 않았을 것이다. 어떤 것이 실재하기 전에 그것의 가능성이 먼저 존재했으리라는 식의 사유는 거짓 문제의 원천이다. 선(先)-존재하는 가능성이란, 없는 기원을 상정하게 한다거나, 현재나 미래를 이미 주어져 있던 것의 단순 재현으로 보게 만든다는 점에서, 한마디로 '창조적 생성'을 잘못 이해하게 한다는 점에서 중요한 오류의 원천으로 작동한다. 정신분석학적 과거의 사후성(Nachträglichkeit) 개념 역시 이러한 가능성의 논리에 따른다고 볼 수 있다. 현재의 정신적 삶에 병인으로 작동한 트라우마를 과거 속에서 찾아내는 과정은 현재의 관점에서 현재와 유사한 과거를 재구성하여 사후에 산출하는 것이다. 이는 환자가 자신의 병의 원인을 스스로 납득하게 함으로써 병의 치유를 돕는 방법이다. 이때 병인이었던 과거의 트라우마가 반드시 실재할 필요는 없다. 중요한 것은 환자 자신의 수긍이기 때문이다.

베르그손은 거짓 기원으로 작동하는 허구적인 가능성이 아니라 진정한 실재로서의 잠재성이어야 예측 불가능한 새로움의 출현을 제대로 설명할 수 있다고 본다. 잠재적인 것은 가능적인 것과 달리 비–실재가 아니라, 아직 현실화되지 않은 실재이다. 무의식적인 과거 전체는 잠재적으로 실재한다. 이 잠재적인 실재(순수 기억)는 질적 변화의 과정을 거쳐서 의식적인 표상(상기된 기억 이미지)으로 현실화한다. 그러나 현실화된 부분들은 잠재적인 전체로 환원불가능하다. 가능에서 실재로, 즉 비–실재(무)에서 실재(유)로 가는 과정은 이미 주어져 있는 것으로부터 예측 가능한 결과를 산출하는 것에 지나지 않는다. 그래서 가능적인 것과 실재적인 것은 서로 닮았다. 그러나 잠재적인 것과 현실적인 것은 서로 닮지 않는다. 잠재적인 실재에서 현실적인 실재로의 질적 변화는 시간을 들여야 하는 예측 불가능한 창조의 과정이기 때문이다.

순수 기억의 무의식이 창조적으로 현실화하는 잠재성이라는 사실은 물질과 정신의 진정한 차이를 보여준다. 정신이 물질과 본성상 다른 것은 의식 때문이 아니라 바로 이 무의식 때문이다. 정신 안에, 표면적 의식의 심층적인 배후에, 순수 기억이라는 잠재적인 무의식이 존재하기 때문에 정신은 물질과 달리 창조적이며 자유로울 수 있다. 정신분석학적 무의식 개념이 정신적 삶의 병리적 측면을 부각시켰다면, 베르그손의 무의식 개념은 정신적 삶의 창조적 생성력을 긍정할 수 있게 한다.

c. 포스트모던 문화의 특징 중 하나는 '하늘 아래 새로운 것은 없다'는 것이다. 패러디나 패스티쉬 같은 대표적인 포스트모던 양식들은 모두 복고풍의 성격을 띤다. 한마디로 포스트모던 문화는 지나간 과거를 반복하고 재현하면서 시공간적 간격 속에서 산출되는 어떤 차이의 새로움을 겨냥하는 기억의 문화인 셈이다. 『물질과 기억』의 기억 개념은 개별적 심리적 차원에서든 집단적 문화적 차원에서든 반복을 통해 차이를 생산하는 정신적 에너지가 어떻게 작동하는지를 잘

보여준다.

신체를 통해 외부 세계와 상호작용하며 자신의 삶에 주의를 기울여야하는 정신은 무의식적인 과거를 현실화하면서 현재의 삶을 창조적으로 변화시킨다. 보르헤스의 소설 〈기억의 천재 푸네스〉에서처럼 하나도 잊지 않고 모든 것을 다 기억할 수 있는 역량은 진정한 사유의 힘이 아니다. 기억의 힘은 단순히 과거를 반복하고 재현하는 데 있는 것이 아니라 적절한 망각과 선별을 거쳐 과거를 현실화함으로써 현재를 변화시키는 창조성에 있다. 과거를 수축하여 현재로 연장하는 기억의 강도에 따라 과거 전체는 상이한 정신적 수준에서 반복되면서 현재적 삶의 질적 변화를 산출한다. 바로 이 점에서 물질은 정신과 구분된다. 물질의 반복이 거의 동질적인 것의 반복이라면, 정신의 반복은 질적 차이를 산출한다. 물질의 반복 운동을 다양한 정도에서 포획하여 자신의 자유를 실현할 수 있는 정신의 반복 운동이야말로 물질적 우주에 새로운 무언가를 생성할 수 있다.

정신은 그 자체로 고정불변의 실체도 아니고, 수동적인 거울도 아니다. 『물질과 기억』의 정신은 과거로 팽창하기도 하고 과거를 수축하기도 하면서 현재 속에 과거를 연장하는 역동적인 운동성을 지닌다. 정신은 무의식과 의식 사이를 왕복하는 기억 작용을 통해서, 축적된 과거 전체를 다양한 수준에서의 현재 속에서 반복하면서 현재의 질적 변화를 산출한다. 이에 따라 정신적 삶은 다양한 수준들에서 영위될 수 있다. 물질의 필연을 거스를 수 있는 정신의 에너지는 바로 과거의 잠재성을 현재로 현실화하는 기억의 수축 작용, 기억의 긴장, 기억의 강도에 있다. 물질에는 없는 정신의 힘, 그것은 바로 현재의 삶을 창조적으로 변용시킬 수 있는 기억의 역량이다. 『물질과 기억』은 현대 문명의 물질주의 시대에 정신적 에너지의 존재와 가치를 회복시켜 준다.

움직이는 이미지(동영상)

움직이는 이미지(동영상)는 현대 문화의 가장 화려한 꽃이다. 보는 신문, 보는 라디오를 비롯하여 UCC 열풍에 이어 문자 대신 영상을 날리는 핸드폰에 이르기까지 움직이는 이미지(동영상)는 더 이상 개념적 언어의 보조물이 아닌 당당한 문화의 주인공이다. 발터 벤야민이 예견했던 대로 영화는 이미 아우라의 상실을 대가로 치르며(또는 새로운 아우라를 창출하며) 대중문화의 선봉이 되었고, 20세기는 영화의 세기가 되리라는 아놀드 하우저의 말이 무색할 정도로 21세기의 주류 문화까지도 영화가 차지하고 있다. 『물질과 기억』은 무엇보다 이러한 현대 이미지 문화를 긍정적으로 이해하기 위한 철학적 기초를 제공해준다.

전통적으로 이미지는 실재와 현상(또는 가상)의 이분법 속에서 항상 원본 실재의 열등한 복사물로 간주되거나 객관적 실재의 주관적 가상으로 치부되어왔다. 플라톤은 원본 실재인 이데아(Idea), 이를 모방한 현상계의 감각적 대상(eikon), 이를 다시 모방한 나쁜 복사물로서의 시뮬라크르(simulacre)를 구분하고, 이미지를 실재로부터 가장 멀리 떨어진 불완전한 모방물의 시뮬라크르 편에 놓았다. 보드리야르는 포스트모던 시대의 문화를 아예 원본도 없는 가상물이면서 오히려 원본보다 더 원본인양 행세하며 현실의 모델로 작동하는 허구적 기호로서의 시뮬라크르 문화로 진단하였다. 이미지는 고대의 플라톤으로부터 현대의 보드리야르에 이르기까지 여전히 시뮬라크르로 치부되며 실재를 무화시킨다는 부정적인 평가를 벗어나지 못했다.

그러나 베르그손은 이미지야말로 주관 바깥의 충만한 실재라고, 오히려 개념적 사유야말로 이 역동적인 이미지 전체로부터 부동화된 빈약한 추출물에 불과하다고 역설하였다. 『물질과 기억』 제1장의 이미지 존재론은 관념론적 표상과 실재론적 사물 사이의 중간 실재로 이미지를 설정하면서 움직이는 이미지들의 총체를 물질과 동일시하고 이 물질적 우주 전체로부터 어떻게 부분적으로 선별된 생명체의 자연 지각이 발생하는지를 보여주었다. 들뢰즈는 이러한 베르그손의 이미지 존재론에서 영화적 지각의 독특성을 발견했다.

베르그손은 사실 『창조적 진화』 제4장에서 영화를 비판했다. 영화제작 기법이 행위를 위한 사유인 지성의 작동 방식과 같다는 것이 그 이유였다. 유동적인 실재(=생명의 살아 움직임=생성과 변화의 흐름=지속)를 실용적 활동의 편의를 위해서 정지된 상태들로 부동화시켜 사유하는 지성의 습관은 정지된 쇼트들을 연결시켜 인위적으로 움직이게 만드는 영화제작 방식과 같다. 부동의 순간 스냅 사진들로부터 인위적으로 운동을 재구성해보았댔자 이 운동은 진짜 운동이 아니다. 지성이 지속하는 실재를 그 자체로 파악하지 못하듯이, 영화적 사유 또한 운동하는 실재에 대한 인식 방식으로는 부적합했기에 베르그손은 영화에 대해 부정적이었다. (베르그손 당시의 초기 영화만 보자면 그의 비판이 영 빗나간 것도 아니다. 초창기 영화는 기술력의 부족으로 고정 카메라로 부동적인 쇼트만을 찍을 수 있었기 때문이다.)

그러나 현대 영화는 촬영 장비의 엄청난 기술적 발전으로 인해 시간적 생성과 운동을 그 자체로 보여줄 수 있게 되었다. 들뢰즈는 『물질과 기억』 제1장에서 베르그손 자신도 자각하지 못했던, 영화에 대한 긍정적 이해의 철학적 기초를 발견하였다. 여기서야말로 진정한 운동을 보여주는 영화 이미지의 긍정적 본성이 드러난다는 것이다. 영화 이미지는 '부동적 단면+추상적 운동'이 아니라, '생성의 역동적 단면' 그 자체를 보여준다는 것이다. 베르그손이 자연 지각의 발생을 설명하면서 무중심의 전체로부터 어떻게 중심화되는가에 초점을 맞추었다면, 들뢰즈는 거꾸로 중심화된 것이 어떻게 탈중심화되는가에 초점을 맞추어 영화 지각의 발생을 설명하였다. 움직이는 이미지들의 총체로부터 들뢰즈는 중심화된 자연 지각의 한계를 넘어서 탈중심화되는 영화적 지각을 발견했던 것이다.

자연 지각의 한계를 넘어서는 영화적 지각, 즉 카메라 지각의 독특성은 '탈중심성'과 '속도'에 있다. 카메라의 지각은 인간 신체를 중심으로 그어지는 자연 지각의 경계를 넘어서 고정된 시점에서 벗어난 시야를 확보할 수 있을 뿐만 아니라, 자연 지각의 속도보다 더 빠르거나 더 느리게 사물을 포착할 수도 있다. 예컨대 영화 〈매트릭스〉에서 주인공 네오가 날아오는 총알을 피하던 그 유명한 장면을 떠올려 보라. 일명 '불릿 타임(Bullet time)'으로 불리는 그 장면은 360도 회전 숏으로서 1초에 12000 프레임을 수축하여 넣었다가 정상 속도로 풀어낸 고밀도 슬로우모션 장면이다. 날아가는 화살의 춤추듯이 유연한 운동, 떨어지는 우유 방울의 왕관 현상, 활짝 펼쳤다가 다시 접어 넣는 꽃잎의 운동, 한 낮의 태양빛에 갈라져 늘어나기도 하고 다시 수축되기도 하는 땅의 움직임, 도시 전체를 가로지르는 수많은 차량의 질주를 한눈에 포착하는 도로 교통망의 동시적인 조감 등 카메라가 포착한 동영상 장면은 자연 지각으로는 포착할 수 없는 세계를 보여준다. 인간적인 지각의 리듬과 속도 그 이하와 이상에서 실재하고 있던 다른 지속들과 운동들을, 너무 빠르거나 너무 느려서 육안으로는 감지되지 않았던 운동과 지속을 카메라는 지각할 수 있다. 따라서 카메라가 지각한 세계, 움직이는 이미지들의 세계는 자연 지각으로는 볼 수 없던 이질적인 세계를 보여줄 수 있다.

영화가 보여주는 움직이는 이미지들의 세계는 탈인간중심적이고 비표상적인 경험 세계, 즉 자연 지각으로의 중심화와 축소된 선택 이전의 탈중심화된 우주, 움직이는 이미지들의 열린 전체를 보여줄 수 있다. 베르그손이 철학의 과제라고 말했던 바로 그것, 즉 지각 안으로 깊이 들어가 지각 자체를 확장해야 한다는 임무를 영화는 수행할 수 있다. 지각이 불충분하기 때문에 지각 밖으로 초월할 것이 아니라 오히려 지각이 접촉하는 내재적 지평에서 좁혀졌던 지각을 확장하는 것. 영화야말로 실재에 대한 우리의 지각 경험을 확장할 수 있는 바로 그 철학적 방법인 셈이다. 물론 프레임과 편집의 주관적 중심이 있긴 하지만, 이것은 항상 해체 가능한 유동적인 것이지 특권화된 것은 아니다. 사진이나 연극에서와 달리 고정된 시점을 해방시킨 영화의 운동-이미지는 인간적 실용성에 의해 축소되지 않은 물질의 운동 자체를 보여줌으로써 자연 지각의 익숙한 코드를 위태롭게 하며, 수용되지 않던 낯설고 이질적인 것, 습관적 사유의 바깥을 감지할 수 있게 한다. 따라서 영화야말로 오히려 움직이는 이미지들의 총체인 실재 그 자체를 있는 그대로 보여주는 사유 방식으로 적합할 수 있다.

들뢰즈는 베르그손의 이미지 개념을 가지고서야 영화를 철학적 사유의 도구로 만들 수 있었다. 베르그손은 현실적 유용성에 따라 삶에 주의하는 지성의 공간화된 사유 바깥에서 시간 실재, 즉 생성과 지속의 우주 그 자체를 직관하는 것이 철학의 과제라고 했는데, 바로 그 직관의 방법을 영화가 실현할 수 있다고 들뢰즈는 보았던 것이다. 영화는 단순히 허구적 가상이나 상상의 오락물에 불과한 것이 아니라, 습관적 사유에 의해 가려져 있던 역동적인 실재를 보여주는 철학적 사유의 방법이다. 영화의 이미지야말로 운동하는 실재, 시간, 생성, 지속을 보여준다. 『물질과 기억』은 들뢰즈의 영화 철학뿐만 아니라 동영상 이미지 자체에 대한 철학적 이해를 위해서도 필수적인 고전이다.

2부

『물질과 기억』

Matière
et Mémoire

"정신은 물질로부터 지각들을 빌려 와 거기서 자신의 양분을 취하고, 자신의 자유를 새겨 놓은 운동의 형태로 물질에게 지각들을 되돌려준다."

—『물질과 기억』의 결론 부분

『물질과 기억: 정신과 신체의 관계에 관한 시론』

목차[28]

서문

제1장 표상을 위한 이미지들의 선택에 대하여 : 신체의 역할

실제적 행동과 가능적 행동/ 표상/ 실재론과 관념론/ 이미지들의 선택/ 표상과 행동의 관계/ 이미지와 실재/ 이미지와 정념적 감각/ 정념적 감각의 본성/ 정념적 감각으로부터 분리된 이미지/ 이미지들의 자연적 연장성/ 순수지각/ 물질의 문제로의 이행/ 기억의 문제로의 이행/ 물질과 기억

제2장 이미지들의 식별에 대하여 : 기억과 뇌

기억의 두 가지 형태들/ 운동들과 기억들/ 기억들과 운동들/ 기억들의 실현

제3장 이미지들의 존속에 대하여 : 기억과 정신

순수기억/ 현재는 무엇으로 구성되는가/ 무의식에 관하여/ 과거와 현재의 관계/ 일반관념과 기억/ 관념들의 연합/ 꿈의 평면과 행동의 평면/ 의식의 다양한 평면들/ 삶에 대한 주의/ 정신적 균형/ 신체의 목적

제4장 이미지들의 한정과 고정에 대하여 : 지각과 물질, 영혼과 신체

이원론의 문제/ 따라야 할 방법/ 지각과 물질/ 지속과 긴장/ 연장과 확장/ 영혼과 신체

요약과 결론

서문

이 책은 정신의 실재성과 물질의 실재성을 긍정하고, 이 양자의 관계를 기억이라는 명확한 실례를 통해서 규명하고자 한다. 따라서 이 책은 분명 이원론적이다. 그러나 다른 한편, 이 책은 이원론이 항상 제기해왔던 이론적 난점들을 제거하지는 못하더라도 상당히 약화시킬 수 있는 방식으로 신체와 정신을 고찰할 것이다. (…)

이 책 제1장의 목적은 관념론과 실재론이 똑같이 극단적인 주장들이라는 것, 즉 물질을 우리가 그것에 대해 갖는 표상으로 환원하는 것도 거짓이고, 또한 물질을 우리 안에 표상들을 산출하지만 그 표상들과는 전혀 다른 본성에 속하는 어떤 것으로 만드는 것도 거짓임을 보여주는 것이다. 우리에게 물질은 〈이미지들〉의 총체이다. 그리고 〈이미지〉라는 말로 우리가 의미하는 것은 관념론자가 표상이라고 부르는 것보다 더한, 그러나 실재론자가 사물이라고 부르는 것보다는 덜한 어떤 존재 ―〈사물〉과 〈표상〉 사이의 중간에 위치한 존재― 이다. 물질에 대한 이러한 개념정의는 순전히 상식적인 것이다. (…) 상식에 있어서 대상은 그 자체로 존재한다. 그리고 대상은 그 자체로 우리가 그것을 지각하는 그대로 그림처럼 그려져 있다. 즉 그것은 이미지, 그러나 그 자체로 존재하는 이미지이다. (…)

우리는 물질의 문제를 단지 이 책의 제2장과 제3장에서 다루어진 문제, 즉 이 연구의 목적이기도 한 정신과 신체의 관계에 대한 문제에 관련되는 한에서만 다룬다. (…) 사유를 뇌의 단순한 기능으로 여기고 의식 상태를 뇌 상태의 부대현상으로 간주하거나, 아니면 사유의 상태와 뇌의 상태를 동일한 원본에 대한 두 가지 다른 언어의 번역으로 간주하는 것은, 어느 경우든지 공통된 원리를 상정하고 있다. 그것은 만일 우리가 작동하고 있는 뇌의 내부로 침투해 들어가서 뇌피질을 이루고 있는 원자들의 교차운동을 목격할 수 있다면, 그리고 또한 우리가 정신생리학의 열쇠를 소유할 수 있다면, 우리는 그에 해당하는 의식 안에서 일어나는 일의 모든 세부 사항을 알 수 있을 거라는 것이다. (…) 의식의 상태들과 뇌 사이에 연대성이 있다는 점에는 의문의 여지가 없다. 그러나 옷과 그것이 걸려 있는 못 사이에도 연대성이 있다. 왜냐하면 만일 누군가 못을 뽑는다면, 옷이 떨어지기 때문이다. 그러면 그렇다고 해서, 못의 형태가 옷의 형태를 그리고 있다거나 아니면 우리에게 어떤 방식으로든 옷의 형태를 예측하게 해준다고 말할 수 있는가? 이처럼 심리적 사실이 뇌의 상태에 연결되어 있다는 사실로부터 심리적인 계열과 생리적인 계열 둘 사이에 〈평행론〉을 도출할 수는 없다. (…)

그런데 문제를 해결하기 위해 사실들에 정확한 정보를 요구하자마자 우리가 이르게 된 곳이 바로 기억의 영역이다. 왜냐하면 기억이 — 우리가 이 책에서 보여주고자 하는 것처럼 —정확하게 정신과 물질 사이의 교차점을 나타내기 때문이다. 심리생리학적 관계에 관해 약간의 빛을 던져 줄 수 있는 사실들의 집합 가운데서, 정상적 상태든 병리적 상태든, 기억에 관련된 사실들이 특권적 위치를 차지한다는 것에는 아무도 이의를 제기하지 않을 것이라 나는 생각한다. 여기에서는 자료들이 아주 풍부할 뿐만 아니라(다양한 실어증들에 관해 수집된 놀라운 양의 관찰들을 생각해보라!), 여기에서만큼 해부학, 생리학 그리고 심리학이 서로 도움을 주는 데 성공한 영역도 없다. 영혼과 신체의 관계들에 관한 오래된 문제를, 사실들의 영역 위에서 선입견 없이 다루려는 사람에게, 이 심신문제는 곧 기억의 문제로, 더 자세하게는 말(단어)의 기억이라는 문제 주위로 좁혀지는 것처럼 나타난다. 문제의 가장 모호한 측면들을 밝힐 수 있는 빛이 출발해야 할 곳은 의심할 여지없이 바로 거기이다. (…)

뇌의 내부로 침투해 들어가서 거기서 일어나고 있는 것을 목격할 수 있는 사람이 있다면, 그는 아마도 어렴풋이 나타나거나 준비되고 있을 뿐인 운동들에 대해서는 알 수 있을지 모르겠다. 그러나 그가 그 외의 다른 것에 대해서도 알 수 있을 거라는 점에 대해서는 전혀 입증할 수 없다. 비록 그가 초인적인 지성을 타고 났고 심리-생리학의 열쇠를 쥐고 있다하더라도, 해당하는 의식 안에서 일어나는 것에 대해 그가 분명하게 알 수 있는 것은 오로지 무대 위에서 오고 가는 배우들의 움직임만으로 연극을 이해하는 바로 그 정도에 불과할 뿐이다. 이는 정신적인 것과 뇌 상태의 관계가 단순한 관계도 아닐뿐더러 불변적인 관계도 아니라는 것을 말해준다. 상연되는 연극의 본성에 따라 배우들의 운동은 극의 내용에 대해 더 많이 또는 더 적게 말해 준다. 판토마임이라면 운동만으로 극의 내용 거의 전부를 말해주겠지만, 섬세한 희극이라면 운동만으로는 극의 내용에 대해 거의 아무 것도 말해 주는 것이 없다. 이처럼 우리 뇌의 상태는, 우리의 심리적 삶을 행동으로 외면화하고자 하는가 아니면 순수한 인식으로 내면화하고자 하는가에 따라, 우리의 정신적 상태들을 더 많이 또는 더 적게 포함한다.

그러니까 결국 정신적 삶에는 다양한 색조들이 있으며, 우리의 심리적 삶은 우리의 *삶에 대한 주의*의 정도에 따라서, 때로는 행동에 더 가깝게, 때로는 행동으로부터 더 멀게, 다양한 높이에서 영위될 수 있다. 이 책의 주도적인 생각들 중 하나이자 이 연구의 출발점이었던 생각이 바로 이것이다. 사람들이 대개 아주 복잡한 심리 상태라고 여기는 것은, 우리의 관점에서 보면, 인성 전체의 가장 커다란 확장인 것으로 보인다. 우리의 인성 전체는, 정상적인 경우 행동에 의해서 조여져 있다가, 이를 항상 나누어지지 않은 채로 압축해 놓는 이 조임쇠가 헐거워지면 그에 상응하는 만큼 더 팽창된 표면 위로 펼쳐진다. 사람들이 대개 심리적 삶 자체의 교란, 내적인 무질서, 인성의 질병으로 간주하는 것은, 우리의 관점에서 보면, 이 심리적 삶을 이에 수반하는 운동기제에 연결하는 연대성의 이완이나 이상(異狀), 즉 외적인 삶에 대한 우리 주의의 약화나 변질인 것으로 보인다.

MM (1~7/161~166/21~30)[29]

제1장 표상을 위한 이미지들의 선택: 신체의 역할

이미지와 신체

잠시 동안 우리는 물질에 관한 이론들과 정신에 관한 이론들에 관해, 외부 세계의 실재성이나 관념성에 관한 논의들에 대해 아무 것도 알지 못한다고 해보자. 그러면 나는 사람들이 사용할 수 있는 가장 막연한 의미에서의 이미지들, 즉 내가 감관들을 열면 지각되고 닫으면 지각되지 않는 이미지들 앞에 있게 된다. 이 모든 이미지들은 자신들을 구성하는 요소적인 모든 부분들에서 내가 자연의 법칙이라 부르는 항상적인 법칙에 따라 서로에게 작용하고 반작용한다. 이 법칙들을 완벽하게 소화하는 과학이라면 각각의 이미지들에서 일어날 일을 정확하게 계산하고 예측할 수 있을 것이기 때문에, 이미지들의 미래는 현재 속에 포함되어 있어야만 하고, 거기에 어떠한 새로운 것도 덧붙여져서는 안 된다. 그런데 다른 모든 이미지들과 뚜렷이 구별되는 하나의 이미지가 있으니, 그것은 바로 밖으로부터는 지각들을 통해서 알고 안으로부터는 정념들을 통해서 아는 나의 신체이다.(…)

여기에 외부 이미지들이 있고, 그 다음에 나의 신체, 그리고 마지막으로 나의 신체가 주변 이미지들에 일으킨 변양들이 있다. 나는 어떻게 외부 이미지들이 내가 나의 신체라고 부르는 이미지에 영향을 미치는지 잘 본다. 그것들은 나의 신체에 운동을 전달한다. 그리고 나는 또한 어떻게 이 신체가 외부 이미지들에 영향을 미치는지 본다. 그것은 외부 이미지들에 운동을 되돌려 준다. 따라서 나의 신체는, 물질적 세계의 총체 안에서, 다른 이미지들과 마찬가지로 운동을 주고받으면서 작용하는 이미지이며 단지 자신이 받은 것을 되돌려 보내는 방식에서 어느 정도 선택할 수 있는 것처럼 보인다는 점만이 다를 뿐이다. 그런데 어떻게 나의 신체, 특히 나의 신경체계가 우주에 대한 나의 표상 전체나 일부분을 산출할 수 있겠는가? 나의 신체를 물질이라 부르든 이미지라 부르든 그 말이 중요한 것이 아니다. 만일 나의 신체를 물질이라 한다면, 그것은 물질적 세계의 일부를 이룰 것이고, 따라서 물질적 세계는 신체를 둘러싸고 신체 바깥에 존재할 것이다. 만일 나의 신체를 이미지라 한다면, 이 이미지는 그것에 부여하는 것만을 제공할 수 있을 텐데, 가설상 그것을 내 신체의 이미지일 뿐이라고 했기 때문에, 거기서 우주 전체의 이미지를 끌어오려는 것은 부조리할 것이다. *따라서 나의 신체는, 대상들을 움직이게 하도록 되어있는 대상으로서, 행동의 중심이다. 그것은 표상을 산출할 줄 모른다.*

MM (11~14/169~172/37~42)

물질 이미지와 지각 이미지

나는 외부 대상들의 크기, 형태, 색깔 자체가 내 신체의 접근과 멀어짐에 따라 변화한다는 것, 그리고 냄새의 힘과 소리의 강도도 그 거리에 따라 증감한다는 것, 마지막으로 그 거리 자체는 주변 물체들이 내 신체의 직접적 행동에 반해 안전할 수 있는 정도를 나타낸다는 것을 관찰한다. 나의 지평이 확장됨에 따라 나를 둘러싸고 있는 이미지들은 더 획일적인 바탕 위에서 그려지고 무차별적으로 되는 것처럼 보인다. 내가 이 지평을 좁힐수록, 이 지평 속에 포함되는 대상들은 내 신체가 그것들을 접촉하고 움직이는 데 용이한 정도에 따라 분명하게 구분되어 배치된다. 따라서 그것들은 나의 신체에, 거울이 그런 것처럼, 내 신체의 가능적인 영향을 반사하여 보낸다. 그것들은 내 신체의 증가하거나 감소하는 능력들에 따라 정돈된다. *나의 신체를 둘러싸고 있는 대상들은 그것들에 대한 내 신체의 가능적 행동을 반영한다.* (…)

내가 나의 신체라고 부르는 이미지에서, 나는 뇌척수 체계의 모든 유입신경들을 절단한다고 생각해본다. 무슨 일이 일어날 것인가? 아마 몇 번의 절단으로 몇몇 신경 다발이 잘릴 것이다. 그러나 우주의 나머지뿐 아니라, 내 신체의 나머지조차 그것들이 있던 그대로 남아 있을 것이다. 따라서 거기에 가해진 변화란 사소한 것이다. 그런데 사실상 〈나의 지각〉이라는 것은 완전히 사라진다. 이를 좀 더 자세히 검토해 보도록 하자. 여기에 우주 일반을 구성하는 이미지들, 그리고 나의 신체에 이웃한 이미지들, 마지막으로 나의 신체 자체가 있다. 이 마지막 이미지에서 구심 신경들의 습관적 역할은 운동을 뇌와 척수에 전달하는 것이고, 원심 신경들은 이 운동을 주변으로 되돌려 보낸다. 따라서 구심 신경들의 절단은 실제적으로 이해할 수 있는 단 하나의 효과만을 산출할 수 있을 뿐인데, 그것은 바로 주변으로부터 중심을 통과해서 다시 주변으로 가는 흐름을 차단하는 것이다. 따라서 그것은 나의 신체가 자신을 둘러싸고 있는 사물들 한가운데서, 그 사물들에 작용하는 데 필요한 운동의 질과 양을 길어내는 것이 불가능하게 된다는 것을 뜻한다. 이것은 바로 행동과 관련된 것이며, 오르지 행동과 관련된 것일 뿐이다. 그러나 사라지는 것은 바로 나의 지각이다. 그렇다면 나의 지각이란 바로 이미지들의 전체 속에서 음영이나 반사의 방식으로 내 신체의 잠재적이거나 가능적인 행동들을 묘사하고 있는 것이 아니라면 무엇을 뜻하겠는가? (…) 이로부터 잠정적인 다음의 두 정의가 도출된다. *나는 이미지들의 전체를 물질이라 부르고, 이 중에서 나의 신체라는 어떤 결정된 이미지의 가능적 행동에 관련된 이미지들을 물질에 대한 지각이라 부른다.*

MM (15~17/172~173/43~45)

관념론과 실재론의 문제

실재론과 관념론 사이에, 아마도 유물론과 유심론 사이에도 마찬가지로, 걸려있는 문제는 다음과 같이 제기될 수 있다. *상이한 두 체계들이 있는데, 한 체계에서는 각 이미지가 자기 자신에 대해서 그리고 그것이 주변 이미지들의 실제적인 작용을 받고 있는 명확한 한도 내에서 변화하고, 다른 체계에서는 모든 이미지들이 단 하나의 이미지에 대해서 그리고 이 특권적 이미지의 가능적 행동을 반사하는 다양한 한도 내에서 변화한다면, 동일한 이미지들이 이 두 상이한 체계들에 동시에 들어올 수 있다는 사실은 어디서 연유하는가?* (…)

하나는 과학에 속하는데, 거기서는 각 이미지가 단지 자기 자신만을 따르기 때문에 절대적 가치를 지니고 있으며, 다른 하나는 *의식*의 세계인데, 거기서는 모든 이미지들이 나의 신체라는 하나의 중심적 이미지를 따르며 그것의 변화를 좇는다. 따라서 실재론과 관념론 사이에 놓인 문제는 아주 명백하게 된다. 즉 이 두 가지 이미지들의 체계가 서로 간에 유지하고 있는 관계들이란 무엇인가? 주관적 관념론은 첫 번째 체계를 두 번째 체계로부터 도출하는 데서 이루어지며, 유물론적 실재론은 두 번째 체계를 첫 번째 체계로부터 이끌어내는 데서 이루어진다는 것은 쉽게 알 수 있다.

실재론자는 사실상 우주로부터, 즉 불변의 법칙들에 의해 상호 관계가 지배되는 이미지들의 전체로부터 출발하는데, 거기서 결과들은 원인들에 비례하고, 그것의 특성은 중심을 갖지 않는다는 것이며, 모든 이미지들은 무한히 연장되는 하나의 동일한 평면에서 펼쳐진다. 그러나 실재론자는 이 체계 이외에 *지각*들이 있다는 것, 즉 동일한 이미지들이 그것들 중 단 하나의 이미지에 관련되어 이 이미지를 중심으로 상이한 평면들 위에서 배열되고 이 중심적 이미지의 가벼운 변양들에도 이미지들 전체가 변모되는 체계들이 있다는 사실을 확인하지 않을 수 없다. 관념론자가 출발하는 것은 바로 이 지각으로부터이다. 그가 제공하는 이미지들의 체계 속에는 특권화된 하나의 이미지, 즉 그의 신체가 있는데, 다른 이미지들은 이 이미지를 따라 조정된다. 그러나 그가 현재를 과거와 관련시키고 미래를 예측하려 하자마자, 그는 이 중심적 위치를 포기해야만 하고, 모든 이미지들을 하나의 동일한 평면 위에 다시 위치시켜야만 하며, 이 이미지들이 더 이상 그 중심적 이미지에 대해서 변양하는 것이 아니라 자기 자신들에 대해서 변양한다고 가정할 수밖에 없고, 각각의 변화가 각각의 원인에 대한 정확한 측정을 제공하는 그런 체계에 이미지들이 소속되어 있기라도 한 것처럼 이미지들을 다루지 않을 수 없게 된다. 오로지 이런 조건에서만 우주에 관한 과학이 가능하다. 그리고 이런 과학이 존재하기 때문에, 이 과학이 미래를 예측하는 데 성공하기 때문에, 이 과학을 근거짓는 가설은 자의적인 가설이 아니다. 오로지 첫 번째 체계만이 현재의 경험에 주어진다. 그러나 우리는 우리가 과거, 현재, 미래의 연속성을 긍정한다는 바로 그 사실만으로 두 번째 체계를 믿는다. 이렇게 해서, 실재론에서와 마찬가지로 관념론에서도, 사람들은 두 체계들 중 하나를 취하여 그로부터 다른 체계를 도출하려고 한다.

그러나 이러한 도출과정에서 실재론도 관념론도 성공할 수 없다. 왜냐하면 이미지들의 두 체계 중 어느 것도 다른 것 속에 포함되지 않으며, 그것들 각각은 자족적이기 때문이다. 만일 당신이, 중심을 갖지 않으며 각 요소가 절대적 크기와 가치를 갖는 이미지들의 체계를 놓는다면, 나는 왜 이 체계가 두 번째 체계, 즉 각각의 이미지가 중심적 이미지의 모든 변천을 따르며 비결정적 가치를 갖는 그러한 체계를 자신에게 덧붙이는지를 알지 못한다. 그래서 지각을 산출하기 위해서는, 의식-부대현상이라는 유물론적 가설처럼 어떤 *기계로부터 나온 신*(deus ex machina)[30]을 불러내야 할 것이다. (…) 그러나 반대로 만일 당신이 하나의 특권화된 중심 주위에 배열되고 이 중심의 미세한 이동들에 대해서도 심하게 변양되는 불안정한 이미지들의 체계를 놓는다면, 당신은 무엇보다 자연의 질서, 즉 당신이 위치한 지점이나 당신이 시작하는 항과는 무관하게 작동하는 질서를 배제하는 것이다. 이번에 당신은 *기계로부터 나온 신*을 불러옴으로써만, 즉 자의적인 가정에 의해, 사물들과 정신 사이에 또는 적어도 칸트처럼 말해서 감성과 지성 사이에, 내가 알지 못하는 어떤 예정조화를 가정함으로써만 이 질서를 회복할 수 있을 뿐이다. 여기서 우연이 되어버리는 것은 과학이고, 그것의 성공은 신비가 될 것이다. 따라서 당신은 이미지들의 첫 번째 체계를 두 번째 체계로부터 도출할 수 없으며, 두 번째 체계를 첫 번째 체계로부터 도출할 수도 없다. (…)

이제 이 두 교설들의 지반을 파내려 가면, 당신은 그것들에서 하나의 공통된 가정을 발견하게 될 것인데, 그것은 다음과 같이 정식화할 수 있다. 즉 *지각은 전적으로 사변적인 관*

심을 갖는다. 그것은 순수한 인식이다. 과학적 인식에 반하여 이러한 인식에는 어떠한 지위를 부여해야만 하는지에 모든 논의가 걸려 있다. 어떤 사람들은 과학이 요구하는 질서를 놓고, 지각 속에서는 단지 혼동되고 잠정적인 과학만을 본다. 다른 사람들은 우선 지각을 놓고, 그것을 절대적인 것으로 삼고, 과학을 실재의 상징적 표현으로 간주한다. 그러나 전자나 후자 모두에게 지각한다는 것은 무엇보다 인식한다는 것을 의미한다.

그런데 바로 이 가정에 대해서 우리는 이의를 제기한다. 이런 가정은 동물 계열에서 신경체계의 구조에 관한 아주 피상적인 고찰에 의해서조차 논박되었다. 또한 그 가정을 받아들일 경우 사람들은 물질과 의식, 그리고 그것들 사이의 관계라는 삼중의 문제를 근본적으로 모호하게 만들게 된다.

MM (20~24/176~179/51~56)

뇌의 기능: 중앙전화국의 역할

뇌의 기능들과 척수 체계의 반사 활동 사이에 본성의 차이가 아니라, 단지 복잡성의 차이만 있다는 것을 납득하기 위해서는 뇌의 구조와 척수의 구조를 비교하는 것으로 충분하다. 반사 작용에서는 실제로 무슨 일이 일어나는가? 자극에 의해서 전달된 구심 운동은 척수의 신경세포들을 매개로 해서 근육 수축을 결정하는 원심 운동으로 곧 바로 반사된다. 다른 한편 뇌 체계의 기능은 무엇으로 이루어져 있는가? 주변의 진동은 척수의 운동세포로 직접 퍼져나가서 근육에 필요한 수축을 새기는 대신에, 우선 뇌로 거슬러 올라간 다음, 반사 운동에 개입하는 척수의 동일한 운동세포들로 내려간다. 이 진동은 이러한 우회에서 도대체 무엇을 얻었으며, 뇌피질의 이른바 감각 세포들 안에서 무엇을 찾으러 간 것인가? 나는 그 진동이 거기서 사물들에 대한 표상으로 변형될 기적적인 힘을 길어낸다는 것은 이해할 수 없으며, 앞으로도 결코 이해할 수 없을 것이다. 게다가 나는 이 가설을, 잠시 후에 보겠지만, 무용한 것으로 간주한다. 그러나 내가 아주 잘 알고 있는 사실은, 뇌피질의 이른바 감각적인 다양한 영역들에 있는 세포들, 즉 구심 섬유들의 말단에 있는 나뭇가지 무늬 조직들과 롤란도 영역의 운동세포들 사이에 놓여 있는 세포들은, 들어온 진동에게 척수의 이러저러한 운동 기제를 *원하는* 대로 획득하게 하고, 그렇게 해서 그 결과를 *선택*하도록 해준다는 것이다. 이 중간에 놓인 세포들이 증가할수록, 이것들이 다양한 방식으로 접근할 수 있는 아메바의 위족 같은 것들을 더 산출할수록, 주변 신경에서 온 동일한 진동 앞에 열어놓을 수 있는 길들의 수가 더 많아지고 다양해질수록, 결과적으로 동일한 자극이 선택할 수 있는 운동 체계들은 더욱 많아질 것이다. 따라서 뇌는, 우리가 보기에, 일종의 중앙전화국과 다른 것일 수가 없다. 그것의 역할은 〈연락을 보내거나〉 연락을 기다리게 하는 것이다. 뇌는 자신이 받은 것에 어떤 것도 덧붙이지 않는다. 그러나 모든 지각 기관들이 거기에 자신들의 마지막 연장부분들을 보내고, 척수와 연수의 모든 운동 기제들은 거기에 자신들의 정식 대표자들을 가지고 있기 때문에, 뇌는 진정으로 하나의 중심을 이룬다. 거기서 주변의 자극은 이러저러한 운동 기제들과 관계를 맺게 되는데 그것들은 선택된 것이지 더 이상 부과된 것이 아니다. 다른 한편 이 뇌 물질 속에서는 무수히 많은 운동 노선들이 주변부에서 온 동일한 진동에 *한꺼번에* 열리기 때문에, 이 진동은 거기서 무한히 분할되는, 따라서 단지 시발(始發)적인, 무수한 운동적 반응들로 사라지는 기능을 가진다. 이처럼 뇌의 역할은 때로는 받아들인 운동을 선택된 반응 기관으로 인도하는 것이고, 때로는 이 운동에 운동 노선들 전체를 열어 놓아, 자신 안에 있는 가능한 모든 반응들을 그려보게 하고, 여러 갈래로 분산시키면서 자기 자신을 분석하게끔 한다. 다시 말해서 뇌는 받아들인 운동과 관련해서는 분석 도구이고, 행사된 운동과 관련해서는 선택 도구인 것처럼 보인다. 그러나 전자의 경우에서건 후자의 경우에서건 그것의 역할은 운동을 전달하고 분할하는데 한정된다. 그리고 척수에서와 마찬가지로 피질의 고등 중추들에서도 신경 요소들은 인식을 목적으로 작용하는 것이 아니다. 신경 요소들은 단지 다수의 가능한 행동들을 단번에 그려 보게 하거나, 그것들 중의 하나를 조직하게 할 뿐이다.

MM (25~27/180~181/57~60)

순수 지각과 구체적 지각

사실 기억들로 배어있지 않은 지각은 없다. 우리 감관에 현재 직접적으로 주어진 것들에는 과거 경험의 무수히 많은 세부 내용들이 혼합되어 있다. 대부분, 기억들이 우리의 실재적 지각들을 바꾸어 놓는다. 우리는 이 실재적 지각들로부터 단지 몇몇 표시들, 즉 우리에게 과거의 이미지들을 상기하도록 만들어진, 단순한 〈신호들〉만을 붙잡는다. 이 때문에 지각의 편리함과 신속성이 가능하다. 그러나 바로 이로부터 또한 모든 종류의 착각들이 생겨나기도 한다. 우리의 과거가 완벽하게 스며들어 있는 이 지각을, 이미 다 형성되어 완성된 의식이 갖게 될 지각, 즉 현재 속에 갇혀서 모든 다른 작업들을 배제한 채, 오로지 외부 대상을 본뜨는 일에만 몰두하는 의식이 갖게 될 지각으로 대치하는 것을 가로막는 것은 아무 것도 없다. 우리가 자의적인 가설을 만들었다고, 개별적인 우연들을 배제함으로써 얻어진 이 이상적인 지각은 더 이상 실재에 전혀 상응하지 않는다고 말해야할까? 그러나 우리가 정확하게 보여주고자 하는 것은, 바로 개별적인 우연들이 이 비개인적인 지각에 접목되어 있다는 사실, 이 지각이야말로 사물들에 대한 우리 인식의 토대 자체에 있다는 사실, 그리고 사람들이 지각 전체를 그것의 가장 커다란 강도에 의해서만 기억들과 차이가 나는 일종의 내적이고 주관적인 영상으로 만든 것은, 바로 이 지각을 오해하고 그것을 기억이 거기에 덧붙이거나 빼버린 것으로부터 구별하지 않았기 때문이라는 사실, 바로 이것이다. 따라서 이와 같은 것이 바로 우리의 첫 번째 가설이다. 그러나 이 가설은 자연스럽게 다른 하나의 가설과 이어진다. 하나의 지각을 아무리 짧다고 가정한다 하더라도, 사실상 그것은 항상 일정한 지속을 점유하고, 따라서 무수한 순간들을 서로 서로의 안으로 연장하는 기억의 노력을 요구한다. 우리가 앞으로 보여주고자 하는 것처럼, 심지어 감각질들의 〈주관성〉조차도 실재에 대해 우리 기억이 가한 일종의 수축으로 이루어진다. 요컨대 기억은 두 가지 형태로, 즉 직접적 지각이라는 바닥을 기억들의 천으로 덮고 있는 것으로서, 그리고 또한 무수한 순간들을 수축하고 있는 것으로서, 지각 속에 있는 개인적 의식의 주요한 기여, 즉 사물들에 대한 우리 인식의 주관적인 측면을 구성한다.

MM (30~31/183~184/63~65)

현존과 표상의 차이: 의식적 지각의 출현은 어떻게 가능한가?

   이미지가 *지각되지* 않고도 존재할 수 있다는 것은 사실이다. 그것은 표상되지 않고도 현존할 수 있다. 현존(présence)과 표상(représentation)이라는 이 두 용어들 사이의 거리는 바로 물질 자체와 우리가 그것에 대해서 가지는 의식적 지각 사이의 간격을 측정하는 것처럼 보인다. 그러나 이 사실들을 좀 더 자세히 검토하여, 이 차이가 정확히 무엇으로 이루어지는지를 알아보자. 만일 현존 속에서보다 표상 속에 더 많은 것이 있다면, 현존으로부터 표상으로 가기 위해 무언가를 덧붙여야 한다면, 그 거리는 넘을 수 없는 것이 되고, 물질로부터 지각으로의 이행은 불가해한 신비로 싸여 있을지 모른다. 그러나 만일 현존으로부터 일종의 감소에 의해서 표상으로 이행할 수 있다면, 그리고 한 이미지의 표상이 그것의 현존보다는 덜한 것이라면, 상황은 그와 같지 않을 것이다. 왜냐하면 그 때 현존하는 이미지들은, 단지 자신들의 현존을 표상들로 바꾸기 위해서는, 자기 자신으로부터 무언가를 강제로 포기하는 것으로 충분할 것이기 때문이다. 자, 그런데 바로 여기에 내가 물질적 대상이라고 부르는 이미지가 있고, 내가 그것의 표상을 가지고 있다고 해보자. 그것이 나에 대해서 띠고 있는 모습이 그 자체의 모습이 아닌 것처럼 보이는 이유는 무엇일까? 그것은 이 이미지가, 다른 이미지들 전체와 연대적

이어서, 자신을 앞서는 이미지들을 연장하는 동시에 자신을 뒤따르는 이미지들 속으로 연속되기 때문이다. 이 이미지의 순수하고 단순한 실존을 표상으로 변형하기 위해서는, 이것에 뒤따르는 것과 앞서는 것, 그리고 또한 이것을 가득 채우고 있는 것을 단번에 제거하고, 이것의 외피 즉 표면의 얇은 막만을 보존하는 것으로 충분할지 모른다. 현존하는 이미지이자 객관적 실재인 이미지를 표상화된 이미지로부터 구별하는 것, 그것은 바로 필연성 때문이다. 그 필연성 속에서, 현존하는 객관적인 이미지는 자신의 각 지점들을 통해서 다른 이미지들의 모든 지점들에 작용하고, 자신이 받은 것 전부를 전달하며, 각각의 작용에 반대 방향의 동일한 반작용을 대립시키는, 결국 무한한 우주 속으로 퍼지는 변양들이 모든 방향으로 통과해 가는 하나의 길에 불과한 것이 된다. 만일 내가 그것을 분리시킬 수 있다면, 특히 내가 그것의 외피를 따로 떼어 놓을 수 있다면, 나는 그것을 표상으로 바꿀 수 있을지 모른다. 표상은, 그것이 다른 것으로 연속되어 스스로를 상실해야 하는 강제로 인해 작용으로 이행하는 바로 그 순간에, 바로 거기에, 그러나 항상 잠재적이고 중화된 채로 있다. 이런 전환이 이루어지기 위해 필요한 것, 그것은 바로 대상을 조명하는 것이 아니라, 반대로 그것의 어떤 측면들을 모호하게 하고 그것의 가장 커다란 부분을 빼버림으로써 그 나머지가 하나의 *사물*처럼 주변 환경 속에 끼워 넣어져 있는 것이 아니라 하나의 *그림*처럼 주변 환경으로부터 떼어지도록 하는 것이다. 그런데 만일 생명체들이 우주 속에서 〈비결정성의 중심들〉을 구성한다면, 그리고 만일 이 비결정성의 정도가 생명체의 기능들이 증가하고 상승함에 의해 측정된다면, 생명체들의 현존 자체가 자신들의 기능들이 관련되지 않는 대상들의 모든 부분들을 제거한 것과 등가적이라고 생각할 수 있다. 생명체들은 자신들에게 무관한 외부 작용들 중 어떤 것들은 통과하게 내버려둘 것이다. 그러나 다른 작용들은, 분리되어져서, 그 분리 자체에 의해서 〈지각들〉이 될 것이다. 따라서 우리에게 있어서는 모든 일이, 마치 우리가 대상으로부터 나온 빛을, 즉 항상 퍼져나가고는 있지만 결코 현상된 적이 없었던 빛을, 바로 그 대상의 표면들 위로 반사하는 것처럼 일어난다. 우리를 둘러싼 이미지들은 우리가 관심 갖는 표면을 환하게 밝힌 채로 우리의 신체를 향하여 돌리고 있는 것처럼 보인다. 그것들은 우리가 작용할 수 있는 것, 우리가 지나가지 못하게 막았을 것을 자신들의 실체로부터 떼어 내 풀어놓았을 것이다. 자신들을 연결하는 철저한 기계적 과정 때문에 서로 서로에게 무차별적인 이미지들은 서로가 서로에게 동시적으로 자신들의 모든 표면들을 보여준다. 그것들은 자신들의 모든 요소적인 부분들에 의해서 자신들 사이에서 작용하고 반작용한다. 따라서 그것들 중 어떠한 것도 의식적으로 지각되지도 지각하지도 않는다. 반대로, 만일 그것들이 어딘가에서 반작용하는 어떤 자발성에 부딪친다면, 그것들의 작용은 그만큼 줄어들고, 그것들의 작용의 이러한 감소가 바로 우리가 그것들에 대해서 가지는 표상이다. 따라서 사물들에 대한 우리의 표상은 요컨대 그것들이 우리의 자유에 부딪쳐 반사된다는 사실로부터 생겨난다.

광선이 어떤 매질에서 다른 매질로 지나갈 때, 일반적으로 그것은 방향을 바꾸면서 통과해간다. 그러나 두 매질 각각의 밀도가 어떤 입사각에서는 더 이상 굴절이 가능하지 않을 수 있다. 그때 전(全)반사가 이루어진다. 그 때 광점에는, 말하자면, 광선들이 자신의 길을 계속 가는 것이 불가능함을 상징하는 하나의 잠재적 이미지가 형성된다. 지각은 바로 이와 같은 종류의 현상이다. 주어진 것은 물질적 세계의 이미지들 전체와 더불어 그것들의 내적인 요소들 전체이다. 그러나 만일 당신이 진정한 활동성, 즉 자발적인 활동성의 중심들을 가정한다면, 거기에 도달하는 광선들 그리고 이 활동성의 관심을 끄는 광선들은 이 중심들을 통과하는 대신에 그 광선들을 보낸 대상의 윤곽들을 그리려고 되돌아오는 것처럼 보인다. 거기에는 적극적인 것이라고는 없으며, 이미지에 덧붙여지는 것도, 새로운 무언가도 전혀 없을 것이다. 대상들은, 자신들의 잠재적 작용을, 즉 실제로는 자신들에 대한 생명체의 가능적 영향을 그리기 위해서, 자신들의 실제적 작용 중 어떤 것을 포기하기만 하면 될 것이다. 따라서 지각은 방해받은 굴절로부터 나오는 반사 현상들과 유사하다. 그것은 마치 신기루 효과와 같다.

이것은 결국 이미지들에 있어서 *존재하는 것*과 *의식적으로 지각되는 것* 사이에는 본성의 차이가 아니라 단지 정도의 차이만이 있다는 것을 뜻한다. 물질의 실재성은 그것의 요소들과 이 요소들의 모든 종류의 작용들의 총체로 이루어진다. 물질에 대한 우리의 표상은 물체들에 대한 우리의 가능적 작용의 척도이다. 그것은 우리의 욕구들과 더 일반적으로는 우리의 기능들에 관련되지 않는 것을 배제한 결과로 생겨난다. 어떤 의미에서 임의의 무의식적인 물질적 지점에 대한 지각은, 순간적인 것이나마, 우리 자신의 지각보다 무한히 더 광대하고 더 완전하다. 왜냐하면 그 지점은 물질적 세계의 모든 지점들로부터 작용들을 수용하고 전달하는 반면, 우리의 의식은 단지 몇몇 측면들에 의해서 몇몇 부분들만을 접하기 때문이다. 의식은 —외부 지각의 경우에— 정확하게 이런 선택에 있다. 그러나 우리의 의식적 지각이 갖는 이런 필연적인 빈약함 안에는 이미 정신을 예고하는 적극적인 무언가가 있다. 그것은 바로, 어원학적인 의미에서의, 분별이다.

문제의 모든 어려움은 사람들이 지각을 사물들에 대한 사진으로, 즉 지각 기관과 같은 특수한 장치를 통해서 특정한 지점에서 찍혀진 다음 뇌 물질 속에서 내가 알지 못하는 어떤 화학적이고 심리적인 제작 과정에 의해서 현상될지 모르는, 그런 사진으로 생각하는 데 기인한다. 그러나 만일 사진이라는 게 있다면, 어떻게 그 사진이 사물들의 내부 자체에서 그리고 공간의 모든 지점들에 대해서 이미 촬영되고, 이미 찍혀 있다고 보지 않을 수 있겠는가? 어떠한 형이상학도, 어떠한 물리학조차도 이 결론을 피할 수는 없다. 우주를 원자들을 가지고 구성해 보라. 각각의 원자들에서, 물질의 모든 원자들에 의해 행사된 작용들이, 거리에 따라 가변적인 질과 양으로 느껴진다. 우주가 힘의 중심들로 구성되었다면 어떨까? 모든 중심들에 의해 모든 방향으로 보내진 힘의 노선들은 물질적 세계 전체의 영향들을 각 중심 위로 향하게 한다. 마지막으로 우주가 모나드로 구성되었다면 어떨까? 라이프니츠가 그렇게 원했듯이, 각 모나드는 우주의 거울이다. 이 점에는 모든 사람들이 동의한다. 우주 안의 어떤 장소를 고려하더라도, 물질 전체의 작용이 저항 없이 그리고 손상 없이 그곳을 지나간다. 전체에 대한 사진이 거기서는 반투명하다. 다만 그것은 이미지가 뜰 검은 막, 건판을 결여하고 있다. 우리의 〈비결정성의 지대들〉은 일종의 필터 역할을 한다. 그것들은 있는 것에 아무 것도 덧붙이지 않는다. 그것들은 오로지 실재적인 작용은 지나가게 하고 잠재적인 작용은 머무르게 할 뿐이다.

MM (32~36/185~188/66~72)

정념과 지각

고통은 상해당한 요소들이 사태를 제자리로 되돌려 놓으려는 노력, 즉 감각 신경 위에서 일어나는 일종의 운동적 경향과 다른 것이 아니다. 따라서 모든 고통은 하나의 노력, 그것도 무능한 노력에서 성립한다. 모든 고통은 국지적인 노력이며, 이 노력의 이러한 고립 자체가 바로 그것의 무능함의 원인인데, 왜냐하면 유기체는, 자신을 이루는 부분들의 연대성으로 인해, 전체의 효과에만 적합하게 되어 있기 때문이다. 또한 노력이 국부적이란 것 때문에, 고통은 생명체에 전달된 위험에 절대적으로 비례하지 않는다. 위험은 치명적이지만 고통은 가벼울 수도 있고, (치통처럼) 고통은 견딜 수 없을 정도지만 그 위험은 대수롭지 않을 수도 있다. 따라서 고통이 개입하는 정확한 순간이 있으며, 있음에 틀림없다. 그것은 유기체의 관련된 부분이, 자극을 받아들이는 대신에 거부하는 바로 그때이다. 그리고 지각을 정념으로부터 분리시키는 것은 단지 정도의 차이가 아니라, 본성의 차이이다.

우리는 생명체를 일종의 중심으로, 즉 자신에 행사된 주변 대상들의 작용을 다시 그 대상들로 반사하는, 그런 중심으로 고려하였다. 이 반사에서 바로 외부 지각이 성립한다. 그러나 이 중심은 수학적인 점이 아니다. 그것은, 자연의 모든 신체들처럼, 자신을 해체시키려고 위협하는 외부 원인들의 작용에 노출된 하나의 신체이다. 우리는 방금 그것이 원인들의 영향에 저항한다는 것을 보았다. 그것은 밖으로부터의 작용을 반사하는 데 그치지 않는다. 그것은 투쟁하며, 그렇게 해서 이 외부 작용의 어떤 것을 흡수한다. 바로 거기에 정념의 근원이 있을 것이다. 은유적으로 말해서, 만일 지각이 신체의 반사 능력을 측정한다면, 정념은 신체의 흡수 능력을 측정하는 것이라고 할 수 있을 것이다.

그러나 그것은 하나의 은유일 뿐이다. 사태를 더 자세히 검토하여, 정념의 필요성이 지각 자체의 존재로부터 비롯된다는 것을 분명히 이해해야만 한다. 지각은, 우리가 이해한 바에 따르면, 사물들에 대한 우리의 가능적 행동을 측정하며, 따라서 역으로 우리에 대한 사물들의 가능적 작용을 측정한다. (신경체계의 탁월한 복잡성에 의해 상징화된) 신체의 행동 능력이 크면 클수록, 지각이 포괄하는 장은 더 넓어진다. 따라서 우리의 신체를 지각된 대상과 분리시키는 거리는 위험이 더나 덜 임박했음을, 그리고 약속의 지불기한이 더나 덜 근접했음을 알려주는 척도이다. 따라서 우리 신체와 구별되는, 어떤 간격에 의해 우리 신체로부터 분리된, 한 대상에 대한 우리의 지각은 잠재적 행동 이외에는 결코 표현하지 않는다. 그러나 이 대상과 우리 신체 사이의 거리가 감소함에 따라, 달리 말해 위험이 더 긴박해지거나 약속이 더 즉각적이 됨에 따라, 잠재적 행동은 더 실재적 행동으로 변형되려고 한다. 이제 극단으로 가서, 그 거리가 제로가 된다고, 즉 지각할 대상이 우리 신체와 일치한다고, 다시 말해 결국 우리 신체가 지각 대상이 된다고 가정해보라. 그때 매우 특수한 이 지각이 표현하게 될 것은 더 이상 잠재적 행동이 아니라 실재적 행동이다. 정념은 바로 이와 같은 데에서 성립한다. 따라서 우리의 지각에 대한 우리 감각들의 관계는 우리 신체의 가능적이거나 잠재적인 작용에 대한 우리 신체의 실재적 작용의 관계와 같다. 우리 신체의 잠재적 작용은 다른 대상들에 관련되고 이 대상들 안에서 그려진다. 반면 우리 신체의 실재적 작용은 신체 자체에 관련되고 따라서 신체 안에서 그려진다. 그러므로 결국 모든 일은 마치, 실재적이고 잠재적인 작용들이 자신들의 적용 지점들 또는 출발 지점들로 진정 회귀함을 통해서, 외부 이미지들은 우리 신체에 의해 이 신체를 둘러싸고 있는 공간 속에 반사되는 것처럼 보이고, 실재적 작용들은 우리 신체에 의해 이 신체의 물질성 내부에 포획되는 것처럼 보인다. 이런 이유로, 외적인 것과 내적인 것에 공통된 경계인, 신체의 표면은 지각되는 동시에 감각되는 유일한 연장의 부분이다.

이는 항상, 나의 지각은 내 신체 바깥에 있고, 반대로 나의 정념은 내 신체 안에 있다는 것을 뜻한다. 외부 대상들이 자신들이 있는 바로 그곳에서, 즉 내 안에서가 아니라 그것들 안에서, 나에 의해 지각되듯이, 나의 정념적 상태들 역시 그것들이 산출되는 곳에서, 즉 내 신체의 정해진 한 지점에서 느껴진다. 물질적 세계라고 불리는 이미지들의 체계를 생각해 보라. 나의 신체는 그것들 중의 하나이다. 이 이미지의 주위에 표상, 즉 다른 이미지들에 대한 이 이미지의 가능적인 영향이 배치된다. 이 이미지 안에서 정념, 즉 이 이미지의 자기 자신에 대한 현실적 노력이 산출된다. 사실상 우리 각자가 이미지와 감각 사이에 자연적으로 자발적으로 확립하는 차이가 바로 이러한 것이다. 이미지가 우리 바깥에 존재한다고 말할 때, 우리는 그 말로 이미지가 우리 신체에 외재적이라는 것을 뜻한다. 우리가 감각을 내적인 상태로 말할 때, 우리는 그것이 우리 신체 안에서 출현한다는 것을 뜻한다. 바로 이런 이유로 우리는 지각된 이미지들의 총체는 비록 우리 신체가 사라진다 하더라도 존속하는 반면에 우리 신체를 제거하면 우리의 감각들은 반드시 사라진다고 주장하는 것이다.

MM (56~59/204~206/100~103)

기억과 지속의 도입

　중대한 오류, 즉 심리학으로부터 형이상학으로 거슬러 올라감으로써, 결국 정신에 대한 인식과 마찬가지로 신체에 대한 인식도 우리에게 은폐시키는 오류는 바로 순수 지각과 기억 사이에 본성의 차이 대신에 강도의 차이만을 보려고 하는 데서 이루어진다. 우리의 지각은 물론 기억에 물들어있으며, 반대로 기억은, 우리가 앞으로 보여줄 것이지만, 오로지 그것이 삽입될 어떤 지각의 몸체를 빌림으로써만 다시 현재화될 수 있을 뿐이다. 지각과 기억이라는 이 두 작용들은 따라서 항상 서로 침투하며, 일종의 삼투압 현상에 의해서 그것들의 실질들 중 어떤 것을 항상 교환한다. (…) 사람들은 순수 지각과 순수 기억이 동등하지 않은 양으로 구성된, 이 혼합된 상태들이 단순한 상태들이기를 바란다. 그래서 사람들은 순수 지각과 마찬가지로 순수 기억도 무시하고, 이 두 양상들 중 어느 쪽이 지배적이 되는가에 따라 때로는 기억이라 부르고 때로는 지각이라 부를 수 있는 하나의 현상만을 알고 있으며, 따라서 지각과 기억 사이에 더 이상 본성의 차이가 아니라 단지 정도의 차이만을 발견하게 된다. 이러한 오류의 첫 번째 효과는, 우리가 자세히 살펴보겠지만, 기억의 이론에 심각한 해를 끼친다는 것이다. 왜냐하면 기억을 더 약화된 지각으로 만듦으로서, 사람들은 과거와 현재를 분리하는 본질적 차이를 오인하고, 식별 현상과 더 일반적으로는 무의식의 작동방식을 이해하기를 포기하기 때문이다. 게다가 역으로 기억을 더 약화된 지각으로 만들었기 때문에, 사람들은 지각 속에서 더 강화된 기억 이상은 볼 수 없을 것이다. 사람들은 마치 지각이, 기억과 같은 방식으로, 우리에게 하나의 내적인 상태로서, 우리 인격의 단순한 변형으로서 주어져 있다고 추론할 것이다. 사람들은 지각의 본래적이고 근본적인 작용, 우리를 사물들 속에 단번에 위치시키는 순수 지각의 작용을 오인할 것이다. 그리고 심리학에서 기억의 작동방식을 설명하는데 있어 극단적인 무력함으로 표현되는 동일한 오류가 형이상학에서는 물질에 관한 관념론적 그리고 실재론적 개념규정 속에 깊이 배어들어 갈 것이다. (…)

사실 우리의 순수 지각은, 아무리 그것을 빠르다고 가정한다 하더라도, 지속의 어떤 두께를 점유하며, 따라서 우리의 연속적인 지각들은, 우리가 지금까지 가정했던 것처럼, 결코 사물들의 실재적인 순간들이 아니고, 우리 의식의 순간들이다. 외부 지각에서 의식의 이론적 역할은 실재의 순간적인 영상들을, 기억의 연속된 실에 의해서, 서로 연결하는 것일지도 모른다. 그러나 사실상 우리에게 있어서 순간적인 것은 결코 존재하지 않는다. 우리가 이 이름으로 부를 수 있는 것 속에는 이미 우리 기억의 작업, 따라서 우리 의식의 작업이 들어

가는데, 이 작업이란 무한히 가분적인 시간의 원하는 만큼 많은 순간들을, 비교적 단순한 하나의 직관 속에서 포착하기 위해서, 서로 서로의 내부로 연장하는 것이다. 그런데 가장 엄격한 실재론이 생각할 수 있는 것과 같은 물질과 우리가 그것에 대해 가지고 있는 지각 사이의 차이는 정확히 어디에 있는 것인가? 우리의 지각은 우주에 관해 우리에게 일련의 그림같은 그러나 불연속적인 장면들을 제공한다. 즉 우리의 현실적 지각으로부터 우리는 미래의 지각들을 도출할 수 없을 것인데, 왜냐하면 감각질들의 전체 속에는 그것들이 변형되어 나타날 새로운 질들을 예측하게 하는 것은 전혀 없기 때문이다. 반대로 실재론이 통상 상정하는 대로의 물질은 사람들이 수학적 연역을 통하여 한 순간으로부터 다음 순간으로 지나갈 수 있는 방식으로 전개된다. 사실상 과학적 실재론은 이 물질과 이 지각 사이에서 접촉점을 발견할 수 없을지도 모른다. 왜냐하면 실재론은 이 물질을 공간 속의 동질적 변화로 펼쳐 놓는 반면에 이 지각은 의식 속에 있는 비연장적인 감각들로 꽉 죄어 놓기 때문이다. 그러나 만일 우리의 가설이 정초된다면, 사람들은 어떻게 지각과 물질이 구별되며, 어떻게 그것들이 일치하는지를 쉽게 알 수 있다. 우주에 대한 우리의 연속적인 지각들의 질적인 이질성은 이 지각들의 각각이 어떤 두께의 지속 위에서 전개된다는 사실과, 거기서 기억이, 비록 계기적이지만 우리에게는 모두 함께 나타나는 것으로 보이는 무수한 진동들을 응축시킨다는 사실에 기인한다. 지각으로부터 물질로, 주체로부터 대상으로 이행하기 위해서는, 시간의 이 나누어지지 않는 두께를 관념적으로 나누고, 거기서 원하는 만큼의 무수한 순간들을 구별하는 것, 한 마디로 모든 기억을 제거하는 것으로 충분할 것이다. 그 때 우리의 연장적인 감각들이 훨씬 더 많은 순간들로 나누어짐에 따라 물질은 점점 더 동질적이 되기 때문에, 그것은 실재론이 말하는 동질적인 진동들의 체계로 무한히 향해 간다. 그러나 물론 물질은 이 동질적인 진동들과 결코 완전히 일치하지는 않는다. 따라서 한 편으로는 지각되지 않는 운동들과 함께 공간을 놓고, 다른 편으로는 비연장적인 감각들과 함께 의식을 놓을 필요가 전혀 없을 것이다. 이와 반대로 주체와 대상이 우선적으로 결합할 수 있는 곳은 바로 연장적 지각 속에서이다. 지각의 주관적인 측면은 기억이 행사하는 수축으로 이루어지고, 물질의 객관적 실재성은 이 지각을 내적으로 분해하면 얻게 되는 무수한 계기적 진동들과 다르지 않다. 적어도 우리가 바라건대 이 책의 마지막 부분으로부터 나올 결론은 이와 같다. 즉 주체와 대상, 그리고 그것들의 구분과 결합에 관련된 물음들은 공간보다는 시간의 관점에서 제기되어야 한다.

MM (69~74/214~218/117~124)

제2장 이미지들의 식별에 관하여: 기억과 뇌

기억의 두 형태: 습관 기억과 이미지 기억

 내가 교과서의 한 과(課)를 공부한다고 하자. 그것을 암기하기 위해 나는 우선 각 구절을 또박또박 읽는다. 그러고 나서 나는 그것을 여러 번 반복한다. 매 번 새롭게 읽을 때마다 어떤 발전이 이루어진다. 단어들은 서로 점점 더 잘 연결되고, 마침내 전체로 조직화된다. 바로 이때 나는 그 과(課)를 암기할 수 있게 된다. 사람들은 그것이 기억이 되었다고, 내 기억 속에 새겨졌다고 말한다.

 이제 나는 그 과(課)가 어떻게 암기되었는지를 알아보겠다. 나는 내가 차례로 지나쳐 온 단계들을 떠올린다. 연속적으로 이어졌던 읽기의 하나하나가 각자의 고유한 개별성을 지니고 내 정신에 나타난다. 나는 각각의 읽기에 수반되었고 또한 그것에 둘러싸여 있던 상황들과 더불어 그 읽기들을 다시 본다. 각각의 읽기는 시간 속에서 차지하는 지점 자체에 의해서 그것에 앞선 것들이나 뒤따르는 것들과 구분된다. 간단히 말해, 이 각각의 읽기는 내 역사 속의 결정된 한 사건처럼 내 앞을 지나간다. 사람들은 여전히 이 이미지들이 기억들이라고, 그것들이 나의 기억 속에 새겨졌다고 말할 것이다. 사람들은 이 두 경우에 동일한 단어들을 사용한다. 과연 그것은 동일한 것인가?

과(課)에 대한 기억은, 그것이 암기된 것인 한, 습관의 특성들을 모두 갖는다. 습관과 마찬가지로, 그것은 동일한 노력의 반복에 의해서 획득된다. 습관과 마찬가지로, 그것은 우선 행동 전체를 분해했다가 그 다음에 다시 구성하는 것이 요구되었다. 신체의 습관적인 모든 실행과 마찬가지로, 결국 그것은 첫 시동만으로 전체가 움직이게 되는 운동기제 속에, 동일한 순서로 이어지고 동일한 시간을 차지하는 자동적 운동들의 닫힌 체계 속에 축적된다.

반대로, 특수한 읽기에 대한 기억은, 예를 들어 두 번째 읽기나 세 번째 읽기의 경우, 습관의 특성은 *전혀* 갖지 않는다. 그것의 이미지는 필연적으로 기억 속에 단번에 새겨지는데, 왜냐하면 다른 읽기들은, 정의상, 다른 기억들을 형성하기 때문이다. 그것은 내 삶 속의 한 사건과 같다. 그것은 본질적으로 하나의 날짜를 지니며, 따라서 반복될 수가 없다. 뒤따른 읽기들이 거기에 덧붙인 모든 것은 원래의 본성을 변질시킬 뿐이다. 이 이미지를 떠올리기 위한 나의 노력이 더 자주 반복함에 따라 점점 더 쉬워진다 하더라도, 그 자체로 고려된 이미지 자체는 항상 있을 모습으로 그대로 처음부터 필연적으로 존재하고 있었다. (…)

후자의 기억은 우리 일상적 삶의 모든 사건들을 펼쳐지는 그대로 이미지 기억들의 형태로 기록할 것이다. 이 기억은 어떤 세부 사항도 간과하지 않는다. 이 기억은 각각의 사실과 각각의 동작에 그 위치와 날짜를 남겨 놓을 것이다. 이 기억은 유용성이나 실천적 적용이라는 속셈 없이, 오로지 자연적 필연성의 결과로서만 과거를 축적할 것이다. 이 기억에 의해서 이미 체험된 지각에 대한 명민한 식별 또는 차라리 지적인 식별이 가능하게 될 것이다. 우리가 거기서 어떤 이미지를 찾기 위해, 우리의 지나간 삶의 비탈을 거슬러 올라갈 때마다 우리는 그 기억 속으로 숨어버릴지 모른다. 그러나 모든 지각은 시발(始發)적인 행동으로 연장된다. 일단 지각된 이미지들이 이 기억 속에 고정되고 배열됨에 따라 이미지들을 연장하는 운동들은 유기체를 변화시키고 신체 속에 새로운 행동의 성향들을 만들어 낸다. 이처럼 신체 속에 축적되는 아주 다른 종류의 경험이 형성되는데, 그것은 완벽하게 구비된 일련의 운동기제들로서, 외부 자극들에 대한 점점 더 증가하고 다양화되는 반작용들과 함께 끝없이 증가하는 수의 가능한 질문들에 대해 준비된 답변들을 동반한다. 우리는 이 운동기제들을 그것들이 작동되는 순간에 의식한다. 그리고 현재 속에 축적된 과거의 노력들 전체에 대한 이러한 의식도 물론 역시 기억이다. 그러나 이것은 이미지 기억과는 근본적으로 다르고 언제나 행동을 향해 있으며 현재 속에 자리잡은 채 오로지 미래만을 바라보고 있는 기억이다. 이 기억은 과거로부터 단지 그것의 축적된 노력을 나타내는, 명료하게 정돈된 운동들만을 간직한다. 그것은 이 지나간 노력들을 그것들을 상기시키는 이미지 기억들 속에서가 아니라 현실적 운동들을 완성시키는 체계적인 특성과 엄격한 순서 속에서 되찾는다. 진실로, 그것은 우리가 우리의 과거를 표상하게 하는 것이 아니라 행동하게 한다. 만일 그것이 여전히 기억이라는 명칭을 받을 가치가 있다면, 그것이 과거의 이미지들을 보존해서가 아니라, 이 이미지들의 유용한 효과를 현재 순간까지 연장하기 때문이다.

MM (84~87/225~228/138~143)

자동적 식별과 신체적 운동

우선 *순간적인 식별*, 즉 어떤 분명한 기억들도 개입시키지 않고서 오로지 신체만으로 할 수 있는 식별이 있다. 그것은 표상이 아니라 행동으로 이루어진다. 예를 들어 내가 어떤 도시를 처음 방문하여 걷는다고 하자. 길의 우회로마다 나는 어디로 가야할 지 몰라 주저할 것이다. 나는 불확실성 속에 있는데, 이 말은 나의 신체에 여러 선택지들이 놓여 있고, 따라서 나의 운동은 전체적으로 불연속적이고, 이 태도들 중 어느 것에도 다가 올 태도들을 예고하거나 준비하는 것은 없다는 것을 의미한다. 좀 더 지나서 이 도시에서 오래 거주한 다음에는, 내 앞에 지나치는 대상들을 분명히 지각하지 않고서도 나는 이 도시를 기계적으로 돌아다닐 것이다. 그런데 이 두 극단적인 조건들 사이에, 즉 하나는 지각이 그것에 동반하는 정해진 운동들을 아직 조직화하지 않은 경우이고, 다른 하나는 이 동반적인 운동들이 나의 지각을 무용하게 만들 정도로 잘 조직화되어 있는 경우인데, 이들 사이에 중간적인 조건이 있다. 거기서 대상은 지각되면서 또한 서로 연결되고 연속적이면서 서로를 불러일으키는 운동들도 야기한다. 나는 단지 나의 지각만을 구별하는 상태에서 시작했다. 그러나 끝에 가서는 나의 자동현상 이외에는 거의 의식하지 못한다. 이 간격 사이에 하나의 혼합된 상태, 즉 시발

(始發)적인 자동기제에 의해 뚜렷해진 지각이 자리잡고 있다. 그런데 만일 뒤에 오는 지각들이 신체를 적절한 기계적 반응으로 이끈다는 점에서 처음의 지각과 다르다고 한다면, 그리고 자꾸 새로워지는 이 지각들이 친숙하거나 식별된 지각들을 특징짓는 *고유한* 양상을 띠고 정신에 나타난다면, 잘 조절된 운동적 수반에 대한 의식, 즉 조직화된 운동 반응에 대한 의식이 바로 그 친숙한 느낌의 토대라고 추정할 수 있지 않을까? 따라서 식별의 토대에는 분명 운동적 질서에 속하는 현상이 있을 것이다. 일상적인 어떤 대상을 식별한다는 것은 무엇보다 그것을 사용할 줄 안다는 것이다. 우리가 정신맹이라 부르는 식별 장애를 처음 관찰한 사람들은 그 병을 *행위불능증(apraxie)*이라 불렀다. (…)

 운동 장치들이 신체를 통해 점점 더 잘 분석된 지각들의 영향으로 만들어진다면, 이와 달리 우리의 지나간 심리적 삶은 그대로 있다. 그것은 ― 우리가 나중에 입증하려고 하겠지만 ― 시간 속에 위치한 자신의 사건들의 모든 세부사항과 함께 존속한다. 이 기억은, 현재 순간의 실천적이고 유용한 의식에 의해, 즉 지각과 행동 사이에 당겨진 신경체계의 감각-운동적 균형에 의해 끊임없이 억제되어 있어서, 현실적 인상과 그에 동반된 운동 사이에 균열이 생겨서 자신의 이미지들이 그리로 빠져나갈 수 있기를 단순히 기다린다. 통상, 우리가 과거의 흐름을 거슬러 올라가서, 현재에 관련된 기지(既知)의 국재화되어있는 개인적인 이미지 기억을 발견하기 위해서는, 우리의 지각이 향하고 있는 행동으로부터 벗어나기 위한 노력이 필요하다. 즉 지각은 우리를 미래로 밀고 가지만 우리는 과거로 물러나야만 한다. 이런 의미에서 보면, 운동은 오히려 이미지를 몰아내는 것 같다. 그럼에도 불구하고 어떤 측면에서 보면, 운동은 이미지를 준비하는 데 기여한다. 왜냐하면 비록 우리의 과거 이미지들 전체가 우리에게 그대로 현재하고 있다 하더라도, 가능한 그 모든 표상들 가운데서 현실적인 지각과 유사한 표상이 또한 *선택되어야*만 하기 때문이다. 완성된 운동이나 단순히 시발(始發)적인 운동들은 이러한 선택을 준비하거나, 또는 적어도 우리가 이미지들을 따 모으려고 가는 그 이미지들의 장(場)을 제한한다.

우리는, 우리 신경체계의 구성에서 볼 때, 현재 인상들이 적절한 운동들로 연장되는 그런 존재들이다. 만일 지나간 이미지들도 현재 인상들만큼 이 운동들로 연장될 수 있다면, 그 이미지들은 현실적 지각 속으로 미끄러져 들어가서, 자신들을 선택되도록 하기 위한 기회를 이용할 것이다. 그래서 지나간 이미지들은, 사실상, 우리 의식에 나타나지만, 권리상, 현재 상태에 의해 덮여 있어야 할 것처럼 보인다. 따라서 기계적인 식별을 야기하는 운동들은 한편으로는 이미지에 의한 식별을 방해하고, 다른 한편으로는 북돋워준다고 말할 수 있을 것이다. 원리상, 현재는 과거를 대치한다. 그러나 다른 한편으로 지나간 이미지들의 억압은 현재 태도에 의한 억제에 기인하기 때문에, 이 이미지들 중 현재 태도 안에 끼워질 수 있는 형식을 가진 것들은 다른 이미지들보다는 장애를 훨씬 덜 만날 것이다. 그래서 만일 그것들 중 어떤 이미지가 그 장애를 뛰어넘을 수 있다면, 그것이 바로 현재의 지각과 유사한 이미지일 것이다.

MM (100~104/238~242/163~168)

주의적 식별과 정신적 운동

사람들은 보통 주의적 지각을 단선으로 이어지는 일련의 과정으로 생각한다. 즉 대상은 감각들을 자극하고, 감각들은 자신들 앞에 관념들을 출현시키고, 각 관념은 지적인 실질로부터 더 멀리 밀려나 있는 점들을 점점 가까이 진동시킨다는 것이다. 따라서 거기에는 직선적 진행이 있을 것이고, 그로 인해 정신은 대상으로부터 점점 멀어져서 거기로 더 이상 되돌아올 수 없을 것이다. 이와 반대로 우리는 반성적 지각이란 하나의 *회로*를 형성한다고 주장하는데, 이 회로에서는 지각된 대상 자체를 포함하여 모든 요소들이 전기 회로에서처럼 상호 긴장 상태로 서로를 붙들고 있으며, 따라서 대상으로부터 출발한 어떠한 진동도 정신의 심층 속에서 도중에 멈출 수 없다. 그것은 언제나 대상 자체에로 회귀해야만 한다. 이러한 차이에서 단순히 말의 문제만을 보아서는 안 된다. 문제는 지적인 작업에 관한 근본적으로 다른 두 개념규정이다. 첫 번째에 따르면, 사태는 기계적으로 그리고 완전히 우연적으로 연속적인 덧붙임이 일어난다. 예를 들어, 주의적 지각의 각 순간에, 정신의 가장 심층적인 영역으로부터 나오는 새로운 요소들은, 일반적인 교란을 야기하거나 체계의 변형을 요구하지 않고도 이전의 요소들에 결합될 수 있다. 이와 반대로 두 번째 개념규정에서 주의의 작용은 정신과 그 대상 사이에 어떤 연대성을 함축한다. 그것은 너무도 잘 닫힌 회로여서, 최초의 회로를 감싸는 회로들, 지각된 대상 이외에는 공통점을 갖지 않는 그만큼의 새로운 회로들을 완벽하게 창조하지 않고서는 더 높은 정신집중 상태로 넘어갈 수 없을 정도다. 우리가 더 나중에 자세히 탐구하게 될 기억의 상이한 원들 중에서 가장 좁은 원(圓)인 A는 직접적 지각에 가장 가까이 있다. 그것은 단지 대상 O자체와 그것을 뒤덮는 잔상으로서의 이미지만을 포함한다. 그 뒤에 B, C, D라는 점점 더 커지는 원들은 지적인 팽창의 증가하는 노력들에 상응한다. 곧 보게 될 것이지만, 이 각각의 회로들 안에 들어오는 것은 바로 기억 전체이다. 왜냐하면 기억은 항상 현재적이기 때문이다. 그러나 무한히 팽창할 수 있는 탄성을 지닌 이 기억 은 점점 증가하는 수의 떠오른 것들을 — 때로는 대상 자체의 세부사항을, 때로는 대상을 조명 하는데 기여할 수 있을 동반적인 세부사항들을 — 대상 위에다가 반사한다. 이처럼 지각된 대상을 하나의 독립된 전체의 방식으로 재구성한 후에, 우리는 그 대상

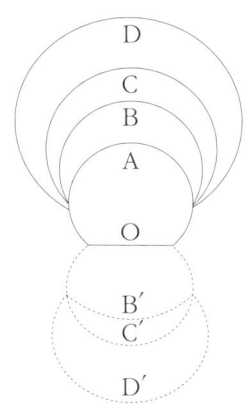

과 더불어 그 대상이 하나의 체계를 형성하는데 함께 할 점점 더 멀리 있는 조건들도 재구성한다. 대상의 뒤에 위치한, 그리 고 대상 자체와 함께 잠재적으로 주어져 있는, 점점 깊은 곳에 위치하는 이 원인들을 B′, C′, D′라고 부르자. 사람들은 주의 의 진전이, 단순히 지각된 대상뿐만 아니라, 그 대상이 관련될 수 있는 점점 더 커다란 체계들을 새로이 창조하는 효과를 갖 는다는 것을 보게 된다. 따라서 B, C, D라는 원들이 기억의 점 점 더 높은 확장을 나타냄에 따라, 그것들의 반영은 실재의 더 욱 깊은 층들인 B′, C′, D′에 도달한다.

 따라서 동일한 심리적 삶이 기억의 연속적인 단계들에서 무한히 반복될 것이고, 정신의 동일한 행위가 다수의 상이한 높이들에서 일어날 수 있을 것이다. 주의의 노력에서 정신은

항상 전체적으로 주어진다. 그러나 정신은 자신의 전개를 완성기기 위해 선택한 수준에 따라 단순화되거나 복잡화된다. 보통 우리 정신의 방향을 결정하는 것은 현재의 지각이다. 그러나 우리 정신이 취한 긴장의 정도에 따라, 그것이 위치한 높이에 따라, 이 지각은 우리 안에서 더나 덜 많은 수의 이미지 기억들을 전개시킨다.

달리 말하자면, 결국 개인적이고 정확히 국재화된 이미지 기억들의 계열은 우리의 과거 존재의 흐름을 그려주고, 통합되어 우리 기억의 마지막 층위인 가장 넓은 표면을 구성한다. 이 이미지 기억들은 본질적으로 달아나는 것들이기 때문에 우연적으로만 구체화될 뿐이다. 우리의 신체적 태도가 우연히 정확하게 규정되어 그것들을 유혹하건, 이 태도의 비결정성 자체에 의해 그것들의 변덕스러운 출현이 자유롭게 일어나게 되건 간에 사정은 마찬가지다. 그러나 이 가장 넓은 표면은 동심원적이고 내적인 원들로 좁혀지며 반복된다. 이 내적인 원들은 더 좁혀질수록 동일한 기억들을 축소된 형태로 지탱하여, 기억들을 개인적이고 원본적인 형태에서 점점 더 멀어지게 하고, 일상적 현실에서는 현재적 지각에 점점 더 잘 적응할 수 있게, 개체를 포괄하는 종의 방식으로 그것을 점점 더 잘 결정할 수 있게 한다. 이렇게 해서 축소된 기억이 현재의 지각 속으로 아주 잘 삽입되는 순간이 도래하는데, 이 때 사람들은 어디서 지각이 끝나고, 어디서 기억이 시작되는 지를 말할 수 없게 될 것이다. 바로 이 순간에, 기억은 자신의 표상들을 변덕스럽게 나타나게 하고 사라지게 하는 대신에, 신체적 운동들의 세부사항을 따르게 된다.

MM (113~116/249~251/181~185)

뇌의 손상과 기억 장애

그러나 만일 우리의 가설이 근거가 있다면, 식별에 관한 이 상해들은 결코 기억들이 뇌의 손상된 지역을 점하고 있다는 사실로부터 비롯되지 않을 것이다. 그 상해들은 틀림없이 두 가지 원인들에 기인할 것이다. 즉 때로는 우리 신체가 밖에서 오는 자극 앞에서 우리의 기억들 사이에 선택을 작동하게 하는 정확한 태도를 더 이상 자동적으로 취할 수 없다는 점에서 기인하고, 때로는 기억들이 신체 속에서 더 이상 적용지점을, 즉 행동으로 이어지는 수단을 발견하지 못한다는 사실에 기인한다. 첫 번째 경우에, 상해는 모아들여진 진동을 자동으로 행사되는 운동으로 연속시키는 운동기제들에 관련될 것이다. 이 때 주의는 더 이상 대상에 의해 고정될 수 없을 것이다. 두 번째 경우에, 상해는 의지적 운동들이 필요로 하는 선행적 감각을 제공하면서 이 운동들을 *준비하*는 피질의 특수한 중추들, 맞건 틀리건 간에 사람들이 상상적 중추들이라고 부르는 것에 관련될 것이다. 이 때 주의는 더 이상 주체에 의해 고정될 수 없을 것이다. 그러나 전자의 경우든 후자의 경우든, 손상된 것은 현실적 운동들이거나 더 이상 준비될 수 없는 미래의 운동들이다. 즉 기억들의 파괴는 일어날 수 없을 것이다. (…)

사실, 말을 이해한다는 것은 우선 그것의 소리를 식별하고, 다음에는 그것의 의미를 찾아내고, 결국엔 그것에 대한 해석을 더나 덜 멀리 밀고 가는 것이다. 요컨대 그것은 주의의 모든 정도들을 거치면서 기억의 연속적인 여러 능력들을 행사하는 것이다. 게다가, 말의 청각적 기억의 장애들보다 더 자주 더 잘 연구되는 것도 없다. 마지막으로 말의 청각적 이미지는 대뇌 피질의 특정 회전(circonvolution)에 심각한 손상 없이는 사라지지 않는다. 따라서 이것은 국재화론을 정당화하는 예로 우리에게 제공될 것인데, 바로 이 예에 대해서 우리는 뇌가 실제로 기억들을 축적할 수 있는지 물을 수 있을 것이다. 따라서 우리는 말의 청각적 식별에서 1) 감각-운동적인 자동적 과정, 2) 이미지 기억들의 능동적인, 말하자면 원심적인 투사를 보여주어야 할 것이다.

1) 나는 어떤 두 사람이 내게는 알려지지 않은 언어로 대화하는 것을 듣는다. 내가 그들의 말을 듣기 위해서는 그것으로 충분한가? 나에게 도달한 파동들은 그들의 귀에 울린 파

동들과 같은 것들이다. 그러나 나는 모든 소리들이 서로 닮아 보이는 혼란된 소음만을 지각한다. 나는 아무 것도 구별하지 못하고, 아무 것도 반복할 수 없을 것이다. 이와 달리, 이 똑 같은 소리의 덩어리에서 두 대화자는 자음들, 모음들 그리고 미묘하게 서로 다른 음절들을, 그리하여 결국 구별된 단어들을 분간한다. 그들과 나 사이에 차이는 어디에 있는 것인가?

문제는 어떻게 한 언어의 인식이, 그것은 단지 기억에 불과한 것인데, 현재적 지각의 물질성을 변형시킬 수 있는지, 그리고 동일한 신체적 조건인데도 다른 사람들이 듣지 못하는 것을 어떤 사람들에게는 현실적으로 듣게 할 수 있는지를 아는 것이다. 사실 사람들은 말들의 청각적 기억들이, 기억 속에 축적되어 있다가, 여기서 소리 인상들의 부름에 답하고, 그것의 효과를 강화하는 것이라고 가정한다. 그러나 내가 듣고 있는 대화가 나에게 있어서는 단지 하나의 소음에 불과하다 하더라도, 사람들은 그 소리를 원하는 만큼 강화된 것으로 가정할 수 있다. 즉 더 강화된다고 해도 소음이 더 명료하게 되지는 않을 것이다. 말의 기억이 들린 말에 의해 환기되기 위해서는, 적어도 귀가 그 말을 들어야만 한다. 만일 지각된 소리들이 이미 분리되고 구별되고, 그래서 결국 음절들과 단어들로 지각되지 않았다면, 어떻게 그것들이 기억에 말을 할 것이며, 어떻게 그것들이 청각적 이미지들의 창고 속에서 자신들 위에 겹

쳐져야만 하는 것들을 선택할 수 있을 것인가?(…)

만일 우리가 한 편으로는 청각적 인상들에만, 다른 편으로는 청각적 기억들에만 관련해서 문제를 본다면, 난점은 극복할 수 없을 것이다. 그러나 만일 청각적 인상들이 시발(始發)적 운동들을 조직화한다면, 그래서 들린 구절을 또박또박 읽을 수 있고, 그것의 주요한 분절들을 표시할 수 있다면, 사정은 달라질 것이다. 내적으로 수반된 이 자동적 운동들은 처음엔 혼란되고 잘 정돈되지 않지만 반복되면서 점점 더 명확해진다. 그것들은 마침내 듣는 사람이 말하는 사람의 운동 자체를 그것의 윤곽과 주요 방향들 안에서 재발견할 수 있게 하는 단순화된 형태를 그리게 된다. 이렇게 해서 시발(始發)적인 근육 감각들의 형태로, 우리가 들린 말의 *운동 도식(schème moteur)*이라고 부를 수 있는 것이 우리 의식 속에서 전개될 것이다. 따라서 어떤 새로운 언어의 요소들에 맞는 귀를 형성한다는 것은 소음을 변형하는 것도 아니고 그것에 기억을 덧붙이는 것도 아니다. 그것은 청각의 인상들에다 성대 근육들의 운동적 경향들을 조정하는 것이고, 운동적 수반을 완성하는 일이 될 것이다. (…)

2) 이제 우리는 이 연구의 후반부에 이르렀다. 즉 우리는 운동들로부터 기억들로 이행한다. 주의적 식별은 진정한 *회로*를 형성한다고 우리는 말한 바 있다. 거기서는 외부 대상에

대칭적으로 놓여있는 우리 기억이 대상에 기억들을 투사하기 위해 더 높은 긴장을 취함에 따라 대상들은 우리에게 자신의 점점 더 심층적인 부분들을 드러낸다. 우리가 관심을 갖고 있는 특별한 경우에서, 대상은 이제 대화자가 된다. 그에게서 관념들은 의식 속에서 청각적 표상들로 피어나서 발음된 말들로 구체화된다. 따라서 만일 우리 생각이 옳다면, *청자는 단번에 상응하는 관념들 사이에 위치해서*, 그 관념들을 청각적 표상들로 발전시키고, 이 청각적 표상들은 운동 도식 속으로 끼어들어가면서 지각된 소음들을 덮어야 할 것이다. 어떤 계산을 이해한다는 것은 그것을 자기 안에서 다시 해본다는 것이다. 마찬가지로 타인의 말을 이해한다는 것은 지적으로 재구성하는 것, 즉 관념들로부터 출발하면서 귀가 지각한 소리들의 연속성을 지적으로 재구성하는 것일 것이다. 더 일반적으로 말하자면, 주의를 기울인다는 것, 지성적으로 식별한다는 것, 해석한다는 것은 결국 하나의 동일한 작용으로 혼합된다. 바로 이런 작용을 통해서, 정신은 아직 아무런 해석도 가해지지 않은 생경한 지각들과 관련하여 자신의 수준을 정하고 그 수준 자체에서 이 지각들의 더나 덜 근접한 원인의 대칭점을 선택하면서, 이 지각들을 덮을 기억들을 이 지각들로 흘려보내는 것이다.

MM (118~129/252~261/187~203)

제3장 이미지들의 존속에 대하여: 기억과 정신

순수 기억의 존재와 현실화

 우리는 순수 기억, 이미지 기억, 지각이라는 세 항들을 구별했는데, 사실상 이 항들 중 어느 것도 분리되어 생기지는 않는다. 지각은 결코 현재 대상과 정신의 단순한 접촉이 아니다. 지각에는 항상 그것을 해석하면서 완성시키는 이미지 기억들이 배어 있다. 이미지 기억은 자신이 구체화하기 시작하는 〈순수 기억〉, 그리고 자신이 몸을 얻고자 하는 지각, 양자에 모두 참여하고 있다. 이 후자의 측면에서 보면 이미지 기억은 막 나타나기 시작하는 지각으로 정의될 것이다. 마지막으로 순수 기억은, 물론 권리상 독립적인 것이지만, 보통은 자신을 드러내는 생생하고 채색된 이미지 속에서만 나타

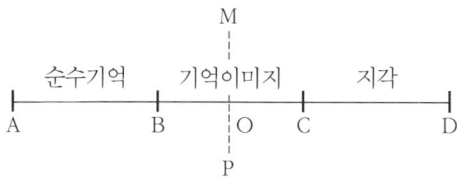

난다. 이 세 항들을 동일한 직선 AD의 연속적인 선분들 AB, BC, CD로 상징한다면, 우리의 사유는 이 선을 A에서 D로 가는 연속적 운동으로 묘사한다고 할 수 있고, 그 항들 중의 하나가 어디서 끝나고, 어디서 다른 항이 시작하는지를 정확하게 말하는 것은 불가능하다고 할 수 있다. 게다가 기억을 분석하기 위해서, 활동하고 있는 기억의 운동 자체를 뒤쫓을 때마다 의식은 위의 사실을 어렵지 않게 확증한다. 하나의 기억을 발견하는 것, 우리 역사의 한 기간을 떠올리는 것이 문제인가? 우리는 우선 과거 일반 속에, 그리고 과거의 어떤 영역 속에 다시 놓이기 위해서 현재로부터 우리 자신을 떼어놓는 어떤 독특한 행위에 대한 의식을 갖고 있다. 이는 사진기의 초점 맞추기와 유사한 모색 작업이다. 그러나 우리의 기억은 아직 잠재적 상태에 머물러 있다. 우리는 적절한 태도를 채택하면서 기억을 받아들일 준비를 막 갖추게 된다. 서서히 그것은 응축하는 성운처럼 나타난다. 즉 기억은 잠재적 상태로부터 현실적 상태로 이행한다. 그리고 그것의 윤곽들이 그려지고 그것의 표면이 채색됨에 따라, 그것은 지각을 모방하려고 한다. 그러나 기억은 자신의 깊은 뿌리들에 의해서 과거에 부착되어 있는데, 만일 일단 실현된 그것이 자신의 원본적인 잠재성으로부터 영향을 받지 않는다면, 만일 그것이 현재적 상태인 동시에 현재와 뚜렷이 구분되는 어떤 것이 아니라면, 우리는 그것을 하나의 기억으로 결코 식별하지 못할지도 모른다.

관념연합론의 항구적인 오류는 생생한 실재 자체인 이러한 생성의 연속성을 부동적이고 병치되어 있는 다수의 불연속적인 요소들로 대치하는 것이다. 이렇게 구성된 요소들 각각은, 그 기원이 그러함으로 해서, 자신을 선행하는 어떤 것과 자신을 뒤따르는 어떤 것을 포함하기 때문에, 우리가 보기에는 혼합된 상태, 말하자면 불순한 상태에 있는 형태를 취하게 되어 있다. 그러나 다른 한편 관념연합론의 원리는 모든 심리적 상태가 일종의 원자, 하나의 단순한 요소이기를 바란다. 따라서 그 주장자들은 자신들이 구별했던 각 단계들에서, 불안정한 것을 안정된 것을 위해, 다시 말해 시작되고 있는 것을 완성된 것을 위해 희생시켜야만 하는 것이다. 지각의 경우는 어떤가? 그들은 지각에서 그것을 채색하는 감각들의 집합만을 보려고 할 것이다. 그들은 지각의 모호한 핵을 형성하는 상기된 이미지들을 인식하지 못할 것이다. 그러면 상기된 이미지의 경우는 어떤가? 사람들은 그것을 이미 다 완성되어 있는 것으로, 즉 약한 지각의 상태로 현실화된 것으로 간주하고는, 이 이미지가 점진적으로 발전시켜 온 순수 기억에 대해서는 눈을 감을 것이다. 따라서 관념연합론이 안정된 것과 불안정한 것 사이에 이렇게 세워 놓은 대립 속에서, 지각은 항상 이미지 기억을 대치하고, 이미지 기억은 항상 순수 기억을 대체할 것이다. 바로 그 때문에 순수 기억은 완전히 자취를 감추어버리게 된다. 관념연합론은 진행과정의 전체인 AD를 선 MO에 의해 두 선분으로 나누기 때문에, OD라는 부분에서는 그것을 완결하는 감각들만을 보는데, 관념연합론자에게는 이 감각들이 지각 전체를 구성하게 된다. 그리고 다른 한편 관념연합론은 AO라는 부분 역시 현실화된 이미지로 환원하는데, 이것은 사실 순수 기억이 개화하면서 그리로 도달한 것이다. 따라서 심리적 삶은 전적으로 감각과 이미지라는 두 요소로 환원된다. 그리고 관념연합론자들은 한편으론 이미지의 원본적 상태를 이루었던 순수 기억을 이미지 속으로 침수시키고, 다른 한편으론 지각 속에다 미리 이미지 자체에서 나온 어떤 것을 놓음으로써 이미지를 여전히 지각에 접근시켰기 때문에, 이 두 상태들 사이에는 정도나 강도의 차이 이상은 발견하지 못할 것이다. 바로 이로부터 *강한 상태들과 약한 상태들*의 구별이 비롯되며, 우리가 전자들을 현재의 지각으로, 후자들을 —이유는 알 수 없으나— 과거의 표상들로 삼게 되는 것이다. 그러나 사실인즉, 만일 우리가 과거에 단번에 위치하지 않는다면 우리는 거기에 결코 도달하지 못할 것이다. 과거는, 본질적으로 잠재적이어서, 그것이 어둠으로부터 빛으로 솟아나오면서 현재적 이미지로 피어나는 운동을 우리가 따르고 채택할 때만 우리에게 과거로 포착될 수 있다. 따라서 사람들이 현실적인 것 그리고 이미 실현된 어떤 것 속에서 그것의 흔적을 찾으려고 해보아야 헛된 일이다. 그것은 빛 아래서 어둠을 찾으려는 것과 같은 것일지도 모른다. 거기에 바로 관념연합론의 오류가 있다. 관념연합론은 현실적인 것 속에 위치해서, 어떤 실현된 현재적 상태에서 그것의 지나간 원본의 표식을 찾기 위해, 기억을 지각과 구분하기 위해, 그리고 자신이 크기의 차이만이 있도록 미리 처단한 것을 본성의 차이로 만들기 위해, 헛된 노력을 하면서 기력을 소진하고 있는 것이다.

상상하는 것은 기억하는 것이 아니다. 물론 하나의 기억은, 그것이 현실화됨에 따라, 하나의 이미지로 생생하게 살아나려 한다. 그러나 그 역은 사실이 아니다. 순수하고 단순한 이미지는, 단지 내가 그것을 어둠으로부터 빛으로 이르게 한 연속적 과정을 따르면서 그것을 과거 속으로 찾으러 갈 때에만, 나를 과거로 다시 데려다 놓을 것이다.

MM (147~150/276~278/229~234)

현재와 감각-운동성

 나에게 있어서 현재적 순간이란 무엇인가? 시간의 고유한 본성은 흐르는 것이다. 이미 흘러간 시간은 과거이고, 우리는 흐르는 순간을 현재라고 부른다. 그러나 여기서는 수학적 순간을 문제 삼는 것이 아니다. 물론 과거와 미래를 분리하는 불가분한 경계로서, 순수하게 사유된, 이상적인 현재가 있을 수 있다. 그러나 실재적이고 구체적이며 체험된 현재, 내가 나의 현재 지각에 대해 말할 때 내가 말하는 현재, 이 현재는 필연적으로 어떤 지속을 점유한다. 도대체 이 지속은 어디에 위치하는가? 그것은 내가 현재적 순간에 대해 생각할 때 이상적으로 규정하는 수학적 점의 이 편에 있는가, 저 편에 있는가? 그것이 이 편과 저 편에 동시에 있다는 것은 너무도 분명하다. 내가 〈나의 현재〉라고 부르는 것은 나의 과거와 나의 미래를 동시에 잠식한다. 그것은 우선 나의 과거를 잠식하는데, 왜냐하면 〈내가 말하는 그 순간은 이미 나로부터 멀리 있기〉 때문이다. 그것은 또한 나의 미래를 잠식하는데, 그 이유는 그 순간이 향하고 있는 것이 바로 미래이며, 내가 지향하는 것이 미래이며, 그리고 만일 내가 이 불가분한 현재를 고정할 수 있다면, 시간 곡선의 이 무한소적 요소가 보여줄 것이 바로 미래의 방향이기 때문이다. 따라서 내가 〈나의 현재〉라고 부르는 심리적 상태는 직접적인 과거의 지각이면서 동시에 직접적인 미래의 결정이다. 그런데 우리가 곧 보겠지만, 지각되는 한에서, 직접적인 과거란 감각이다. 왜냐하면 모든 감각은 요소적 진동들의 매우 긴 연속을 표현하기 때문이다. 그리고 직접적인 미래란, 결정되는 한에서, 행동 또는 운동이다. 따라서 나의 현재는 감각인 동시에 운동이다. 그리고 나의 현재가 하나의 불가분적 전체를 형성하기 때문에, 이 운동은 이 감각에서 기인하며 이것을 행동으로 연장해야 한다. 이로부터 나는 나의 현재는 감각들과 운동들이 결합된 체계로 이루어져 있다고 결론짓는다. 나의 현재는 본질적으로 감각-운동적이다. (…) 나의 신체는, 자신에게 영향을 주는 물질과 자신이 영향을 주는 물질 사이에 위치해서, 행동의 중심이고, 받은 인상들이 완성된 운동들로 변형되기 위해 자신들의 길을 영리하게 선택하는 장소이다. 따라서 나의 신체는 나의 생성의 현실적 상태, 즉 나의 지속 안에서 형성 중에 있는 것을 나타낸다. 더 일반적으로 말하자면, 실재 자체인 생성의 이 연속성 속에서 현재의 순간이란, 흐르는 유동체 속에서 우리의 지각이 실행하는 거의 순간적인 절단에 의해서 형성된다. 그리고 이 절단이 바로 우리가 물질적 세계라고 부르는 것이다. 우리의 신체는 물질적 세계의 중심을 차지한다. 그것은 이 물질적 세계 중에서 우리가 직접적으로 흐른다고 느끼는 것이다. 이 신체의 현실적 상태에서 우리 현재의 현실성이 형성된다. 물질은, 공간 속에 연장되어 있는 한, 우리에 의해, 끊임없이 새로 시작하는 현재로 정의되어야만 하기 때문에, 거꾸로 우리의 현재는 우리 실존의 물질성 자체, 즉 감각들과 운동들의 총체이지 다른 것이 아니다. (…) 내가 나의 현재라고 부르는 것, 그것은 직접적 미래에 대한 나의 태도이자 임박한 나의 행동이다. 따라서 나의 현재는 분명 감각-운동적이다. 나의 과거 중에서는, 이미지가 되는 것만이, 따라서 적어도 나타나기 시작하는 감각만이 이 행동에 결합할 수 있고 이 태도에 삽입될 수 있으며, 한마디로 유용하게 될 수 있다. 그러나 나의 과거가 이미지가 되자마자, 그것은 순수 기억의 상태를 떠나 나의 현재의 어떤 부분과 섞이게 된다. 이미지로 현실화된 기억은 순수 기억과 근본적으로 다르다. 이미지는 현재적 상태이고, 자신이 유래한 기억에 의해서만 과거에 참여할 수 있다. 반대로 기억은, 무용하게 남아 있는 한 무능력한 것으로서, 감각과의 모든 혼합으로부터 벗어나 순수하게, 현재와 어떠한 접촉도 없이, 따라서 비연장적으로 남아 있다.

MM (152~156/280~283/237~242)

과거와 무의식

만일 의식이 *현재*, 즉 현실적으로 체험된 것, 다시 말해 결국 *행동하는 것*의 특징적인 표식에 불과하다면, 그렇다면 행동하지 않는 것은 어떤 방식으로든 존재하기를 필연적으로 멈추지 않고서도 의식에 속하지 않을 수 있다. 달리 말하자면, 심리학적 영역에서 의식이란 존재가 아니라, 단지 실재적인 행동이나 직접적인 효율성과 동의어일 뿐이다. 그리고 이 용어의 외연을 이렇게 제한한다면, 우리가 무의식적인, 요컨대 무능력한, 심리적 상태를 표상하는 데 있어서 어려움을 덜 갖게 될 것이다. 아무런 구속 없이 실행될 때의 의식 자체에 대해 사람들이 어떤 생각을 하건 간에, 신체적 기능을 수행하는 존재자에게 의식이란 특히 행동을 주재하고 선택을 조명하는 역할을 한다는 것에 대해서는 이의를 갖지 않을 것이다. 따라서 의식은 결정의 직접적인 선행자들 위에 그리고 이것들과 유용하게 조직화될 수 있는 과거의 기억들 중 어떤 것들 위에 자신의 빛을 던진다. 그 나머지는 어둠 속에 남는다. (…)

널리 퍼져있는 편견에도 불구하고, *무의식적 표상*이라는 관념은 명백한 것이다. 우리는 그것을 늘 사용하고 있고 그보다 더 상식에 친밀한 개념은 없다고 말할 수 있을 정도다. 사실 모든 사람들은 우리 지각에 현실적으로 나타나는 이미지들이 물질의 전부가 아니라는 것을 인정한다. 그러나 다른 한편으로 보면, 지각되지 않은 물질적 대상, 이미지화되지 않은 이미지가 일종의 무의식적인 정신 상태가 아니라면 무엇일 수 있겠는가? 당신이 지금 지각하고 있는 당신의 방 너머에는, 이웃하고 있는 방들이 있고, 그 다음에는 집의 나머지 부분이 있고, 마지막으로 당신이 거주하고 있는 거리와 마을이 있다. 당신이 지지하고 있는 물질론이 무엇이건 그것은 중요하지 않다. 당신이 실재론자이든 관념론자이든 간에, 마을과 길과 집의 다른 방들에 대해 말할 때, 당신은 분명히 당신의 의식에는 부재하지만, 그 바깥에는 주어져 있는, 그만큼의 지각들을 생각하고 있다. 그것들은 당신의 의식이 그것들을 생각함에 따라서 창조되는 것이 아니다. 따라서 그것들은 어떤 방식으로든 이미 있었던 것이다. 그리고 가정한대로, 당신의 의식이 그것들을 포착하지 못했다고 한다면, 무의식적인 상태로가 아니고서는 어떻게 그것들이 그 자체로 존재할 수 있었겠는가? 그렇다면 의식 바깥의 존재가 대상들이 문제될 때는 명백한 것처럼 보이고, 우리가 주체에 대해 말할 때는 모호한 것처럼 보이는 것은 어디서 비롯하는 것인가?

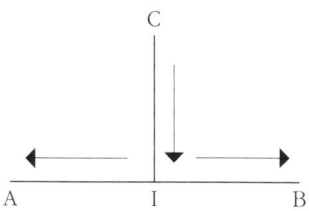

우리의 지각들은, 현실적이든 잠재적이든, 두 선을 따라 펼쳐지는데, 하나는 AB라는 수평선으로 공간 속에 동시적인

모든 대상들을 포함하는 것이고, 다른 하나는 CI라는 수직선으로 시간 속에서 연속적으로 늘어선 우리 기억들이 그 위에 놓여진다. 두 선분의 교차점인 I는 우리 의식에 현실적으로 주어진 유일한 점이다. 그런데 비록 지각되지 않은 채로 있더라도 수평선 AB 전체의 실재성을 상정하는 데는 주저하지 않으면서, 반대로 수직선 CI에 대해서는 현실적으로 지각된 현재 I만이 우리에게 진실로 존재하는 유일한 지점인 것처럼 보이는 것은 어디서 비롯하는 것인가?(…)

 우선 이 AB 선을 따라 배열된 대상들은 우리가 곧 지각할 것을 표현하는 반면, CI 선은 이미 지각되었던 것만을 포함한다. 그런데 과거란 우리에게 더 이상 관심거리가 되지 않는 것이다. 그것은 자신의 가능한 작용을 소진해버린 것이고, 그렇지 않다면 오로지 현재 지각의 생기를 빌어서만 영향력을 회복할 수 있는 것이다. 반대로 직접적인 미래란 임박한 행동으로, 아직 소비되지 않은 에너지로 이루어진다. 물질적 우주에서 아직 지각되지 않은, 즉 약속들과 위험들로 가득 차 있는 부분은, 따라서 우리의 지나간 실존에서 현실적으로 지각되지 않은 기간들은 가질 수도 없고 가져서도 안 되는 어떤 실재성을 우리에 대해 갖는다. 그러나 이러한 구분은 전적으로 삶의 실천적 유용성과 물질적 필요들에 관계되는 것인데 우리의 정신 속에서는 점점 더 선명한 형이상학적 구분의 형식을 취하게 되는 것이다. (…)

우리는 우리 자신이 현재적 실재들로 세워놓은 물질적 대상들에 우리가 매달려 있다고 느끼는 반면, 과거로서의 우리 기억들에 대해선 우리 자신과 함께 뒤에 끌고 가면서도 없는 체하고픈 그 만큼의 죽음의 무게로 간주한다. 이와 동일한 본능이 공간은 우리 앞에서 무한히 열려 있게 하면서 시간은 흘러가는 대로 우리 뒤에서 닫아버리게 한다. 그리고 연장된 것으로서의 실재는 우리의 지각을 무한히 넘어서는 것처럼 나타나는 반면, 우리의 내적인 삶에서는 오로지 현재 순간과 함께 시작하는 것만이 우리에게 *실재인 것*처럼 나타나고 나머지는 실제적으로 없어진다. 따라서 하나의 기억이 의식에 다시 나타날 때는, 그것의 신비한 출현을 특수한 원인들에 의해 설명해야만 하는 유령과 같은 효과를 우리에게 만들어낸다. 사실상 이 기억이 우리의 현재 상태에 달라 붙어있는 것은, 지각되지 않은 대상들이 지각 대상들에 달라 붙어있는 것에 똑같이 비교될 수 있으며, *무의식*이란 이 두 경우에 동일한 역할을 하는 것이다. (…)

만일 내가 지각되지 않은 대상들의 전체가 주어져 있다고 상정하는데 있어서 어떠한 불편함도 느끼지 못한다면, 그것은 이 대상들의 엄밀하게 결정된 순서가 연쇄 양상을 취하기 때문이다. 나의 현재 지각은 그 중의 한 연결 고리를 차지할 뿐이고 따라서 이 고리가 자신의 현실성을 연쇄의 나머지에도 전달한다. — 그러나 자세히 관찰해보면, 우리의 기억들도 동일한 종류의 연쇄를 형성한다는 것, 그리고 우리의 성격이란, 우리의 모든 결정들에 항상 현전하는 것으로서, 분명 우리의 과거 상태들 전체의 현실적 종합이라는 것을 알게 될 것이다. 이런 응축된 형태로, 우리 과거의 심리적 삶은 우리에게 심지어 외부 세계 그 이상으로 존재한다. 왜냐하면 우리는 우리의 체험된 경험 전체를 이용하는 반면, 외부 세계에 대해서는 극히 작은 부분만을 지각하기 때문이다.

MM (156~162/283~287/243~250)

현재와 과거의 관계: 현재는 미래를 향해 나아가는 과거의 첨단

문제는 과거가 존재하기를 그쳤는지 아니면 단순히 유용하기를 그쳤는지를 정확히 아는 것이다. 현재란 단지 *생성되는 것*인데, 당신은 현재를 *있는 것*이라고 독단적으로 정의한다. 만일 당신이 과거와 미래를 분리하는 불가분한 경계로 현재를 이해한다면, 이 현재 순간보다 덜 있는 것은 아무 것도 없다. 우리가 이 현재를 있어야할 것으로 생각할 때, 그것은 아직 있지 않다. 그리고 우리가 그것을 있다고 생각할 때, 그것은 이미 과거이다. 이와 반대로, 만일 당신이 의식에 의해 실제로 체험된 구체적 현재를 고찰한다면, 이 현재는 대부분이 직접적인 과거 속에 있다고 말할 수 있을 것이다. 빛에 대한 가능한 한 가장 짧은 지각이 지속하는 순간적 파편 속에는 수조번의 파동들이 있는데, 그것의 첫 번째 파동은 마지막 파동으로부터 어마어마하게 나누어진 간격에 의해 분리된다. 따라서 당신의 지각은 아무리 순간적인 것이라 하더라도, 계산할 수 없을 정도로 많은 기억된 요소들로 이루어진다. 사실인즉, 모든 지각은 이미 기억이다. 순수한 현재는 미래를 잠식하는 과거의 포착할 수 없는 전진이기에, *우리는 실천적으로 과거만을 지각할 뿐이다.*

따라서 미래를 향해 기울어져 있으면서 미래를 실현하고 미래에 결합되고자 작업하는 과거의 직접적인 이 부분을 의식은 매순간 자신의 미광으로 조명한다. 이처럼 결정되지 않은 미래를 결정하는 것에 유일하게 몰두하는 의식은 우리의 현재 상태와, 다시 말해 우리의 직접적 과거와 유용하게 조직될 수 있을 어떤 기억들, 즉 과거 속에 더 깊숙이 들어가 있는 우리 상태들 중의 어떤 상태들 위에 자신의 빛을 약간 흩뿌릴 수 있을 것이다. 그리고 나머지는 어둠 속에 머문다. 우리가 놓여 있는 곳은 바로 우리 역사 중에서 밝게 조명된 이 부분 속이며, 그것은 행동의 법칙이기도 한, 삶의 근본적인 법칙 덕분이다. 바로 여기서, 그늘 속에 보존되어 있을 기억들을 생각하는 데 우리가 겪는 어려움들이 비롯되는 것이다. 따라서 우리가 과거의 완전한 존속에 대한 인정을 꺼리는 것은, 우리의 심리적 삶의 정향 자체에서 기인하는 것인데, 우리의 심리적 삶은 상태들의 진정한 전개로서 거기서 우리는 이미 다 전개된 것이 아니라 전개되고 있는 것에 주목하기 때문이다.

우리는 이렇게 해서 오랜 우회를 통해 출발점으로 되돌아왔다. 우리는 근본적으로 구분되는 두 기억들이 있다고 말한 바 있다. 하나는 유기체 속에 고정되어 있는데, 그것은 가능한 다양한 질문들에 적합한 대응을 보장하는 명민하게 만들어진 운동기제들의 총체와 다른 것이 아니다. 그것은 우리를 현재 상황에 적응하게 하고, 우리가 겪는 작용들을 때로는 완성된, 때로는 단순히 시동적인, 그러나 항상 다소 적응된 반응들로 이어지게 하는 것이다. 그것은 기억이라기보다는 오히려 습관이므로 우리의 과거 경험을 행하는 것이지 그것의 이미지를 떠올리는 것이 아니다. 다른 하나는 진정한 기억이다. 그것은 의식과 동연적(coextensive)이어서 우리의 모든 상태들을 산출되는 대로 차례로 보존하고 정렬하며, 각 사실에 그것의 위치를 남기고, 따라서 그것의 날짜를 표시하며, 첫 번째 종류의 기억처럼 끊임없이 다시 시작하는 현재 속에서가 아니라 결정적인 과거 속에서 실제로 움직인다. 그러나 이 두 형태의 기억들을 근본적으로 구별하면서도 우리는 그것들의 연관을 제시하지 않았었다. 지나간 행동들의 축적된 노력을 상징하는 운동기제를 지니고 있는 신체 위에, 상상하고 반복하는 기억이 허공에 매달린 채로 떠다니는 것 같다. 그러나 만일 우리가 우리의 직접 과거만을 지각한다면, 만일 현재에 대한 우리의 의식이 이미 기억이라면, 우리가 처음에 분리했던 두 항들은 전체적으로 내밀하게 접합될 것이다. 이런 새로운 관점에서 보자면, 사실 우리의 신체는 우리의 표상이 항상 다시 태어나는 부분이자 항상 현재적인 부분, 아니 오히려 매 순간 방금 지나간 부분과 결코 다른 것이 아니다. 그 자체가 이미지인 이 신체는 이미지들을 축적할 수 없다. 왜냐하면 그것은 이미지들의 일부를 이루고 있기 때문이다. 따라서 지나간 지각들을 또는 현재적 지각들까지도 뇌 속에 국재화하려는 시도는 비현실적인 것이다. 이미지들은 뇌 속에 있지 않다. 오히려 이 이미지들 안에 뇌가 있다. 그러나 다른 이미지들 가운데 존속하며 내가 나의 신체라고 부르는 이 특별한 이미지는 우리가 말했듯이, 매 순간 우주적 생성의

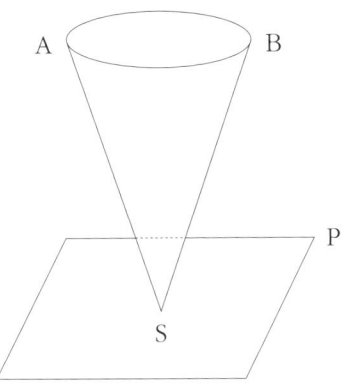

한 횡단면을 구성한다. 따라서 그것은 받은 운동들과 보내는 운동들의 통행로, 즉 나에게 작용하는 사물들과 내가 작용을 행사하는 사물들 사이의 연결선, 한 마디로 감각-운동적 현상들의 중심자리이다. 원뿔 SAB로 나의 기억 속에 축적된 기억들 전체를 나타낸다고 하면, 밑면 AB는 과거 속에 자리잡아 부동적으로 머물러 있는 반면, 꼭지점 S는 매 순간 나의 현재를 그리며, 끊임없이 앞으로 나아가서, 또한 끊임없이 우주에 대한 나의 현실적 표상의 움직이는 평면 P에 접하고 있다. 신체의 이미지는 S에 집중된다. 그리고 이 이미지는 평면 P의 일부를 이루면서, 그 평면을 구성하는 모든 이미지들로부터 나오는 작용들을 받고 되돌려 보내는 데 국한된다.

신체의 기억은 습관이 조직한 감각-운동 체계들의 총체로 구성되는 것으로서, 과거의 진정한 기억이 토대로 사용하는 거의 순간적인 기억이다. 두 기억들이 분리된 두 사물을 이루는 것이 아니기 때문에, 또 우리가 말한 바 있듯이, 신체의 기억은 단지 진정한 기억에 의해 경험의 움직이는 평면 속에 삽입된 움직이는 점 일뿐이기 때문에, 이 두 기능들이 서로에게 받침대를 제공하고 있다는 것은 자연스러운 것이다. 사실 한편으로 과거의 기억은 감각-운동적 기제들에다가 그것들이 임무를 완수하도록 인도하고 운동적 반응들을 경험의 가르침들에 의해 암시된 방향으로 이끌 수 있게 하는 모든 기억들을 제시한다. 정확히 바로 여기서 인접성과 유사성에 의한 연합 작용들이 이루어진다. 그러나 다른 한편 감각-운동적 장치들은 무능력한 기억들, 즉 무의식적인 기억들에다가 형체를 띠고 구체화되어 결국 현재화되는 수단을 제공한다. 실제로 하나의 기억이 의식에 다시 나타나기 위해서는, 그것이 순수 기억의 높이들로부터 *행동이 완수되는 정확한 지점*에까지 내려가야만 한다. 달리 말하자면, 기억이 응답하는 호출은 바로 현재로부터 비롯하며, 기억이 삶을 얻는 열기를 빌어오는 것은 바로 현재 행동의 감각-운동적 요소들로부터 이다.

우리가 〈잘 균형 잡힌〉 정신들, 즉 사실은 삶에 완벽하게 적응한 사람들을 알아보는 것은 바로 이 두 상보적인 기억들이 서로의 안에 정확하게 삽입되고, 견고하게 일치한다는 사실로부터가 아닌가? 행동하는 인간을 특징짓는 것은 주어진 어떤 상황의 문제를 해결하기 위해서 거기에 관련된 기억들을 모두 불러내는 신속함에 있다. 그러나 이 점이 또한 그에게 있어서는 무용하거나 무관심한 기억들이 의식의 문턱에 나타나면서 마주치는 넘어설 수 없는 장벽이기도 하다. 전적으로 순수한 현재 속에 사는 것, 자극에 대해 그것을 연장하는 직접적인 반응으로 응답하는 것, 그것은 하등 동물의 고유한 특징이다. 이렇게 처신하는 인간은 *충동인*이다. 그러나 과거 속에서 사는 즐거움을 위해 거기서 사는 그런 사람은 행동에 그다지 잘 적응하지 못하며, 그에게 있어서 기억들은 현재 상황을 위한 유용함 없이도 의식의 빛 속으로 출현한다. 그는 더 이상 충동인이 아니라, *몽상가*이다. 이 두 극단들 사이에, 현재 상황의 윤곽들을 정확히 따르는 데는 충분할 정도로 유연하면서도 그러나 모든 다른 호출에는 저항할 수 있을 정도로 충분한 힘을 지닌, 기억의 다행스러운 성향이 위치한다. 양식 또는 실천적 감각이란 진정으로 이와 다른 것이 아니다.

MM (166~170/291~294/256~262)

일반관념의 본질

일반관념의 본질은 실제로 행동의 영역과 순수 기억의 영역 사이를 끊임없이 움직이는 데 있다. 그러면 우리가 이미 그렸던 도식을 참조해 보자. S 지점에는 내가 나의 신체로부터, 즉 어떤 감각-운동적 평형으로부터 가지는 현실적 지각이 있다. 밑면 AB의 표면 위에는 나의 기억들 전체가 놓여 있다고 할 수 있다. 이렇게 규정된 원뿔에서 일반관념은 꼭지점 S와 밑면 AB 사이를 계속적으로 왕복할 것이다. 일반관념은 S에서 어떤 신체적 태도나 발성된 말의 아주 분명한 형식을 취할 것이고, AB에서는 자신의 허약한 통일성을 부수어버릴 무수한 개별적 이미지들의, 마찬가지로 분명한 측면을 띠게 될 것이다. 그런 이유로 이미 *만들어진 사실*에 만족하는 심리학, *사물*들만을 인식하고 과*정*들을 무시하는 심리학은 이 운동으로부터 왕복의 양 극단들만을 파악할 것이다. 심리학은 일반관념을 때로는 그것을 행하는 행동이나 그것을 표현하는 말과 일치시키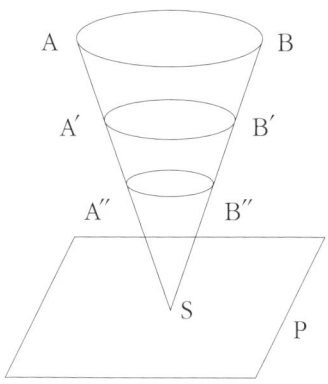려 하고, 때로는 기억 속에서 그것의 등가물이 되는 무수한 여러 이미지들과 일치시키려 할 것이다. 그러나 사실인즉 일반관념은 우리가 그것을 이 두 극단들 중 어느 하나에 고정한다고 주장하자마자 우리를 벗어난다. 일반관념은 이 두 극단의 한 곳에서 다른 곳으로 가는 이중적 흐름 속에서 이루어지는데, 그 과정에서 그것은 언제나 발성된 말들로 결정화되거나 아니면 기억들로 증발할 준비가 되어 있다.

그것은 결국, S점에 그려진 감각—운동적 기제들과 AB에 놓여 있는 기억들 전체 사이에, 우리가 앞 장에서 예감하게 했듯이, 동일한 원뿔에서 A′B′, A″B″ 등의 단면들에 의해서 그려진, 우리 심리적 삶의 무수한 반복들을 위한 자리가 있음을 말하는 것이다. 우리는 꿈의 삶을 살기 위해 우리의 감각적이고 운동적인 상태로부터 풀려남에 따라 AB로 분산되려는 경향을 갖는다. 그리고 우리는 우리가 운동적 반응들에 의해 감각적 자극들에 응답하는 현재적 실재성에 더욱 완고하게 밀착될수록 S로 집중하려는 경향을 갖는다. 사실상 정상적 자아는 결코 이 극단적인 입장들 중 어느 하나에 고정되지 않는다. 그것은 양 극단 사이를 움직이며, 중간 단면들에 의해 표현된 입장들을 차례로 채택한다. 또는 다시 말하자면, 자아는 자신의 표상들에게 그것들이 현재 행동에 유용하게 협조할 수 있을 정도로 충분한 이미지와 관념을 제공한다.

MM (180~181/301~302/274~276)

의식의 수준들과 삶에 대한 주의

우리의 정상적인 심리적 삶은, 우리가 말했듯이, 이 양극단 사이를 왕복한다. 한 편으로 감각-운동적 상태인 S는 기억의 방향을 정하는데, 사실 이 감각-운동적 상태란 단지 기억의 현실적이고 활동적인 극단에 불과하다. 다른 한 편 이 기억 자체는 우리의 과거 전체와 함께 자기 자신의 가능한 한 많은 부분을 현재 행동 속으로 삽입하기 위해 앞으로 밀고 나아간다. 이러한 이중적인 노력으로부터, 매순간 우리 도식의 A′ B′, A″ B″ 등의 절단면들에 의해서 그려진 *상태들*, 즉 기억의 가능한 상태들의 무한한 다양성이 나온다. 이 절단면들은, 우리가 말했듯이, 우리 과거의 삶 전체의 그만큼의 반복들이다. 그러나 이 절단면들 각각은 밑면에 더 접근하는가 아니면 꼭지점에 더 접근하는가에 따라 더 나 덜 넓어진다. 게다가 우리 과거의 완전한 표상들 각각은 오로지 감각-운동적 상태 속에 삽입될 수 있는 것, 따라서 완수할 행동의 관점에서 현재 지각에 유사한 것만을 의식의 빛으로 가져온다. 달리 말하자면, 완전한 기억은 동시적인 두 운동들에 의해 현재 상태의 호출에 응답한다. 하나는 병진(translation) 운동인데, 이 운동에 의해 기억은 행동을 목적으로, 그 전체가 경험 앞으로 향하며, 분할되지 않은 채, 더 나 덜 수축한다. 다른 하나는 자기 자신 위에서의 회전(rotation) 운동으로, 이 운동에 의해 기억은 자신의 가장 유용한 측면을 보여주기 위해 현재 순간의 상황으로 향한다. 수축의 이 다양한 정도들에, 유사성에 의한 연합의 다양한 형태들이 상응한다.

따라서 모든 것은 마치 우리의 기억들이 우리 과거 삶의 무수히 가능한 환원들 속에서 수없이 반복되었던 것처럼 일어난다. 그것들은 기억이 수축되었을 때는 더욱 더 평범한 형태를 취하고, 그것이 팽창되었을 때는 더욱 더 개인적인 형태를 취하면서, 상이한 〈체계화〉의 무제한적인 다양성을 이루게 된다. 내 귀에 들린 외국어 한 마디는 나에게 이 언어 일반을 생각하게 할 수도 있고, 아니면 과거에 어떤 방식으로 그것을 발음했던 어떤 목소리를 생각하게 할 수도 있다. 유사성에 의한 이 두 연합은 우연히 현실적 지각의 인력권에 차례로 끌려 온 상이한 두 표상들의 우발적인 만남에 기인하는 것이 아니다. 그것들은 상이한 두 정신적인 *성향*들에, 기억의 긴장의 구분되는 두 정도들에 대응하는 것으로서, 후자는 순수 이미지에 더 접근한 것이고, 전자는 직접적인 응답, 즉 행동에 더 잘 준비되어 있는 것이다. 이 체계들을 분류하는 것, 그것들을 각기 우리 정신적 삶의 다양한 〈색조들(tons)〉에 연결하는 법칙을 찾는 것, 이 각각의 색조가 어떻게 순간의 필연성들에 의해 그리고 또한 우리의 개인적 노력의 다양한 정도에 의해 그 자체로 결정되는지를 보여주는 것, 이는 어려운 기획일지도 모른다. 이런 심리학 전체는 여전히 해야 할 과제로 남아있고, 우리는 지금으로서는 그것을 시도하려고 하지 않는다. 그러나 우리 각자는 이 법칙들이 존재하며, 이런 종류의 안정적 관계들이 있다는 것을 잘 느끼고 있다. 예를 들어 우리가 심리분석 소설을 읽을 때, 우리는 거기 묘사된 어떤 관념들의 연합들은 사실적이어서 체험될 수 있다는 것을 안다. 그리고 다른 연합들에 대해선 우리가 충격을 받는 것도 있고 아니면 사실적인 인상을 받지 못하는 것도 있다. 왜냐하면 우리는 거기서, 마치 저자가 자신이 선택한 정신적 삶의 평면에 스스로 위치할 수 없었던 것처럼, 정신의 상이한 층들 사이에 단순히 기계적인 접근의 효과만을 느끼기 때문이다.

따라서 기억은 분명 긴장이나 활력에서 연속적이고 구분되는 자신의 정도들을 갖는데, 그것들은 물론 정의하기가 매우 까다롭지만, 영혼의 화가들이라도 그것들을 불순하게 뒤섞어버릴 수는 없다. 게다가 병리학은 여기서 우리 모두가 본능적으로 느끼는 진리를 — 물론 조야한 예들에 관해서이긴 하지만 — 확증해 주고 있다. 예를 들어, 신경증 환자들의 〈체계화된 기억상실증〉의 경우에, 사라져 버린 것처럼 보이는 기억들은 실제적으로 현존한다. 그러나 그 기억들은 모두, 틀림없이 환자가 더 이상 자리 잡을 수 없는 지점, 지적인 활력의 어떤 결정된 색조에 관련되어 있다. (…)

따라서 우리의 신체는, 한편으로는 받아들인 감각들과 다른 한편으로는 행사할 수 있는 운동들과 더불어, 우리의 정신을 고정하는 것, 즉 우리 정신에 추와 균형을 제공하는 바로 그런 것이다. 축적된 기억들의 더미가 그 자체로 현재의 감각들과 운동들을 무한히 넘치듯이, 정신의 활동성은 축적된 기억들의 더미를 무한히 넘친다. 그러나 이 감각들과 운동들이 우리가 *삶에 대한 주의*(l'attention à la vie)라고 부를 수 있는 것을 조건 짓는다. 바로 이 때문에 정신의 정상적인 작업에서 모든 것은, 꼭지점에 의존해 거꾸로 서 있는 피라미드처럼, 감각들과 운동들의 응집력에 달려있다.

MM (187~193/307~312/283~291)

제4장 이미지들의 한정과 고정에 대하여: 지각과 물질, 영혼과 신체

따라야 할 방법

   사람들이 통상 *사실*이라고 부르는 것은 직접적 직관에 나타나는 대로의 실재가 아니라, 실천적 관심들과 사회적 삶의 요구들에 실재를 맞춘 것이다. 순수한 직관은, 외적인 것이든 내적인 것이든, 불가분한 연속체에 대한 직관이다. 우리는 그것을 이편에서는 구분되는 말들에, 저편에서는 독립적인 *대상*들에, 각기 상응하는 병렬된 요소들로 분할한다. 그러나 우리가 원래 단일체로 직관했던 것을 그렇게 분할했기 때문에, 우리는 이 분리된 항들을 연결시켜야만 한다고 느끼게 되는데, 그래봐야 이 연결은 외적이고 덧붙여진 것에 지나지 않을 것이다. 우리는 내적 연속체로부터 유래하는 생생한 단일성을 인공적인 단일성으로 대치하는데, 이 인공적인 단일성은 부동적인 항들을 텅 빈 틀로 묶어서 생기는 것이다. 경험론과 독단론은 이처럼 재구성된 현상들로부터 출발한다는 점에서 근본적으로 일치하며, 단지 독단론은 이 형식(텅빈틀)에, 경험론(부동적인 항들)은 이 질료에 더 집착한다는 점에서만 다를 뿐이다. (…) 사실 이것이 철학적 사유가 흔히 진행되는 방식이다. 즉 우리는 우리가 경험이라고 믿는 것으로부터 출발하여, 외견상 그것을 구성하는 것처럼 보이는 부분들 사이에 가능한 여러 가지 배열들을 시도하다가, 우리의 그 모든 구성이 지닌 취약성 앞에서 결국은 구성하기를 포기하는데 이른다. ─ 그러나 마지막으로 시도해 볼만한 것이 있을 수 있다. 그것은 바로 경험을 그것의 원천으로, 아니 오히려, 경험이 우리의 유용성이라는 방향으로 굴절되면서 고유하게 *인간적인* 경험이 되는, 그 결정적인 *전환점* 이전으로 찾으러 가는 것일지 모른다. 칸트가 논증했었던 사변적 이성의 무능함이란, 아마도, 근본적으로는, 신체적 삶의 어떤 필연성에 매어 있고 우리 욕구들의 만족을 위해 해체할 수밖에 없었던 물질 위에서나 작용하는 지성의 무능함에 불과할 것이다. 따라서 사물들에 대한 우리의 인식은 더 이상 우리 정신의 근본적인 구조에 상대적인 것이 아니라, 단지 정신의 피상적이고 획득된 습관들에, 우리의 신체적 기능들과 우리의 열등한 욕구들로부터 정신이 지니게 된 우연적인 형식에 상대적인 것일 것이다. 인식의 상대성은 그러므로 결정적인 것이 아닐 것이다. 그 욕구들이 만들어놓은 것을 해체하면서 우리는 직관의 원초적인 순수성을 회복할 수 있을 것이고 실재와의 접촉을 다시 취하게 될 것이다. 이 방법은 적용 과정에서 매번 새로 생겨나는 상당한 난점들을 드러내는데, 왜냐하면 그것은 새로운 문제를 해결할 때마다 전적으로 새로운 노력을 요구하기 때문이다. 특정한 사유의 습관들, 더구나 지각하는 습관들조차 포기하는 것은 결코 쉽지 않은 일이다. 그러나 그것도 여전히 소극적 작업의 일부일 뿐이다. 그 작업을 하고 난 뒤, 우리가 경험의 전환점이라고 불렀던 것에 위치했을 때, 우리 인간적 경험의 여명을 알리는, 즉 직접적인 것으로부터 유용한 것으로의 이행을 비추는 그 어스름한 빛을 마침내 접했을 때, 여전히 우리에게 남은 것이 있는데, 그것은 바로, 실제 곡선으로부터 우리가 포착하는 무한히 작은 요소들을 가지고서 그 요소들 배후의 어둠 속으로 뻗어나가 있는 그 곡선 자체의 형태를 재구성하는 일이다. 이런 의미에서, 우리가 이해하고 있는 철학자의 임무는 미분에서 시작해서 하나의 함수를 결정하는 수학자의 임무와 매우 닮았다. 철학적 탐구의 궁극적인 과정은 진정한 적분 작업이다.

MM (203~206/319~321/305~309)

물질의 불가분한 연장성과 인위적인 분할

I. 모든 운동은, 정지로부터 정지로 가는 이행인 한, 절대적으로 불가분하다.

(…) 예를 들어, 여기 A 지점에 놓인 나의 손이 있다. 나는 단숨에 간격을 주파해서 그것을 B 지점에 갖다놓는다. 이 운동에는, 나의 시각에 주어지는 하나의 이미지와, 내 근육적 의식이 파악하는 하나의 작용이, 동시에 들어 있다. 나의 의식은 나에게 하나의 단순한 사실에 대한 내적 감각을 준다. 왜냐하면 A에 정지가 있었고, B에도 역시 정지가 있으며, A와 B 사이에는 나누어질 수 없는 하나의 작용 적어도 나누어지지 않는 전체가 있는데, 그것은 정지로부터 정지로의 이행으로서 운동 자체이기 때문이다. 그러나 나의 시각은 이 운동을 주파해온 AB라는 선의 형태로 지각하는데, 이 선은 모든 공간과 마찬가지로 무한히 분할가능하다. (…) 그러나 운동을 지각하는 감관에 주어지는 것들과 운동을 재구성하는 정신의 기교를 혼동해서는 안 될 것이다. 감관들은, 그 자체로 두었을 때, 두 실재적인 정지들 사이에서 확고하고 불가분한 전체로서의 실재적 운동을 우리에게 제시한다. 분할은 상상력의 작품인데, 상상력이란 마치 어두운 밤에 뇌우(雷雨)의 한 장면을 순간적으로 비추는 번갯불처럼, 우리의 일상적 경험의 움직이는 이미지들을 고정하는 기능을 한다. 우리는 여기서 실

재적 운동의 지각에 동반하면서 그것을 뒤덮고 있는 가상을 그것의 원리 자체 속에서 포착한다. 운동은 분명히 한 점에서 다른 점으로 지나가는데 있고, 따라서 공간을 주파한다. 그런데 주파된 공간은 무한히 분할가능하다. 그리고 운동은, 말하자면 그것이 주파한 선을 따라 적용되기 때문에, 이 선과 연대적이고 마찬가지로 분할가능한 것처럼 보인다. 그렇다면 운동 자체가 선을 그린 것은 아닐까? 운동이 연속적으로 병렬된 점들을 차례차례 지나간 것이 아닌가? 물론 그렇다. 그러나 이 점들은 그려진 선, 즉 부동적인 선 안에서만 실재할 뿐이다. 그런데 당신은 운동을 이 상이한 점들 안에서 차례차례 표상한다는 바로 그 사실에 의해서, 운동을 그 점들에서 필연적으로 정지시킨다. 그러나 당신이 연속적으로 멈춘 그 지점들은, 근본적으로, 상상한 정지들일 뿐이다. 당신은 주파된 궤적을 주파하는 여정에 대체시킨다. 그리고 그 궤적이 여정을 함축하기 때문에, 당신은 그것들이 일치한다고 믿는다. 그러나 어떻게 과정(progrès)이 사물(chose)과 일치하며, 운동이 부동성과 일치하겠는가? (…) 바로 거기에 정확히 오류가 있다. 선분 AB가 A로부터 B로 가는 완성된 운동의 흘러간 지속을 상징한다 하더라도, 이 선분은 부동적이어서 결코 이루어지고 있는 운동, 흘러가고 있는 지속을 나타낼 수 없다. 그리고 이 선분이 부분들로 나누어질 수 있다는 것과, 이 선분이

점들로 종결된다는 것으로부터, 그에 상응하는 지속이 분리된 부분들로 구성된다고 결론지어서도 안 되고, 이 지속이 순간들에 의해서 경계 지어진다고 결론지어서도 안 된다.

엘레아의 제논의 논증들은 이런 가상과 다른 기원을 가지고 있지 않다. 모든 논증들은 시간과 운동을 그것들의 밑에 놓여 있는 선과 일치시키고, 그것들을 동일하게 세분하며 선과 같이 다루는 것으로 이루어진다.

MM (209~213/324~327/314~319)

II. 실재 운동들이 있다.

(…) 나의 눈이 나에게 어떤 운동에 대한 감각을 제공할 때, 이 감각은 하나의 실재이다. 그리고 어떤 대상이 내 눈 앞에서 이동하거나 아니면 내 눈이 대상 앞에서 움직이거나 간에, 무언가가 실제적으로 일어나고 있는 것이다. 하물며, 내가 운동을 산출하려고 한 후 그것을 산출할 때, 그리고 근육 감각이 나에게 그 운동에 대한 의식을 가져올 때, 나는 운동의 실재성을 확신하게 된다. 말하자면 그것은 운동이 나에게 내적으로 *상태*나 질의 변화처럼 나타날 때, 나는 운동의 실재성에 접촉한다는 것을 의미한다. 그러나 그렇다면, 내가 사물들 안에서 질의 변화들을 지각할 때도 어떻게 이와 다를 수 있겠는가? 한 소리가 다른 소리와 절대적으로 다른 것처

럼 소리는 침묵과 절대적으로 다르다. 빛과 어둠 사이에, 색깔들 사이에, 뉘앙스들 사이에 차이는 절대적이다. 전자에서 후자로의 이행 역시 절대적으로 실재적인 현상이다. 따라서 나는 사슬의 양극단, 즉 내 안에서의 근육 감각들과 내 밖에서의 물질의 감각질들을 쥐고 있는데, 어느 쪽에서든 운동을, 만일 운동이 있다고 한다면, 단순한 관계로 포착하지는 않는다. 즉 운동은 절대적인 것이다. ― 이 양극단 사이에, 이른 바 외부 *물체*들의 운동들이 위치한다. 여기서 외견상의 운동과 실재적인 운동을 어떻게 구별할 것인가? 외적으로 지각된, 어떤 대상에 대해서는 그것이 움직인다고, 또 다른 대상에 대해서는 그것이 부동한 채로 남아 있다고 말할 수 있는가? 이러한 문제를 제기한다는 것은, 각각이 개별성을 가지고 있어서 인간의 종(種)들에 비교될 수 있는, 서로 독립적인 대상들 사이에 상식이 세워놓은 불연속성이 근거 있는 구분이라는 것을 인정하는 것이다. 이와 반대되는 가설에서는 사실, 물질의 이러저러하게 결정된 부분들에서 어떻게 위치의 변화가 일어나는지를 아는 것이 문제가 아니라, *전체* 안에서 양상의 변화가 어떻게 이루어지는지를 아는 것이 문제일 것이다.

MM (219~220/331~332/327~329)

III. 물질을 절대적으로 결정된 윤곽을 지닌 독립적인 물체들로 분할하는 것은 모두 인위적인 분할이다.

(…) 어떻게 우리는 물질적 연장으로부터 원초적으로 지각된 연속성을 각각이 실체성과 개별성을 지니는 그만큼의 물체들로 분할하는 것인가? 아마도 이 연속성은 매순간 양상을 바꿀 것이다. 그러나 왜 우리는, 마치 만화경을 돌렸을 때처럼 전체가 변화했다는 것을 단적으로 확증하지 않는가? 왜 우리는 결국 전체의 운동성 안에서 운동하는 물체가 그린 궤적만을 찾으려 하는가? 하나의 *움직이는* 연속성이 우리에게 주어져 있고, 거기서는 모든 것이 변화하고 동시에 그대로 머문다. 우리가 영속성과 변화라는 두 항을 분리하여, 물체들에 의해 영속성을 나타내고, 공간 속의 *동질적인* 운동들에 의해 변화를 나타내는 것은 어디서 비롯하는 것인가? 그것은 물론 직접적 직관에 주어진 것이 아니다. 게다가 그것은 과학의 요구도 아니다. 왜냐하면 과학은 오히려 우리가 인위적으로 절단한 우주의 자연적인 분절을 회복하려고 하기 때문이다. 게다가 모든 물질적 지점들의 상호작용을 점점 더 잘 논증함으로써, 과학은 그 외관에도 불구하고, 우리가 곧 보게 될 것처럼, 우주적 연속성의 이념으로 회귀한다. 의식을 그것의 가장 직접적으로 주어진 것들 속에서 고찰하고, 과학을 그것의 가장 먼 열망들 안에서 고찰한다면, 과학과 의식은 근본적으로

일치한다. 그렇다면 위치들과 상호간의 관계만을 바꾸는, 잘 재단된 모서리를 가진 물체들을 가지고, 하나의 불연속적인 물질적 우주를 구성하려는 저항할 수 없는 경향은 어디서 비롯되는 것인가?

의식과 과학 옆에는 삶이 있다. 철학자들이 너무도 정성들여 분석한 사변의 원리들 아래에는, 사람들이 연구를 게을리 했던 바로 이러한 경향들이 있는데, 이 경향들은 단순히 우리가 살아가야 한다는, 다시 말해 실제로 행동한다는 필연성에 의해서 설명된다. 이미 개별적 의식들이 스스로를 행위에 의해 드러내는 타고난 능력은, 생명체들에 각각 상응하는 구분된 물질적 지대의 형성을 요구한다. 이런 의미에서 나 자신의 신체는, 그리고 이것과의 유추에 의해서 다른 생명체들은, 내가 우주의 연속성 안에서 가장 잘 구별할만한 근거가 있는 것들이다. 그러나 일단 이러한 신체가 구성되고 구분되면, 신체는 자신이 느끼는 욕구들로 인해 다른 물체들을 구별하고 구성하기에 이른다. 가장 하등한 생명체들에 있어서도, 영양섭취는 어떤 탐색을, 그 다음에는 접촉을, 결국에는 어떤 중심을 향해 수렴하는 일련의 노력을 요구한다. 이 중심이 바로 식량으로 쓰여야 하는 독립적 대상이 될 것이다. 물질의 본성이 어떠하건 간에, 생명은 이미 거기에다가, 욕구와 그것을 만족시키는데 쓰이는 것 사이의 이원성을 표현하는 최초의 불연속성을 세울 것이라고 말할 수 있다. 그러나 영양섭취의 욕구가 유일한 욕구는 아니다. 그것 주위에 다른 욕구들이 조직되는데, 이것들은 모두 개체나 종의 보존을 목적으로 한다. 그런데 그 욕구들 각각은, 우리 자신의 신체 옆에, 그것과 독립된, 그리고 우리가 찾아나서거나 피해야만 하는, 물체들을 구별하도록 이끈다. 따라서 우리의 욕구들은 감각질들의 연속성으로 향해서 거기서 구분되는 물체들을 그려내는, 그만큼의 빛나는 묶음들이다. 우리의 욕구들은 이 연속성 안에서 한 물체를 재단하고, 그 다음에 마치 사람들 사이에 그런 것처럼, 그것이 관계 맺을 다른 대상들의 경계를 거기서 또한 재단해낸다는 조건에서만 충족될 수 있다. 감각적 실재성으로부터 이와 같이 재단된 부분들 사이에 전적으로 특수한 이런 관계들을 세우는 것이야말로 바로 우리가 *사는 것*이라고 부르는 것이다. (…)

게다가 과학이 모든 논쟁들 위에 놓는 진리가 있다면, 그것은 물질의 모든 부분들이 상호 작용한다는 것이다. 물체들로 상정된 분자들 사이에는 인력들과 반발력들이 행사된다. 중력의 영향은 혹성 사이의 공간을 가로질러 펼쳐진다. 따라서 원자들 사이에 무언가가 존재한다. 혹자는 그것이 더 이상 물질에 속하는 것이 아니라 힘에 속한다고 말할 것이다. 혹자는 원자들 사이에 당겨져 있는 선들, 즉 점점 더 보이지 않게 되고 심지어 비물질적인 것이라고 믿게 될 때까지 점점 더 얇아지는 선들을 그려볼 것이다. 그러나 이런 조야한 이미지가 무슨 소용이겠는가? 삶의 보존은 틀림없이 우리가 우리의 일상적 경험 속에서 불활성적인 *사물*들과 그것들이 공간에서 행하는 *작용*들을 구별하기를 요구할 것이다. 우리가 사물을 접촉할 수 있을 정확한 지점에 그 *사물*의 자리를 고정하는 것이 우리에게 유용하기 때문에, 그것의 접촉할 수 있는 윤곽들은 우리에게 그 사물의 실재적인 경계가 된다. 그 때 우리는 사물의 작용에서 그것으로부터 분리되고, 그것과 다른, 내가 알지 못하는 어떤 것을 본다. 그러나 물질의 이론은 우리의 욕구들에 전적으로 상대적인 이 일상적인 이미지들 아래서 실재를 재발견하고자 하기 때문에, 그것이 우선적으로 벗어나야 하는 것은 바로 이런 이미지들이다. 그리고 사실상, 우리는 물리학자가 그 효과들을 깊이 탐구함에 따라, 힘과 물질이 서로 접근하고 다시 결합되는 것을 본다. 우리는 힘이 물질화되고, 원자가 관념화되면서, 이 두 항들이 공통의 경계를 향해 수렴하고, 이렇게 해서 우주가 자신의 연속성을 회복하는 것을 본다. (…)

  우리는 물질의 궁극적 요소들에 접근함에 따라 우리 지각이 표면에 세워놓았던 불연속성이 사라지는 것을 본다. 심리학적 분석은 우리에게 이미 이 불연속성이 우리의 욕구들에 관련되어 있다는 것을 드러내주었다. 모든 자연 철학은 마침내 이 불연속성이 물질의 일반적인 속성들과 양립불가능하다는 것을 발견하게 된 것이다. 사실인즉, 소용돌이와 힘의 선들은 물리학자의 정신 속에서는 단지 계산을 도식화할 목적으로 마련된 편리한 형상들에 불과하다. 그러나 철학은 왜 이 상징들이 다른 상징들보다 더 편리하고 더 멀리 나아가게 하는지 물어야만 한다. 이 상징들에 상응하는 개념들이 실재의 표상을 찾게 해주는 적어도 하나의 방향을 우리에게 지시하지 않는다면, 우리는 이 상징들 위에서 작업하면서 경험과 다시 결합할 수 있을까? 그런데 이 상징들이 지시하는 방향은 의심스럽지 않다. 그것들은 구체적 연장을 가로질러 나아가면서 우리에게 *긴장*이나 *에너지*의 변양들, 교란들, 변화들을 보여주기 때문이다.

MM (220~226/333~337/329~337)

기억에 의해 수축된 것으로서의 지각

역학이 연구하는 운동은 단지 하나의 추상물이나 하나의 상징, 즉 모든 실재적 운동들을 서로 비교할 수 있게 해주는 하나의 공통척도나 공통분모에 불과할 뿐이다. 그러나 이 운동들은, 그 자체로 고찰할 경우, 지속을 점유하고, 전과 후를 상정하는 불가분한 것들이며, 시간의 잇따르는 순간들을, 우리 자신의 의식의 연속성과 어떤 유사함을 갖지 않을 수 없는, 변화하는 질(質)의 끈으로 연결한다. 우리는 예를 들어 지각된 두 색의 환원불가능성이 특히 우리 의식의 한 순간에 행사되는 수조번의 진동들을 수축하는 짧은 지속에 기인한다고 생각할 수는 없을까? 만일 우리가 이 지속을 늘일 수 있다면, 즉 그것을 더욱 느린 리듬으로 살아낼 수 있다면, 우리는 이 리듬이 늦추어짐에 따라 색깔들이 연해지고, 아직 색이 있다 하더라도 연속적인 인상들로 늘어지면서, 그러나 점점 더 순수한 진동들과 섞이게 되는 것을 보게 되지 않을까? (…) 따라서 우리가 예감하게 한 바 있듯이, 질의 객관성이라는 것, 즉 질이 자신이 제공하는 것 이상으로 가지고 있는 것은, 정확하게, 말하자면 자신의 번데기 내부에서 그것이 수행하는 막대한 양의 운동들에 있을 것이다. 질은 표면에서는 펼쳐져 있고 부동적이다. 그러나 그것은 심층에서는 살아 있고, 진동하고 있다. (…)

우리 의식에 의해 체험된 지속은 특정한 리듬을 갖는 지속이며, 물리학자가 말하는 시간 즉 어떤 주어진 간격 속에서 원하는 만큼의 수로 현상들을 축적할 수 있는 시간과는 아주 다른 것이다. 1초라는 간격 속에서 붉은 빛 — 가장 긴 파장을 가지며, 따라서 파동의 빈도가 가장 적은 빛 — 은 400조(兆)의 잇따르는 파동들을 완성한다. (…) 이 400조의 파동들의 행렬을 아주 순간적으로 목격하는 어떤 의식을 상상해 보자. 이 파동들을 하나하나 세기 위해 구별하는데 드는 최소한의 시간이 2/1000초이다. 단순 계산만으로도 이 세는 작용이 완성되기 위해서는 25000년 이상이 필요할 것이라는 것을 알 수 있다. 이처럼 1초 동안 우리가 느낀 이 붉은 빛의 감각은, 우리 지속에서는 가능한 한 가장 절약된 시간으로 펼쳐진다 하더라도, 그 현상들의 연속 자체는 우리 역사로 치면 250세기 이상에 해당할 것이다. (…)

우리는 자연 속에서 우리의 내적 상태들보다 훨씬 더 빠른 연속들을 예감한다. 어떻게 그것들을 생각할 수 있을 것인가? 그리고 그 능력이 우리의 모든 상상을 뛰어넘는 이 지속이란 도대체 무엇인가? 그것은 확실히 우리의 지속은 아니다. 그러나 그것은 전체에 대해서도 모든 것들에 대해서도 동일한 지속, 지속하는 것 바깥에서 무차별적이고 텅 빈 채로 흘러갈지 모르는, 그런 비개인적이고 동질적인 지속은 더욱 아니다. 이른바 동질적 시간이라고 하는 것은, 우리가 다른 곳에서 논증하고자 했듯이, 언어의 우상이고, 그 기원을 쉽게 발견할 수 있는 허구이다. 실제로 지속의 유일한 리듬이란 없다. 사람들은 많은 상이한 리듬들을 상상할 수 있는데, 그것들은 더 느리거나 더 빠른 것으로서, 의식들의 긴장이나 이완 정도를 측정하며 이를 통해서 존재자들의 계열에서 그것들 각각의 위치들을 고정할 것이다. 동등하지 않은 탄성을 지닌 지속들에 대한 이런 표상은 아마 우리 정신에게는 고통스러울 것인데, 이는 우리 정신이 의식에 의해서 체험된 진정한 지속을 동질적이고 독립적인 시간으로 대체하는 실용적 습관에 물들어 있기 때문이다. 그러나 우선, 우리가 보여주었듯이, 그러한 표상을 고통스럽게 만드는 가상을 폭로하기는 쉽다. 그 다음, 이런 생각은 근본적으로 우리 의식의 암묵적인 동의를 갖는다. 우리는 우리가 잠자는 경우를 살펴보면, 동시간에 존재하면서 서로 구분되는 두 사람이 있어서 그 중 한 사람이 몇 분간 잠든 동안에 다른 사람의 꿈은 몇 날 몇 주를 차지하는 그런 경우를 우리에게서 지각하지 않는가? 그리고 우리 의식 보다 더욱 긴장된 의식, 말하자면 인류의 발전을 인류 진화의 커다란 단계들로 수축해서 목격할지도 모르는 의식을 가정하면, 그 의식에는 역사 전체가 매우 짧은 시간 안에 포함되지 않겠는가? 따라서 지각한다는 것은, 요컨대, 무한히 이완된 한 존재의 막대한 기간들을 더욱 강렬한 삶의 더욱 분화된 몇 몇 순간들로 압축시키는 것으로, 그리고 그렇게 해서 매우 긴 역사를 요약하는 것으로 이루어진다. 지각한다는 것은 부동화를 의미한다.

다시 말해 그것은 우리가 지각 행위 속에서 지각 자체를 넘어서는 어떤 것을 포착한다는 것을 뜻한다. 그럼에도 불구하고 물질적 우주는 우리가 그것에 대해 가지는 표상과 본질적으로 다르거나 구분되는 것이 아니면서 말이다. 어떤 의미에서 나의 지각은 나에게 분명 내재적이다. 왜냐하면 그것은 그 자체로는 헤아릴 수 없을 정도로 많은 순간들로 분할될 수 있는 것을 내 지속의 유일한 순간으로 수축시키기 때문이다. 그러나 비록 당신이 나의 의식을 제거한다 하더라도, 물질적 우주는 있었던 그대로 존속한다. 다만, 당신이 사물들에 대한 나의 행동의 조건이었던 지속의 이 특수한 리듬을 제외했기 때문에, 이 사물들은 과학이 구분하는 그만큼의 순간들로 분절되기 위해서 자기 자신으로 되돌아가고, 감각질들은 사라지는 것이 아니라, 비교할 수 없을 정도로 더 분할된 어떤 지속 안에서 펼쳐지고 전개된다. 물질은 이처럼 모든 것이 중단없는 연속으로 연결되어 있고, 모든 것이 서로 연대적인, 그리고 그 많은 떨림들만큼이나 모든 방향으로 퍼지는, 무수한 진동들로 용해된다. ― 한 마디로 말해, 당신의 일상적 경험에서 불연속적인 대상들을 서로 연결해 보라. 그 다음에 그것들의 질들의 부동적인 연속성을 곧바로 진동들로 용해해 보라. 운동성만을 고려하기 위해서, 그 운동들 아래에 놓여있는 가분적인 공간으로부터 벗어나서, 당신 자신이 수행한 운동들 안에서 당신의 의식이 파악한 이 불가분한 행동을, 그 운동들에 밀착시켜보라. 당신은 물질로부터 아마 상상하기는 힘든 어떤 외양을, 그러나 삶의 요구들이 당신으로 하여금 외부 지각 할 때 거기에 덧붙이게 한 것을 제거한 순수한 어떤 외양을 얻게 될 것이다. — 이제 나의 의식을 회복하여, 그것과 함께 삶의 요구들을 복구해 보라. 그러면 아주 이따금씩, 그리고 매번 사물들의 내적인 역사의 막대한 기간들을 뛰어넘으면서, 거의 순간적인 외관들, 이번에는 그림같은 외관들이 취해질 것이고, 그것들의 더욱 분명한 색들도 무한한 반복들과 요소적인 변화들을 응축할 것이다. 달리는 사람의 수천의 연속적인 위치들이 단일한 상징적 태도로 수축되어 우리 눈에 지각되고, 예술에 의해 재생되고, 모든 사람들에게 달리는 사람의 이미지가 되는 것은 그와 같다. 따라서 우리가 우리 주변에 순간순간 던지는 시선은 단지 무수한 반복들과 내적인 진화들의 결과들만을 포착하는 것이다. 바로 이 때문에 그 결과들은 불연속적이 되며, 우리는 그것들의 연속성을 우리가 공간 속의 〈대상들〉에 부여하는 상대적인 운동들에 의해서 회복한다. 변화는 도처에 있다. 그러나 그것은 심층적으로 존재한다. 우리는 변화를 여기 저기 위치시키지만 그것은 표면일 뿐이다. 그리고 우리는 이렇게 해서 그것들의 질들에 관해서는 안정적이고 동시에 그것들의 위치들에 관해서는 움직이는 물체들을 구성한다. 그러나 우리가 보기에는, 단순한 장소의 변화는 자신 안에 우주적인 변형을 수축하고 있는 것이다.

MM (227~234/338~344/339~349)

지속의 긴장과 자유의 정도

이제 우리의 현실적인 말하자면 순간적인 지각이 물질을 독립적인 대상들로 분할함과 동시에 우리의 기억은 사물들의 연속적인 흐름을 감각질들로 응결시킨다. 기억은 과거를 현재 속으로 연장시킨다. 왜냐하면 우리의 행동은, 기억으로 가득 찬 우리의 지각이 과거를 수축시키는 만큼의 정확한 비율로, 미래를 처분할 것이기 때문이다. 받아들인 작용에 대해 그것의 리듬에 꼭 맞으면서 같은 지속으로 연속되는 직접적인 반작용에 의해서 답하는 것, 현재 속에, 끊임없이 다시 시작하는 현재 속에 존재하는 것, 바로 이것이 물질의 근본적인 법칙이다. 바로 거기서 필연성이 성립한다. 만일 *자유로운* 행동들 또는 최소한 부분적으로라도 비결정적인 행동들이 있다면, 그것들은 오로지, 자신들의 고유한 생성에 적용되고 있는 바로 그 생성을 때때로 고정하고, 그 생성을 구별되는 순간들로 응결시키고, 그렇게 해서 그것으로부터 물질을 응축시키고, 그 물질을 자신에 동화시키면서 그것을 자연적 필연성의 그물들을 통과해서 지나갈 반작용의 운동들로 소화할 수 있는 그런 존재들에게만 속할 수 있다. 이 존재들의 지속의 더 강하거나 덜 강한 긴장은 사실상 그것들의 삶의 더 크거나 덜 큰 강도를 표현하는 것이며, 그렇게 해서 그것들의 지각의 집중력과 그것들의 자유의 정도를 결정한다. 주위의 물질에 대한 그것들의 작용의 독립성은 그것들이 이 물질이 흐르는 리듬으로부터 더욱 벗어날수록 점점 더 잘 드러난다. 따라서 기억으로 이중화된 우리의 지각 안에서 나타나는 것처럼, 감각질들은 실재를 응고시킴으로써 얻어진 바로 그 연속적인 순간들이다. 그러나 이 순간들을 구분하기 위해, 그리고 또한 이 순간들을 우리의 고유한 실존과 사물들의 실존에 공통적인 하나의 선에 의해서 함께 연결하기 위해, 우리는 연속 일반의 추상적인 도식, 즉 하나의 동질적이고 무차별적인 환경을 상상하지 않을 수 없는데, 이 환경은 공간이 넓이의 방향 속에 있는 것처럼 물질의 흐름에서 길이의 방향 속에 있는 것이다. 바로 여기에서 동질적 시간이 성립한다. 따라서 동질적 공간과 동질적 시간은 사물들의 속성들도 아니고, 이 속성들을 인식하는 우리의 능력의 본질적인 조건들도 아니다. 그것들은 우리가 실재의 움직이는 연속성에다가 부여한 응고와 분할의 이중 작업을 추상적인 형태로 표현하는 것인데, 이는 실재의 움직이는 연속성 위에 받침점들을 확보하고, 거기에 행동의 중심들을 고정시키면서, 궁극적으로는 거기에 진정한 변화들을 도입하기 위한 것이다. 즉 그것들은 물질에 대한 우리 행동의 도식들이다.

MM (236~237/344~345/350~352)

물질, 지속의 가장 낮은 정도

통속적 이원론의 오류는 공간의 관점에 위치해서, 한편으로는 공간 속에 물질과 그것의 변양들을 놓고, 다른 편으로는 의식 속에 비연장적인 감각들을 놓는 데 있다. 그로부터 정신이 어떻게 신체에 작용하는지 또는 신체가 어떻게 정신에 작용하는지를 이해하는 것이 불가능하게 된다. 그로부터 사실을 위장한 확증들에 불과하거나 그렇게 될 수밖에 없는 가정들이 나오는데, 심신평행론이나 예정조화론의 관념이 그것들이다. 그러나 그로부터 또한 기억에 관한 심리학이든, 물질에 관한 형이상학이든 구성하는 것이 불가능하게 된다. 우리는 이 심리학과 이 형이상학이 연대적이라는 것과, 주체와 대상이 일치하는 순수 지각으로부터 출발하여 이 두 항들의 전개를 그것들 각각의 지속 안으로 밀고 나가는 이원론에서는 이런 난점들이 완화된다는 것을 확립하고자 했었다. ― 물질은, 사람들이 그것에 대한 분석을 더욱 멀리 진행함에 따라, 서로서로를 연역하는, 따라서 *서로 등가적인*, 무한히 빠른 순간들의 연속에 지나지 않는 경향을 점점 더 띠게 되고, 지각 안에서 이미 기억인 정신은, 현재 속의 과거의 연장이자, 진전이며, 진정한 진화로 점점 더 긍정된다.

그러나 신체와 정신의 관계가 그렇게 해서 더욱 명백하게 되는가? 우리는 공간적 구분을 시간적 구분으로 대체한다. 이 두 항들이 서로 통합될 수 있는가? 첫 번째 구분은 정도들을 포함하지 않는다는 것에 주목해야 한다. 즉 물질은 공간 안에 있고, 정신은 공간 밖에 있다. 그것들 사이에 이전은 가능하지 않다. 반대로 만일 정신의 가장 저급한 역할이 사물들의 지속의 연속적인 순간들을 연결하는 것이라면, 만일 바로 이러한 작용 속에서 정신이 물질과 접촉하고, 또한 이 작용을 통해서 정신이 무엇보다 물질과 구분된다면, 사람들은 물질과 충분히 전개된 정신 사이에서 무한한 정도들을 생각할 수 있다. 충분히 전개된 정신이란 비결정적인 행동을 할 수 있을 뿐만 아니라 합리적이고 숙고된 행동을 할 수 있는 정신을 말한다. 삶의 점증하는 강도를 측정하는, 연속적인 이 정도들 각각은 지속의 더 높은 긴장에 상응하며, 감각-운동 체계의 더 커다란 발전에 의해 밖으로 나타난다. 그러면 신경체계를 고려해보면 어떨까? 신경체계의 증가하는 복잡성은 생명체의 활동성에 점점 더 커다란 여지를, 즉 반응하기 전에 기다리는 능력, 받은 자극을 운동 기제들의 점점 더 풍부한 다양성에 관련시키는 능력을 허용하는 것처럼 보일 것이다. 그러나 그것은 외양에 불과하며, 물질에 대한 생명체의 더 커다란 독립성을 보장하는 것으로 보이는 신경체계의 더 복잡한 조직화는, 이 독립성 자체를 물질적으로 상징하게 하는 것에 지나지 않는다. 그런데 이 독립성이란, 그 존재로 하여금 사물들의 흐름의 리듬으로부터 벗어나게 해주고, 미래에 점점 더 깊이 영향을 행사하기 위해 과거를 더욱 더 잘 보존하게 해주는 내적인 힘, 즉 결국 우리가 이 말에 부여하는 특수한 의미에서, 바로 그 존재의 기억을 말한다. 이처럼 날 물질과 가장 잘 반성할 수 있는 정신 사이에는 기억의 가능한 모든 강도들, 또는 같은 말이 되겠지만, 자유의 모든 정도들이 있다.

MM (248~250/354~355/368~370)

요약과 결론

이원론적 대립의 해체

일반적인 이원론에서 두 원리들 간의 대립은, 비연장적인 것과 연장적인 것, 질과 양, 그리고 자유와 필연의 삼중 대립으로 귀착된다. 만일 신체의 역할에 관한 우리의 개념규정이, 그리고 순수 지각과 순수 기억에 대한 우리의 분석들이, 어떤 측면에서 신체와 정신의 상관성을 해명해야만 한다면, 그것은 오로지 이 삼중 대립을 제거하거나 완화하는 조건에서만 가능하다. 따라서 우리가 심리학으로부터만 끌어내고자 했던 결론들을 여기서는 더 형이상학적인 형태로 제시하면서 이 대립들을 차례로 검토해보자.

1. 예컨대 만일 사람들이 한편으로는 실제로 미립자들로

나누어지는 연장을 상상하고, 다른 한편으로는 공간 속에 투사될, 그 자체로 비연장적인 감각들을 지닌 의식을 상상한다면, 사람들은 이 물질과 이 의식 사이에, 신체와 정신 사이에 공통된 어떠한 것도 분명 발견하지 못할 것이다. 그러나 지각과 물질의 이런 대립은 자신의 습관들이나 법칙들에 따라 분해하고 재구성하는 오성의 인위적인 작품이다. 이런 대립은 직접적인 직관에는 주어지지 않는다. 주어진 것, 그것은 비연장적인 감각들이 아니다. 비연장적인 감각들이 어떻게 다시 공간과 결합하여, 거기서 한 장소를 선택하고, 거기서 정돈되어 결국 보편적인 경험을 구성할 수 있겠는가? 실재적인 것, 그것은 독립적인 부분들로 나누어진 연장은 더더욱 아니다. 우리 의식과 가능한 어떠한 관계도 갖지 못하면서, 어떻게 이 연장이 우리 표상들의 순서와 관계에 정확히 상응하는 순서와 관계들로 일련의 변화들을 펼칠 수 있겠는가? 주어진 것, 실재적인 것, 그것은 바로 나누어진 연장과 순수한 비연장 사이의 중간적인 어떤 것이다. 즉 그것은 우리가 *확장된 것*(l'extensif)이라고 불렀던 것이다. 확장이란 지각의 가장 명백한 성질이다. 우리가 무한히 가분적인 다수의 연장을 구성하는 것은, 바로 행동의 필요 때문에 우리가 〈확장된 것〉 아래에 평평하게 펼쳐 놓은 추상적 공간을 수단으로, 이 〈확장된 것〉을 견고하게 만들고 세분하면서이다. (…)

2. 질과 양의 대립, 즉 의식과 운동의 대립은 훨씬 덜 인위적이다. 그러나 이 두 번째 대립은 첫 번째 대립을 전제할 때에만 근본적인 것이 된다. 사물의 질들이 의식에 영향을 주는 비연장적인 감각들로 환원된다고, 그래서 이 질들은 오로지 공간 속에서 수행되는 동질적이고 계산가능한 변화들을 상징적으로 재현할 뿐이라고 가정해보라. 그러면 당신은 이 감각들과 이 변화들 사이에 이해불가능한 상응성을 상상해야 할 것이다. 이와 반대로, 이 감각들과 이 변화들 사이에 *선험적*으로 세우는 이런 인위적인 대립을 포기해 보라. 그러면 당신은 그것들을 분리하는 것처럼 보인 모든 장벽들이 하나씩 떨어져 나가는 것을 볼 수 있을 것이다. 우선 의식이, 자기 자신에게로 감겨있으면서, 비연장적인 지각들의 내적 행렬을 본다는 것은 사실이 아니다. 당신이 순수 지각을 다시 위치시켜야 할 곳은 바로 지각된 사물들 자체 안이다. 이로써 당신은 첫 번째 장애물을 제거했다. 사실 당신은 거기서 두 번째 장애물을 만나게 된다. 과학이 조작하는 동질적이고 계산가능한 변화들은 원자들과 같은 다수의 독립적인 요소들에 속하는 것으로 보이고, 이 변화들은 이러한 요소들의 단지 우연적 사건에 불과한 것처럼 보인다. 이런 다수성이 지각과 그 대상 사이에 개입하게 될 것이다. 그러나 연장의 분할이 순전히 그것에 대한 우리의 가능적 행동에 상대적이라면, 독립적

인 미립자들의 관념이야말로 *더더욱* 도식적이고 잠정적인 것이다. 과학 자체가 그런 관념을 제쳐놓아도 되게 한다. 바로 여기서 두 번째 장애물이 제거된다. 이제 뛰어넘어야 할 마지막 간격이 남게 되는데, 이것은 질들의 이질성으로부터 연장 속에서 전개되는 운동들의 외견상 동질성으로 갈 때의 간격이다. (…) 어떻게 수축이 작동하는가? 즉 동질적인 운동들이 구분되는 질들로 수축되는 것이 아니라, 덜 이질적인 변화들이 더 이질적인 변화들로 수축되는 것은 어떻게 일어나는가? 이 물음에는 구체적 지각에 대한 우리의 분석이 답해주고 있다. 순수 지각과 순수 기억의 생생한 종합인 이 지각은 겉으로 보기에는 단순한 것 같지만 그 단순성 속에는 엄청나게 많은 수의 순간들이 필연적으로 축약되어 있다. 따라서 우리의 표상들 속에서 고찰된 감각질들과 이 동일한 질들이 계산가능한 변화들로 다루어진 것 사이에는 따라서 오로지 지속의 리듬 차이만이, 내적인 긴장의 차이만이 존재한다. *확장*이라는 관념으로 비연장적인 것과 연장적인 것의 대립을 제거했듯이, 이렇게 해서, 우리는 *긴장*이라는 관념으로 질과 양의 대립을 제거하고자 했다. 확장과 긴장은 무수한 정도들, 그러나 항상 결정된 정도들을 허용한다. (…)

3. 연장과 비연장의 관계, 질과 양의 관계를 위와 같이 고찰한다면, 세 번째이자 마지막 대립, 즉 자유와 필연의 대립

을 이해하는 데는 어려움이 훨씬 덜 할 것이다. 절대적인 필연성이란 지속의 연속적인 순간들이 서로 완전한 등가를 이루는 것으로 표현될지 모른다. 물질적 우주의 지속이 이와 같을까? 그것의 순간들 각각은 선행하는 것으로부터 수학적으로 연역될 수 있는가? 우리는 이 작품 전체에서 연구의 편이를 위해 그렇다고 가정했었다. 이는 사실 우리 지속의 리듬과 사물들의 흐름의 리듬 사이의 거리를 보여주는 것으로, 최근의 어떤 철학에 의해서 아주 깊이 연구된 바 있는, 자연의 흐름이 갖는 우연성이란 우리에게는 실천적인 면에서 필연성과 등가일 수밖에 없다는 것이다. 따라서 완화시킬 여지는 있지만 우리의 가설을 유지해보자. 그 때조차도 자유는 자연 속에서 왕국 속의 왕국처럼 있지 않을 것이다. 우리는 이 자연이 하나의 중화된 의식, 따라서 잠재적인(latente) 의식, 그것의 우발적인 현시들이 서로 상충해서 그것들이 나타나려는 정확한 순간에 무화되는 그런 의식처럼 간주될 수 있다고 말했다. 따라서 거기에 개별적인 의식을 싹 틔우려는 최초의 미광들은 전혀 기대할 수 없었던 뜻밖의 어떤 빛으로 자연을 조명하는 것이 아니다. 이 개별적인 의식은 단지 장애를 제거했을 뿐이고, 실재 전체로부터 잠재적인 부분을 추출했을 뿐이며, 결국 관심 있던 것을 선택하고 끄집어내었을 뿐이다. 그리고 만일, 이런 지적 선택이라는 것을 통해서, 의식이 정신으로부터 자신의 형식을 취한다는 것을 증언한다면, 이 의식이 자신의 질료를 끌어내오는 것은 바로 자연으로부터이다. 게다가 우리는 이 의식의 개화를 목격함과 동시에, 자발적이고 예기치 않은 운동을 가장 단순한 형태로나마 할 수 있는 생명체들이 또한 그려지는 것을 본다. 생명적 물질의 진보는 처음에는 형태화를 가져오고, 그 다음에는 자극들을 전달하고 행동들을 조직할 수 있는 신경체계의 점진적인 복잡화를 가져오는, 기능들의 분화로 이루어진다. 고등중추들이 발달하면 할수록, 행동에는 동일한 자극에 대해 선택을 요구하는 운동 노선들이 더욱 많아지게 된다. 공간에서의 운동에 허용된 점점 더 커다란 여유, 바로 이것이 실제로 사람들이 보는 것이다. 그러나 사람들이 보지 못하는 것, 그것은 바로 시간 속에서 의식에 수반하며 점증하는 긴장이다. 이미 지나간 경험들에 대한 기억을 통해서, 이 의식은 더 풍부하고 더 새로운 결정 속에서 현재와 과거를 조직화하기 위해 과거를 점점 더 잘 붙들어 둔다. 뿐만 아니라, 이 의식은 더 강렬한 삶을 살면서, 직접적인 경험에 대한 기억을 통해 자신의 현재 지속 안으로 점증하는 수의 외적 순간들을 수축하면서, 행위들을 더 잘 창조할 수 있게 된다. 이 행위들의 내적인 비결정성은, 물질의 순간들을 원하는 만큼 많은 수로 나눌 수 있게 하므로, 그만큼 더 쉽게 필연의 그물망을 가로질러 통과할 것이다. 이처럼 시간 속에서 고려하든, 공간 속에서 고려하든, 자유는 언제나 필연 속에 깊은 뿌리들을 밀어넣고 있으며, 필연과 함께 내밀하게 조직되는 것처럼 보인다. 정신은 물질로부터 지각들을 빌어와 거기서 자신의 양분을 취하고, 자신의 자유를 새겨 놓은 운동의 형태로 물질에게 지각들을 되돌려준다.

MM (275~280/373~378/401~409)

3부

관련서 및 연보

"여러분, 5시입니다. 강의는 끝났습니다."
―베르그손이 죽기 전 마지막으로 남긴 말, 1941년 1월 3일

베르그손의 다른 저작들

Henri Bergson, Œuvres, Paris, PUF, 1959/1972

베르그손의 탄생 백주년을 기념하여 나온 표준판. 앙리 구이에(Henri Gouhier)가 서문을 쓰고, 앙드레 로비네(André Robinet)가 주석을 붙였다. 『물질과 기억』을 비롯하여 베르그손이 출판을 승인한 아래 저서들이 포함되어 있다.

– *Essai sur les données immédiates de la conscience* (1889)

『의식에 직접 주어진 것들에 관한 시론』 최화 옮김, 아카넷, 2001

베르그손의 박사학위 논문이자 첫 번째 저서. 베르그손 철학의 핵심인 지속의 이론이 정초되어있다. 제1장은 심리상태의 강도를 양으로 환원하여 측정하려는 당시의 정신물리학을 비판하며 심리상태는 본성상 양화불가능하며 질적이고 비연장적인 것임을 밝힌다. 제2장은 이질적인 요소들이 상호 침투하며 끊임없이 흘러가는 의식 상태의 질적 다양성을 통해 순수 지속으로서의 시간이 공간이나 공간화된 시간과 본성상 다르다는 것을 논증하는 핵심적인 부분이다. 제3장은 이 지속의 관점에서, 자유의지와 결정론의 대립으로 구성되었던 기존의 자유 문제를 해체하고 내적 자아의 진정한 자유를 예측불가능한 창조 행위로서 논증한다. 이후 베르그손 철학의 전개는 이 지속의 직관이 전개된 연속적인 질적 변화의 과정이라 할 수 있다. 『물질과 기억』, 『창조적 진화』, 『두 원천』은 각기 다른 문제 영역에서 이전까지의 성과들을 반복하면서 새로운 해답과 개념들을 창출해내는데, 이 모든 저서에서 공통적으로 반복되면서 달라지는 근본 개념은 바로 지속이다. 베르그손의 철학에는 전기와 후기로 나눌만한 사유의 단절이나 방향전환이 없다. 지속에 대한 최초의 직관은 의식의 지속, 생명체의 지속, 우주의 지속으로, 매번 다른 문제 지평에서 다른 방식으로 반복되면서 풍부해진다. 『시론』의 지속이야말로 베르그손 철학 전체를 관통하며 다양한 수준에서 현실화될 잠재적인 질적 다양체인 셈이다.

– *Matière et Mémoire; essai sur la relation du corps à l'esprit* (1896)

『물질과 기억』, 박종원 옮김, 아카넷, 2005

– *Le Rire, essai sur la signification du comique* (1900)

『웃음, 희극성의 의미에 관한 시론』 정연복 옮김, 세계사, 1992

단일 주제에 관한 소품이지만 초판 발행 이후 1959년에 이미 123판을 찍을 정도로 놀라운 판매부수를 자랑하는 명저이다. 아리스토텔레스의 『시학』이 철학적 '비극론'을 대표한다면, 베르그손의 『웃음』은 철학적 '희극론'을 대표한다고 할 수 있다. 희극이 웃음을 유발하는 것은 '유연하게 움직이는 살아있는 것에 경직되고 기계적인 것을 덧붙이는 방식'에서 비롯하며, 이러한 웃음이 갖는 사회적 효과는 '사회생활을 침해하는 요소에 대한 사회의 방어적 반응'이라는 고찰이 들어 있다. 기계적 결정론에 반(反)하는 삶의 지속에 관한 베르그손의 철학이 그 토대에 있음은 물론이다.

– *L'évolution créatrice* (1907)

『창조적 진화』 황수영 옮김, 아카넷, 2005

『물질과 기억』 이후 베르그손의 세 번째 주저. 베르그손을 명실공히 세계적인 철학자로 자리매김하면서 베르그손주의의 화려한 개화를 알린 대작. 당대의 생물학, 물리학, 심리학 등 방대한 자연과학적 자료들에 대한 면밀한 분석을 토대로, 생명의 진화에 관한 형이상학적 고찰을 담고 있다. 우주 전체는 의식과 마찬가지로 지속하며, 생명체의 삶은 이 지속하는 우주 안에서 흩어지려는 물질 운동과 이를 거슬러 수축하는 생명 운동의 상반된 두 경향 사이의 만남 속에서 형성된다. 생명의 창조적인 잠재력은 물질의 흐름을 거슬러 또는 물질의 힘에 기대어, 자신을 다양한 생명체의 모습으로 현실화한다. 생명체의 진화는 무로부터의 창조도 아니고 물리적 결정론으로도 설명될 수 없는, '진화'의 연속성과 '창조'의 불연속성이 결합된, 연속적인 변화 속의 질적인 비약으로 전개된다. 베르그손은 이 책을 통해서 영원불변한 존재 우위의 정적인 형이상학이 아니라 창조적인 생성과 변화를 근원적 실재로 보는 역동적 형이상학을 제시하여 철학사의 흐름을 바꿔 놓았을 뿐 아니라, 생명 일반의 의미가 물질의 필연을 극복하는 자유의 확장에 있음을 논증함으로써 삶에 대한 진정한 긍정을 가능하게 했다. 제1장에서 기계론과 목적론으로 대변되는 당대 과학적 진화론의 한계와 문제점들을 지적하고, 제2장에서는 창조적 지속의 관점에서 생명 진화의 역사를 재해석하며, 제3장에서는 지성과 물질의 상호 발생이라는 형이상학적 난제를 다룬다. 마지막 제4장에서는 철학사를 관통해 온 지성의 근본적인 습관과 가상을 밝혀내고 이에 근거한 기존의 철학적 문제들을 해체한다. 오늘날 생명공학의 눈부신 발달과 생태학적 논의의 홍수 속에서 유물론적 세계 안에 있는 인간의 삶과 생명의 의미에 대한 진지한 철학적 고찰로 이보다 더 훌륭한 현대적 고전은 없을 것이다.

- *L'énergie spirituelle* (1919)

베르그손의 첫 번째 논문모음집. 여기에는 "의식과 생명"(1911년 영국 버밍엄 대학에서 영어로 한 강연의 불어번역), "영혼과 신체"(1912년 '신앙과 생활' 학회에서 강연), "산 자의 유령과 심령 연구"(1913년 심령연구회에서 강연), "꿈"(1901년 심리학 일반 연구소에서 강연), "현재의 기억과 잘못된 식별"(1908년 철학지에 발표), "지적 노력"(1902년 철학지에 발표) "뇌와 사유: 철학적 착각"(1904년 제네바 세계 철학자 대회에서 '정신-생리학적 오류추리'라는 제목으로 발표) 등 총 7편의 주옥같은 논문들이 들어있다. 특히 이 책은 주로 『물질과 기억』 제2장과 제3장의 기억이론, 정신론, 심리철학과 연관된 논문들로 구성되어 있으므로 『물질과 기억』을 이해하기 위해서라도 꼭 읽어볼 필요가 있다. 아쉽게도 국내 번역본은 아직 나오지 않았다.

– *Les deux sources de la morale et de la religion* (1932)

『도덕과 종교의 두 원천』 송영진 옮김, 서광사, 1998

『창조적 진화』 이후 25년 만에 나온 마지막 주저. 사회철학, 도덕철학, 종교철학을 비롯하여 인류의 미래에 대한 준엄한 통찰이 담긴 베르그손의 실천철학서. '지속'(『시론』), '기억'(『물질과 기억』), '생명'(『창조적 진화』)에 이어 '감동(émotion)'을 새로운 철학적 키워드로 탄생시킨 책. 베르그손은 이 책에서 닫힌 사회와 열린 사회를 대립시킨다. 칼 포퍼의 열린 사회가 비판적 합리주의에 입각하여 개인과 사회 사이의 관계 속에서 사회 규범이나 정치 권력에 대한 자유로운 비판을 허용하는 민주 사회를 의미한 것이라면, 베르그손의 열린 사회는 사회를 지탱하는 도덕의 본성에 기초하여 사회와 사회 사이의 관계 속에서 타자에 대한 개방과 포용을 허용하는 인류 전체로 열린 사회를 의미한다. 닫힌 사회는 한 사회의 보존과 이익에만 관심을 기울이는 집단 이기주의에 기초하며 이를 강화하는 닫힌 도덕(사회적 습관으로서의 의무 강제)과 정적 종교(반사회적 작용의 저지)에 의존하기에 결국 다른 사회와 전쟁의 파국으로 치달을 수밖에 없다. 본능과 지성에 뿌리를 둔 자연적인 집단 이기심을 넘어서 열린 사회로 나아가기 위해서는 인간의 조건을 초월하는 도약이 요구되며, 이는 예수나 성인들이 몸소 실천해 보였던 인류 전체에 대한 사랑을 모두가 구현할 수 있을 때 가능하다. 배타적 애국심을 보편적 인류애로 변화시키는 것은 이성에 호소하여 도덕적 강제를 확장함으로써가 아니라, 도덕적 영웅들의 사랑의 행위로부터 받은 정서적 감동과 그들을 모방하고자 하는 열망을 통해서 이루어지는 자발적인 실천뿐이다. 인류의 미래는 근시안적인 지성의 눈을 생명 일반과 인류 전체의 근원에 대한 직관으로 돌려 전체에 대한 사랑을 회복할 때 비로소 개방될 수 있다. 제1장은 도덕적 의무의 본성을 이성이 아닌 사회적 습관에서 발견하여 닫힌 도덕으로부터 열린 도덕으로의 이행에서 감동의 역할이 중요함을 역설하고, 제2장은 닫힌 도덕을 보완하는 정적 종교의 본성과 우화적 기능에 대해 설명하며, 제3장은 동적 종교의 본성과 사랑의 원리를 실천하는 도덕적 영웅으로서의 신비가들에 대해 논한다. 마지막 제4장은 결론부분으로서 닫힌 사회와 열린 사회를 비교하며 전쟁에 관한 분석과 인류의 미래에 대한 메시지를 전한다.

– *La pensée et le mouvant* (1934)

『사유와 운동』 이광래 옮김, 문예출판사, 1998

베르그손의 두 번째 논문모음집. 여기에는 이 책을 위해 별도로 쓴 두 편의 긴 서문("진리의 성장과 참의 퇴행 운동", "문제의 위상에 대해")과 함께 "가능적인 것과 실재적인 것"(1920

년 옥스퍼드 대학에서의 강연), "철학적 직관"(1911년 볼로냐의 세계 철학자 대회에서 발표), "변화의 지각"(1911년 옥스퍼드 대학에서 강연), "형이상학 입문"(1903년 '도덕-형이상학'지에 발표) 등 베르그손 철학을 요약할 만한 핵심적인 글들이 들어있고, "끌로드 베르나르의 철학"(1913년 꼴레쥬-드-프랑스의 베르나르 백주년 기념식에서 강연), "윌리엄 제임스의 실용주의: 진리와 실재"(1911년 제임스의 『실용주의』 불어번역판 서문), "라베송의 생애와 저서"(1904년 정치-정신과학 학술원에서 강연) 등 다른 철학자들에 관한 글들도 실려 있다. 한마디로 '철학이란 무엇인가?'에 대한 베르그손의 명쾌한 답변이 들어있는 책이라 할 수 있다. 베르그손 철학에 입문할 때 가장 흥미롭게 접근할 수 있는 책이다.

Mélanges, Paris, PUF, 1972

『물질과 기억』을 포함하여 총7편의 저서를 묶고 있는 베르그손의 전집 외에 베르그손이 쓴 편지나 기타 강연원고들을 묶은 『잡문집』이다. 베르그손이 공식 출판 금지를 유언으로 남겼지만 베르그손에 대해 알고자 하는 후학들의 열정이 더는 이를 지킬 수 없게 했다. 여기에는 라틴어로 씌어졌던 베르그손의 박사학위 부논문 "아리스토텔레스의 공간론"이 불어로 번역되어 있고, 특히 시간의 복수성과 상대성을 주장하는 아인슈타인과 대결하지 않을 수 없었던 지속의 철학자로서 베르그손이 남긴 저서 『지속과 동시성(Durée et simultanéité, 1921)』이 실려 있다.

Cours I-IV, Paris, PUF, 1990-2000

앙리 위드(Henri Hude)의 편집으로, 베르그손의 강의를 받아 적었던 당시의 노트들을 모아 출간한 총4권의 『강의록』.

Correspondances, Paris, PUF, 2002

베르그손의 편지들만을 모아 놓은 『서간집』.

더 읽어볼만한 책들

베르그손 철학 전반과 관련하여

김진성, 『베르그송 연구』, 문학과지성사, 1985

김형효, 『베르그송의 철학』, 민음사, 1991

송영진, 『직관과 사유』, 서광사, 2005

황수영, 『베르그손 : 지속과 생명의 형이상학』, 이룸, 2003

Baron, Jean-Louis Vieillard, *Bergson*, PUF. 1991

Capek, Milic, *Bergson and Modern physics*, humanities press, 1971

Deleuze, Gilles, *Le Bergsonisme*, PUF. 1966 (『베르그손주의』, 문학과지성사, 김재인 옮김, 1996)

Lawlor, Leonard, *the Challenge of Bergsonism*,

continuum, 2003

Moore, F. C. T., *Bergson; thinking backwards*, Cambridge university press, 1996

Mullarkey, John, (ed.) *the New Bergson*, Manchester Univ. Press, 1999

Mullarkey, John, *Bergson and Philosophy*, Edinburgh Univ. Press, 1999

Pearson, K. A., *Philosophy and the adventure of the virtual*, Routledge, 2002

Philonenko, Alexis, *Bergson ou de la philosophie comme science rigoureuse*, Paris, Cerf, 1994

Robinet, André, *Bergson et les métamorphoses de la durée*, seghers, 1965

Magazine littéraire, "Henri Bergson", n° 386, Avril, 2000

Annales Bergsoninnes, Ⅰ, Ⅱ, Ⅲ, PUF, 2002, 2004, 2007

『물질과 기억』과 관련하여

황수영, 『물질과 기억: 시간의 지층을 탐험하는 이미지와 기억의 미학』, 그린비, 2006

Bergson et les neurosciences, institue synthélabo, 1997

Deleuze, *Gilles, Cinéma 1: L'image-mouvement*, Minuit,

1983 (『시네마 1 : 운동—이미지』 유진상 옮김, 시각과언어, 2002)

_____, *Cinéma 2: L'image-temps*, Minuit, 1985 (『시네마 2 : 시간—이미지』 이정하 옮김, 시각과언어, 2005)

_____, *Différence et Répétition*, PUF, 1968 (『차이와 반복』 김상환 옮김, 민음사, 2004)

Hyppolite, Jean, "Aspects divers de la mémoire chez Bergson", *Revue internationale de Philosophie*, octobre, 1949, n.10

Merleau-Ponty, Maurice, *Le Visible et l'invisible*, Gallimard, 1964

_____, *Phénoménologie de la perception*, Gallimard, 1945

Worms, Frédéric, *Introduction à Matière et mémoire de Bergson*, PUF, 1997

베르그손 연보

1859년 10월 18일 프랑스 빠리에서 앙리 베르그손(Henri-Louis Bergson) 탄생. 폴란드계 유대인 작곡가인 아버지 미카엘 베르그손(Michael Bergson)과 역시 유대인인 영국인 어머니 캐서린 레빈슨(Katherine Levison) 사이에서 네 아들과 세 딸 중 둘째 아들로 태어남.

1868년(9세) 리세 보나빠르뜨에 입학. 유대계 슈프링어 기숙사의 장학생으로 입사.

1869년(10세) 가족이 런던으로 이주하여 이때부터 베르그손 혼자 기숙사에서 지냄.(보나빠르뜨 리세는 나중에 꽁도르세 리세로 바뀐다.)

1877년(18세) 전국 학력 경시대회 수학에서 1등상 수상. 이 때 제출된 베르그손의 〈파스칼의 '세 개의 원'에 대한 해법〉은 다음해 수학잡지(*Nouvelles annales mathématiques*, II, XVII, 1878)에 실림. 베르그손의 수학 선생 데보브(Desboves)가 자신의 저서 『파스칼과 동시대 기하학자들에 대한 연구』에 그 해법을 실음. 베르그손은 또한 "실재 지각과 획득된 지각"이란 에세이로 철학에서도 1등상 수상.

1878년(19세) 빠리 고등사범학교(l'Ecole normale supérieure)에 3위로 입학. 존 스튜어트 밀(J. S. Mill)과 허버트 스펜서(H. Spencer)를 읽었고, 특히 스펜서의 『제일원리(First Principles)』에 심취하면서 유물론과 기계론에 이끌렸다. 프랑스 정신주의에 속하는 에밀 부트루(Emile Boutroux), 펠릭스 라베쏭(Félix Ravaisson), 쥴르 라셜리에(Jules Lachelier)의 영향 아래 공부.

1881년(22세) 철학교수 자격시험(Agrégation)에 2위로 합격. 앙제 고등학교 교수로 임명.

1883년(24세) 제임스 설리(James Sully)의 『감각과 정신의 착각들』 번역, 『루크레티우스 초록』 출판. 끌레르몽-페랑 고등학교 교수로 임명.

1886년(27세) 〈철학지(*Revue Philosophique*)〉에 베르그손의 첫 번째 논문 "최면상태에서의 무의식적 위장에 대하여" 발표.

1888년(29세) 앙리-까트르 고등학교 수사학 교수로 부임, 1897년까지 머뭄. 파리 대학에 박사 학위 논문으로 "의식에 직접 주어진 것에 관한 시론"과 부논문 "아리스토텔레스의 장소론" 제출.

1889년(30세) 『의식에 직접 주어진 것에 관한 시론』으로 학위취득 출간.

1890년(31세) 앙리 4세 고등학교 교수로 임명.

1892년(33세) 루이즈 뉘베르제(Louise Neuburger)와 결혼. 그녀의 사촌 마르셀 프루스트(Marcel Proust)가 들러리를 섬. 이듬해 외동딸 쟌느 출생.

1894년(35세) 소르본느 대학 교수로 지원했으나 실패.

1896년(37세) 『물질과 기억』 출판. 윌리엄 제임스(William James)는 베르그손에게 쓴 편지에서 이 책이 코페르니쿠스적 혁명을 이루었고 버클리의 『인간 지식의 원리』와 칸트의 『순수이성비판』에 필적할만하다고 칭송함.

1898년(39세) 빠리 고등사범학교의 전임강사로 취임. 소르본느 대학에 두 번째 지원했으나 실패.

1900년(41세) 르벡(Charles Levêque)의 후임으로 꼴레즈 드 프랑스의 그리스-라틴 철학 담당 교수로 취임. 희극의 의미에 관한 시론인 『웃음』 출판.

1901년(42세) 〈정치-정신과학 학술원〉 회원으로 선출됨.

심리학 일반 연구소에서 "꿈" 강연. 프랑스 철학회에서 "심신 평행론과 실증 형이상학" 발표.

1902년(43세) 〈철학지(*Revue Philosophique*)〉에 "지적 노력" 발표. 명예훈장인 레지옹 도뇌르의 5등 훈장 수여.

1903년(44세) 〈도덕-형이상학 학술지(*Revue de métaphysique et de morale*)〉에 논문 "형이상학 입문" 발표.

1904년(45세) 제네바 세계 철학자 대회에서 "정신-생리학적 오류 추리" 발표. 가브리엘 따르드(G. Tarde)의 후임으로 꼴레즈 드 프랑스의 현대 철학 담당 교수로 자리를 옮김.

1907년(48세) 『창조적 진화』 출판. 윌리엄 제임스는 이 책이 '철학사의 진정한 기적'이라고 씀. 레지옹 도뇌르의 4등 훈장 수여.

1908년(49세) 〈철학지〉에 "현재의 기억과 오류 식별" 발표

1911년(52세) 볼로냐 세계 철학자 대회에서 "철학적 직관" 발표. 영국 옥스퍼드 대학에서 "변화의 지각" 강연. 영국 버밍엄 대학에서 "의식과 생명" 강연. '새로운 프랑스 철학'이란 제목으로 베르그손의 강연에 대한 신문기사(*Glasgow Herald*), '베르그손 컬트'란 제목의 신문기사(*South African News, Daily Mail*) 실림. 『창조적 진화』 영어번역판 출간. 제임스의 『실용주의』 불어 번역판 서문 "진리와 실재", "윌리엄 제임스의 실용주의에 관하여" 발표.

1912년(53세) 〈신앙과 생활〉학회에서 "영혼과 신체" 발표. 버트란드 러셀(B. Russell)의 "베르그손의 철학"이 〈모니스트(The Monist)〉지에 발표됨. 거기서 러셀은 베르그손의 철학이 경험론이니, 실재론이니, 관념론이니 하는 기존의 공인된 분야들을 가로지르고 있기 때문에 그것을 어느 쪽에 분류하려는 시도 자체가 성공할 수 없다고 언급.

1913년(54세) 뉴욕 컬럼비아 대학, 프린스턴 대학, 하바드 대학에서 강연. 런던에 있는 〈심령연구회〉 회장직 수락, "산 자의 유령" 강연. 꼴레즈 드 프랑스의 베르나르 100주기 기념식에서 "끌로드 베르나르의 철학" 강연.

1914년(55세) 〈정치-정신과학 학술원〉 원장으로 취임. 아카데미 프랑세즈 회원으로 선출. 영국 에딘버러 대학에서 "인격의 문제" 강연. 그의 주요 저서들이 교황청의 금서 목록에 들어감. 꼴레쥬 드 프랑스의 강의를 에두아르 르 르와(E. Le Roy)에게 물려줌. 이 해에 발발한 제1차 세계대전에 관해 학술원 원장 자격으로 장문의 연설을 함.

1916년(57세)~1918년(59세) 전쟁에서 프랑스에 대한 호의적 여론을 얻기 위해 학술원 회원들과 함께 스페인에 파견, 여러 대학에서 강연. 전쟁에 대한 군사적, 재정적 지원을 위해 미국의 윌슨 대통령을 설득할 임무를 띠고 두 차례 미국에 파견되어 중요한 성과를 얻어냄.

1919년(60세) 레지옹 도뇌르 3등 훈장. 공교육 고등 협의회 위원.『정신적 에너지』출판.

1920년(61세) 옥스퍼드 대학에서 "가능적인 것과 실재적인 것" 발표. 캠브리지 대학에서 명예박사학위수여.

1921년(62세) 꼴레쥬 드 프랑스 교수직에서 완전히 은퇴. 후임은 이미 그전부터 대신 강의해온 르 르와.

1922년(63세) 1월 국제연맹 산하의 지적 협력 국제위원회(유네스코의 전신) 회원이 되고 8월에 의장직을 맡게 됨. 4월에 프랑스 철학회에서 아인슈타인과 토론. 아인슈타인의 시간 개념을 비판하는『지속과 동시성』출판.

1923년(64세) 레지옹 도뇌르 2등 훈장. 레지옹 도뇌르 윤리위원회 위원.

1925년(66세) 건강상의 이유(류머티즘)로 지적 협력 국제위원회에서 물러남.

1928년(69세) 노벨문학상 수상.

1930년(71세) 레지옹 도뇌르 1등 훈장.

1932년(73세) 『도덕과 종교의 두 원천』출간

1934년(75세) 『사유와 운동』출판.

1941년(81세) 1월 3일 빠리에서 폐렴으로 사망. 빠리 교외 가르슈(Garches) 묘지에 묻힘.

주

1부

1) Bergson, *L'évolution créatrice*, 9/502 (이하 단행본 쪽수/전집 쪽수)

2) 같은 책, 341/784

3) Bergson, *La pensée et le mouvant*, 156/1376

4) 페히너의 정신물리학은 외부 자극의 물리적 크기로 감각의 강도를 측정할 수 있다고 보았으나 베르그손은 이를 반박하며 심리적 상태의 질은 결코 양화될 수 없는 것임을 주장하였다.

5) 꼴레쥬 드 프랑스는 시험이나 학점도 없고 학위도 주지 않으며 까다로운 수강 등록 절차도 없이 누구에게나 열려 있는 일종의 개방 대학과 같은 곳인데 각 분야의 최정상급 학자들만 초빙되어 질 높은 강의를 제공하는 프랑스만의 독특한 학교이다. 그 명성과 권위 때문에 프랑스의 학자들은 누구나 이곳의 교수로 취임하고 싶어하며, 그 역임자들 중에는 철학자 푸꼬, 메를로-뽕띠, 사회학자 부르디외, 마르셀 모스, 언어학자 방브니스트, 아날학파의 창시자 페르낭 브로델, 인류학자 레비스트로스, 생물학자 프랑스와 쟈콥, 시인 폴 발레리, 그밖에 베르그손을 비롯한 8명의 노벨상 수상자들이 있다.

6) 19세기 말에서 20세기 초 프랑스와 이탈리아를 중심으로 일어난 반(反)의회주의적이고 무정부주의적인 노동조합 지상주의.

7) 베르그손 철학의 비합리주의적 면모는 헤겔의 절대화한 이성주의, 칸트의 제한된 이성주의, 과학만능주의에 대한 비판적 맥락에서 고려되어야 한다. 베르그손의 비합리주의는 주로 지성 비판과 직관론에 근거하여 언급된다. 베르그손의 지성 비판은 합리성 자체를 평가절하하는 것이 아니라, 지성에 대한 발생학적 검토를 통해서 지성의 본성과 인식론적 능력의 한계에 대해

반성하는 의미를 갖는다. 지성은 생물학적 진화의 과정 속에서 형성된 인간 정신의 독특성을 표현한다. 지성은 공간 표상을 통해 유동적인 실재를 다루고 도구를 제작하는 창조적 발명의 역량으로서, 삶에 주의하며 물질의 필연을 극복해나가는 인간 정신의 자유를 보여준다. 과학기술의 눈부신 발전은 이러한 지성의 연장선에 있다. 베르그손은 이러한 지성의 역량과 특성을 그 자체로 긍정한다. 다만, 지성은 물질을 이용하는데 적합한 공간적 사유 방식이기 때문에 유동적인 실재 그 자체, 자신을 창조적으로 발명한 근원적 생명의 창조적 운동인 지속 자체를 있는 그대로 인식하는 데는 한계를 지닐 수밖에 없음을 인정하자는 것이다. 여기서 직관이 등장하는데, 직관은 물질을 향한 지성이 자신의 근원인 생명을 향하여 반성된 자기의식과 같다. 삶의 유용성을 목표로 한 지성의 한계를 초월할 수 있는 인간 정신의 역량을 베르그손은 직관이라 부르는 것이다. 직관은 단순히 불가해하고 신비한 체험이 아니라, 지속하는 실재와의 지적인 공감이다. 지성의 과도한 행사로 인해 잘못 제기된 문제들을 해체시키고 실재의 마디를 다시 잘라내며 가상에 의해 가려져 있던 의식, 기억, 생명의 실재 지속을 드러내는, 엄밀하고 힘겨운 지적 노력의 인식 방법이다. 그러나 지성과 직관은 단순 대립하는 인식 능력에 불과한 것이 아니라, 인간의 삶과 사유의 방향을 특징짓는다. 지성과 직관의 관계는 베르그손의 저작 전체를 관통하는 주제로서 매 저작의 문제 지평에 따라 복잡한 상호 보완적 관계를 드러낸다. 베르그손에게 지성과 직관은 합리성의 부정을 의미하는 것이 아니라, 오히려 실재 전체와 직접 접촉하며 경험적 인식의 장을 확장하려는 인간 정신의 합리성을 새롭게 제시하는 것이라 할 수 있다. 베르그손의 철학은 과학적 지성과 형이상학적 직관의 상호 보완적 관계를 강조한다.

8) 1902년 레지옹 도뇌르 5등 훈장, 1907년 4등 훈장, 1919년 3등 훈장, 1923년 2등 훈장, 1930년 1등 훈장.

9) 김진성, 『베르그송 연구』, 78

10) A. Thibaudet, *Le bergsonisme*, 224, NRF, 1923

11) J. Chevalier, *Bergson*, 154-155, Plon, 1926

12) '이미지'가 '표상'으로 17번, '이미지-지각'으로 1번, '이미지-기억'으로 12번, '기억-이미지'로 6번, '기억'으로 52번 수정되었다. 자세한 쪽

수와 용어변경에 대해선, André Robinet "le passage à la conception biologique de la perception, de l'image et du souvenir chez Bergson", *Etudes philosophiques*, 1960. 참조.

13) Bergson, *La pensée et le mouvant*, 83

14) 베르그손의 새로운 철학에 적대적이었던 당시 분위기 속에서도 자신의 철학에 확신을 잃지 않았던 베르그손의 여유 있는 대응을 엿볼 수 있는 탁월한 구절이 있다. "나는 철학에서 반박에 바쳐진 시간은 보통 잃어버린 시간이라고 생각한다. 그 많은 사상가들에 의해 제시된 서로에 대한 그 많은 반박들에서 도대체 남는 것이 무엇인가? 아무 것도 없거나 하찮은 것뿐이다. 고려되는 것과 남는 것, 그것은 바로 실증적 진리에 기여했던 것이다. 진정한 긍정이야말로 본질적인 힘에 의해 거짓 관념을 대체하며 누군가를 논박하고자 애쓰지 않고서도 최선의 반박을 발견한다." (Bergson, *L'énergie spirituelle*, 62~63/861~862)

15) 브로카(Paul Broca)는 실어증의 원인이 왼쪽 전두엽 세 번째 회로의 손상에 있다는 관찰결과를 발표함으로써 언어의 '뇌 국재화론'을 처음으로 제기했으며(1861), 베르니케(K. Wernicke)는 측두엽의 손상에 기인하는 실어증의 사례들을 발견하여 브로카의 운동적 실어증(운동적 언어중추를 담당하는 전두엽 손상에 의한 실어증)과 구분되는 감각적 실어증(청각적 언어중추를 담당하는 측두엽 손상에 의한 실어증)에 대한 설명을 제시하였다(1874). Philippe Gallois, "En quoi Bergson peut-il, aujourd'hui, intéresser le neurologue", *Bergson et les neurosciences*, institue synthélabo, 1997, 참조.

16) 생기론은 개별 생명체 안에 생명체의 각 부분들 간의 유기적인 조화를 주관하는 '생명원리'가 있어서 개체 전체의 생존이라는 공통 목적을 실현하고 있다고 본다. 그러나 개체의 생존이 궁극 목적이 될 만큼 개체성 자체가 완벽하거나 독립적이지도 않고, 또 개체를 이루는 부분들도 전체에 종속되지 않는 자율성을 지닌다. 베르그손은 개별 생명체의 경우나 생명계 전체의 경우나 미리 정해진 계획이나 목적에 따라 진화한다는 것을 비판하며, 생명의 전개는 어디까지나 비결정적이고 무목적적인 창조적 발명의 과정임을 주장한다.

17) *Bergson et les neurosciences*, institue synthélabo, 14, 1997

18) 베르그손은 이 외에도 사라지거나 파괴되지 않고 고스란히 보존되어 있는 '과거의 완전한 존속'을 뒷받침하는 실증적 사례들을 제시하였다. 예컨대 일상적으로 우리가 늘 만나는 꿈의 현상이라든가, 물에 빠져 죽을 뻔 했던 사람이나 교수형에서 가까스로 구출된 사람들이 죽음에 임박한 상황에서 순간적으로 자신의 모든 과거 사건들의 파노라마를 목격했다고 하는 증언을 들 수 있다. 이뿐만 아니라 베르그손은 억압된 기억이라든가 무의식적인 과거의 보존을 역시 전제하고 있는 정신분석학적 작업도 자신의 주장을 뒷받침하는 과학적 사례의 하나로 꼽고 있다.

19) 이 책 제2부 217쪽 그림 참조.

20) 시간 상에서의 이 동시적 공존은 과거와 현재의 이질적인 두 항이 수직축을 따라 상호침투하며 수축되는 상태를 말하며, 공간 상에서 수평축을 따라 두 항이 나란히 병렬되는 동시적 공존과는 다르다.

21) 베르그손은 연장적인 것(l'étendue)과 비연장적인 것(l'inétendue)의 대립을 넘어서는 물질의 실재적인 연장성을 확장된 것(l'extensif)이라고 부른다. 통상 extension은 '연장'으로 번역되는데, 기하학적 공간과 동일시되는 데카르트적 연장(étendue)과 구분하기 위해서, 또 수축 개념의 반대 의미를 함축하기 위해서, '확장'으로 표현하기도 한다.

22) Antonio Damasio, *Looking for Spinoza : Joy, Sorrow and the Feeling Brain*, 2003 / 안토니오 다마지오, 『스피노자의 뇌—기쁨, 슬픔, 느낌의 뇌과학』, 임지원 역, 사이언스북스, 2007

23) 같은 책, 230

24) 같은 책, 239

25) 카오스, 카타스트로피, 퍼지, 프랙탈 등의 개념을 아우르는 복잡계 이론(Complex system theory)이 근대 기계론적 과학의 한계를 지적하며 최근 부상하고 있다. 복잡계란 여러 구성 요소로 이루어진 집단에서 각 요소가 다른 요소와 끊임없이 상호작용 하는 체계, 비선형성, 비가역성, 복합적 상호작용, 불확실성, 확률성, 우연성 등이 지배하는 체계를 일컫는다. 물리학자 머레이 겔만(Murray Gell-Mann)에 의하면, "복잡계는 그 특징이 구성요소들을 이해하는 것만으로는 완벽하게 설명되지 않는 시스템이다.

복잡계는 상호작용을 하며 얽혀있는 많은 부분, 개체, 행위자들로 구성되어 있다." 경제학자 브라이언 아서(W. Brian Arthur)에 의하면, "복잡계는 무수한 요소가 상호간섭해서 어떤 패턴을 형성하거나, 예상 외의 성질을 나타내거나, 각 패턴이 각 요소 자체에 되먹임되는 시스템이다. 복잡계는 시간의 흐름에 따라 끊임없이 진화하고 펼쳐지는 과정에 있는 시스템이다." 심리학자 제롬 싱어(Jerome L. Singer)에 의하면, "복잡계는 상호작용하는 수많은 행위자를 가지고 있어 그들의 행동을 종합적으로 이해해야만 하는 시스템이다. 이러한 종합적인 행동은 비선형적이어서 개별요소들의 행동을 단순히 합해서는 유도해 낼 수 없다." 요컨대 복잡계 이론은 전체와 부분 사이의 관계를 비환원적으로 이해하며, 복잡한 체계들의 창발적인 자기 조직화 역량을 인정한다. 물리적, 생물학적, 사회적, 경제적 체계들은 모두 복잡한 체계들로서, 각각을 구성하는 개별적인 요소들의 작동으로 그 체계의 모든 작동을 환원시켜 설명할 수 없다. 베르그손의 물질 개념 역시 전체로서의 물질적 대상은 그 구성 요소들로 환원시켜 설명할 수 없고, 또한 생성된 모든 결과물들은 원인으로 제공된 물리적 조건에 의해 완전히 결정될 수 없음을 보여준다. 베르그손의 형이상학은 물질의 지속, 생명체의 지속, 의식의 지속 등 상이한 수준의 지속들이 상호 환원 불가능한 고유의 리듬을 지닌 채 보편적 지속 안에서 공존하는 세계상을 보여준다. 이러한 베르그손적 세계는 거대한 기억의 원뿔처럼 한마디로 '질적이고 잠재적인 다양체'라고 정의할 수 있다. 베르그손의 다양체 개념은 부분과 전체가 공진화하는 복잡계 시스템과 공명할 수 있는 존재론적 개념으로 주목받고 있다.

26) 시몽동은 타성적이고 수동적이며 동질적인 질료로서의 물질 개념을 비판한다. 그는 또한 이러한 물질에 외재적으로 부과되는 형상이 결합됨으로써 현실적인 개체를 형성한다는 질료형상론도 비판한다. 시몽동은 무기물과 유기물을 실체적 차원에서 구분하지 않으며, 물질을 전(前) 물리-생물의 미시 물리적 차원에 속하는 전(前)개체적 존재로 간주한다. 시몽동은 개체화 이전의 전(前)개체 존재는 안정적이지도 불안정적이지도 않은 준(準)안정적 평형 상태의 계(system)로서 포텐셜 에너지를 지니고 있으며, 이 에너지가 상이한 생성의 리듬과 속도의 차이로 분배되면서 물리적 개체화와 생물적 개체화의 상이한 양상으로 분화와 변환이 일어난다

고 본다.

27) 들뢰즈 역시 물질을 등질적이고 불활성적인 것이 아니라 강도의 차이들로 북적거리는 에너지의 장으로 보며, 물질에 내재하는 분자의 차이, 농도의 차이, 압력의 차이 등 다양한 불균등성과 이질성이 물질의 변화와 운동을 가능하게 하는 힘이자 개체 발생의 원리로 작동한다고 본다. 이 미분적-강도적-잠재적인 물질의 장으로부터 비결정적인 방식으로 표현되는 것이 형상적 개체의 발생이고 생성이다. 물질은 형상발생적인 자기 조직화 역량을 내재하고 있는 에너지의 장으로서 이질적인 질들이 상호침투하며 공존하고 있는 공속면(plan de consistence)이자 내재면(plan de immanence)으로서 모든 현실적 생성물들의 발생적 토대가 된다.

28) 원본의 목차에는 네 장의 큰 제목들만 명기되어 있고, 각 장의 내용에 따른 소제목들은 나와 있지 않다. 각 장별 소제목은 원래 본문의 해당되는 쪽 맨 위에 머리글로 표기되어 있을 뿐이다. 여기서는 원문 전체의 흐름을 한 눈에 볼 수 있도록 소제목들도 모아서 정리해 보았다.

29) MM은 *Matière et Mémoire*의 약어이고, 괄호 안의 쪽수는 '단행본 쪽수/전집 쪽수/한글번역본 쪽수'이다. 번역 원본으로는 베르그손 탄생 백주년 기념판으로 나온 전집 Henri Bergson, *Œuvres* (Paris, PUF, 1972)를 참조했다. (단행본 쪽수는 전집에 같이 표기되어 있다.) 한글 번역본으로는 박종원이 옮긴 『물질과 기억』(아카넷, 2005)을 참조하긴 하였으나, 여기서는 주요 본문만을 발췌 번역한다는 특성을 감안하여 딱딱한 직역보다는 가독성을 높이고 의미의 정확한 이해를 도울 수 있는 방향으로 필자가 원본을 토대로 상당 부분 수정하여 다시 번역했음을 미리 알려 둔다. 그러나 독자의 편의를 위해 한글번역본 쪽수도 함께 밝혀두기로 한다. 각 장별로 핵심 내용을 발췌하였으며, 소제목들은 원문 목차에 따른 것이 아니라 발췌내용에 맞춰 필자가 새로 붙인 것이다. 이탤릭체로 강조한 부분은 원문 그대로를 옮긴 것이다.

30) (역주) 고대 희비극에서 돌연히 무대 뒤에서 나타나 극 중의 모든 문제를 해결하는 신을 비유하는 관용어로서 근거 없는 원리를 의미한다.

물질과 기억 반복과 차이의 운동

펴낸날	초판 1쇄 2008년 1월 31일
	초판 4쇄 2022년 7월 15일

지은이 **김재희**
펴낸이 **심만수**
펴낸곳 **㈜살림출판사**
출판등록 1989년 11월 1일 제9-210호

주소   경기도 파주시 광인사길 30
전화   031-955-1350   팩스 031-624-1356
홈페이지 http://www.sallimbooks.com
이메일 book@sallimbooks.com

ISBN 978-89-522-0792-0 04080
      978-89-522-0314-4 04080 (세트)

※ 값은 뒤표지에 있습니다.
※ 잘못 만들어진 책은 구입하신 서점에서 바꾸어 드립니다.